U0556471

传统经典文献导读丛书

纪宝成 主编

中国传统经济思想经典文选

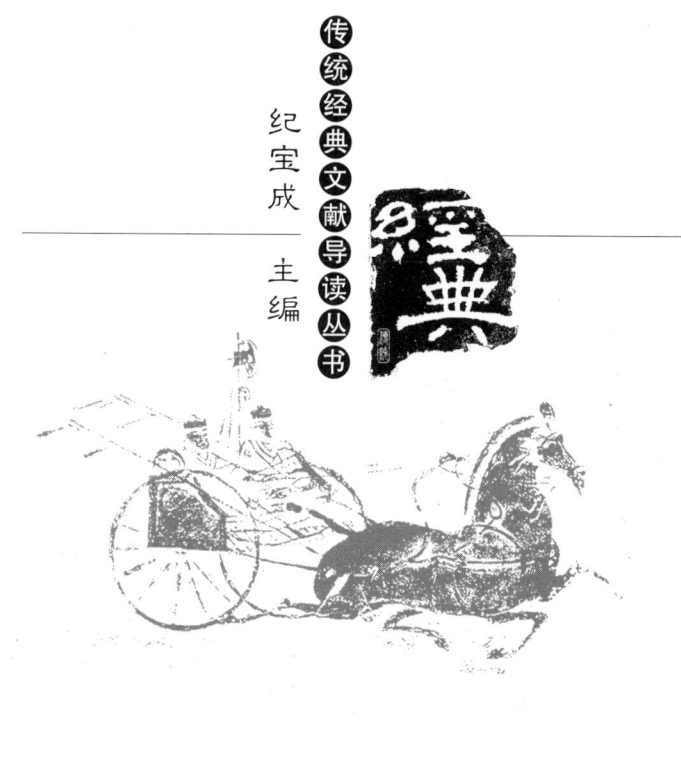

陈勇勤 编著

中国人民大学出版社
·北京·

总　序

纪宝成

　　中华民族在数千年的历史演化中，形成了自己光辉灿烂的文化。与世界其他文化不同的是，中华文化绵历数千年而未曾中绝，显示了其无比强大的生命力。关于这一点，学界的解释可谓见仁见智。从不同的角度来看，这些解读未尝没有道理，但据本人浅见，中华文化强大的生命力，乃是根植于其"苟日新，日日新，又日新"的品格，在于其随着历史的演进，在继承传统的基础上，不断汲取、熔铸新的理论学说，与时俱进，实现自我更新。孔子曰："殷因于夏礼，所损益可知也；周因于殷礼，所损益可知也。"正是对中华文化这一品格的准确描述。汉代的经学，正如蒙文通先生指出的那样，是以儒家为主，对百家学说的一次去粗取精的整合。同样，唐代的经学、宋代的理学莫不是在继承传统的基础上突破创新，形成新的理论学说。因与革、常与变、超越性与时代性，是中华传统文化的两面。

　　当前文化建设的一项重要任务，即是对传统文化进行重新发掘与扬弃。我们在注意到中华传统文化历史局限性的同时，更需要深入挖掘其超越性——那些在悠长的历史演变中不断完善、已经被历史证明了的富有生命力的部分和在旧时代旧体制下未能成长发达的灵根善苗。道理十分简单，无论是伦理道德、政治、教育还是经济领域，古人都为我们留下了极其丰厚的宝贵遗产。

　　在伦理道德领域，古圣先贤致力于铸造与追求理想人格。"内圣外王"是儒家所追求的最高境界，而"内圣"又是"外王"的基础。自孔子以来，历代优秀的儒者莫不把理想人格作为修身的首要追求。因而，理想人格也在他们的共同追求下不断完善。孔子提倡"刚"的品格，反对见利忘义；提倡"勇"的品格，主张杀身成仁。他说："不义而富且贵，于我如浮云"，"志士仁人，无求生以害仁，有杀身以成仁"。至孟子光大之，以"富贵不能淫，贫贱不能移，威武不能屈"为大丈夫的理想人格，实质上是进一步弘扬了孔子对富贵的诱惑、贫贱的困扰和暴力的威胁的态度。孟子又提出"养吾浩然之气"说，这是对孔子提倡的理想人格的补充。这种大丈夫的品格和至大至刚的浩然之气，作为人格修养的几乎尽善尽美的境界，在任何时代、任何地方都不会过时，具有永恒的普世价值。这种精神和品格，在后来更多地表现为仁人志士在与恶势力斗争中所表现出来的坚贞不屈、刚正不阿。如东汉张纲辞刺史不就，不顾个人安危弹劾跋扈将军梁冀；北宋包拯执法不阿权贵，被民间尊为"包青天"；林觉民牺牲自身，"为天下人谋永福"。他们的身上，体现的正是大丈夫"富贵不能淫，贫贱不能移，威武不能屈"的品格和充塞于天地之间的浩然正气！可以说，这些仁人志士以他们的躬行践履、高风亮节，又将这种完美的人格发扬光大，并丰富了其内涵。

在政治领域，中华文化所提倡的和谐理念至为可贵。早在春秋时期，古人已经认识到"和实生物，同则不继"，将"和"视为最理想的社会政治状态。至晏子，又以烹饪为喻，对"和"的政治理念作了进一步阐发。孔子及其弟子们也认为"君子和而不同"、"礼之用，和为贵"。综合古人的思想观点来看，"和"应包括以下几层含义：一元主导、多元共存、相济相成、各尽其能、各得其所。与"和"看起来相似实则相反的是"同"，就是容不得异己的力量、思想、意见，大搞高度统一。从历史的经验来看，凡是"和"的时代，都是充满生命力、创造力的时代；而以国家行政力量强行求"同"的时代，则大多万马齐喑，"不在沉默中爆发，就在沉默中灭亡"。在专制集权的政治体制下，"和"的时代少而"同"的时代多，这无疑是中国历史难以形成质的突破的一个重要原因。"和"的政治理念，虽经古人提出，但在旧时代并未能茁壮成长，是一株处于发育停滞状态的灵根善苗。十七大以来，党中央提出了"建设社会主义和谐社会"的理念，使"和"的理念在新的时代焕发出新的生命力，并在社会政治建设中产生巨大影响。这无疑是中华传统文化在新时代自我更新的典型代表。

在教育领域，中华文化有讲究师道尊严的优秀传统。师道尊严是中华民族的优秀传统，也是中华文化生生不息的一个重要保证。"凡学之道，严师为难。师严然后道尊，道尊然后民知敬学。是故君之所不臣于其臣者二，当其为尸则弗臣也，当其为师则弗臣也。"真正的师道尊严，其实包含两层含义：一是"师严"，即社会对于师的尊重，即使是贵为九五之尊的君主也不得臣，反映在社会层面，即是整个社会尊师重教的良好风气。二是"道尊"，也即对学术的真心信仰，学术不做政治、权力的奴婢。反映在政治层面，即是道统相对于政统的独立性及其对君权的制约。一面空喊"尊重知识、尊重人才"，一面以教育为政治的附庸，以权力奴役学术，而欲教育培养杰出人才，无异于缘木求鱼。历史告诉我们，一个王朝堕落到行政严密控制教育之时，堕落到"博士倚席不讲，儒者竞论浮丽，忘謇謇之忠，习䛕讻之辞"之时，也正是它的人才枯竭之时，随之而来的，只能是这个王朝的轰然倒塌。在出现大学行政化为衙门、教授沦为权力的包身工、中小学教师人身安全和人格尊严得不到保障和尊重这类不良倾向或现象的今天，而我们的教改又歧路彷徨之时，重温古人有关师道尊严的理念，也许能给我们以新的启示。

在经济领域，古人很早就提出了"有恒产者有恒心"的思想。早在战国时代，孟子就认识到"恒产"是民"有恒心"的前提，因而提出"治民之产"的经济思想。经济建设如果不能为老百姓提供恒产，解决老百姓的生活保障，那么就不能带来社会的稳定与繁荣。这样的经济建设也是不可持续的，甚至是没有任何积极意义的，因为它注定不能得到人民的拥护。因而，孟子把"治民之产"提到"王道之始"的高度。如何实现这一理想蓝图？《大学》中所引孟献子的一段话值得我们深思："畜马乘不察于鸡豚，伐冰之家不畜牛羊，百乘之家不畜聚敛之臣。与其有聚敛之臣，宁有盗臣。"这段话所传达的理念为"国不以利为利，以义为利"。也就是说，官家不能与民争利，应斩断权力垄断利益的黑手。做不到这一点，放任既得利益集团以权力自肥，所谓"治民之产"

终将成为空中楼阁，而民无恒心的社会，也必将是危机四伏的社会，经济发展又如何能够持续？古人这些闪光的理念，对我们走向改革深水区的当今社会，也不啻是一服清醒剂。

当然，中华传统文化值得弘扬与发掘的，绝不止于以上这些。这里不过是以点带面，略加剖析。认真整理与继承这份宝贵的文化遗产，让这些优秀的思想与理念在新的时代重新焕发生命力，无疑对我们今天的社会道德建设、政治建设、经济建设和教育建设都有重要的意义。

自19世纪中期以来，古老的中华文化与西方近代文明开始了正面交锋，并很快在"坚船利炮"的冲击下一败涂地。从此，从"天朝上国"美梦中醒来的有志之士开始重新审视自己从未怀疑过的古老中华文化。与此同时，一种思想也在潜滋暗长：对中华文化进行全盘的否定，并将中国落后于西方一股脑地归咎于中华文化——这种思想现在也有一定的市场。正如不少学者指出的那样，这种思想的错误在于片面强调中华文化的时代性，有意无意地忽略其连续性与超越性；片面强调文化与政治的关联，忽视文化的相对独立性，把专制政治所结的恶果生硬地嫁接给文化。在他们看来，人类文明进入到以民主、自由、平等、法治为核心理念的近现代时期，已与君主制下重等级、德治的中华文化格格不入，否认曾经光辉灿烂的中华文化在现代社会的价值。当然，随着近几年来国学热潮的风起云涌，也不乏个别人士对中华文化抱有盲目乐观的心态，甚至孤立地、片面地把中华文化中蕴含的一些理念当做拯救工业文明弊端的灵丹妙药——这种思想我在这里不准备再作批评，甚至也不觉有值得批评的价值。

正确理解和定位中华传统文化，是我们弘扬传统文化的前提。那种对中华传统文化全盘否定的民族虚无主义和坐井观天式的文化保守主义都是要不得的。随着中华民族渐渐地崛起，源远流长的中华文化也必将复兴，以独特的方式和理念为世界作出更大的贡献。在这里，我大胆断言，这种复兴，既不会像某些坐井观天式的文化保守主义者所期望的那样，是传统文化的简单回归，更不会像某些民族虚无主义者所预言的那样，是对中华文化的彻底革命，是根植于西方现代理念的重建，而必将是一次凤凰涅槃，是中华文化在现代化大环境中的一次自我更新、与时俱进。这次更新，是对自身的扬弃，是对人类文明优秀成果的吸纳与熔铸，是在专制集权政体下未能成长的灵根善苗的一次新生，让善的因素在新时代茁壮成长，成为中华文化自我更新的一部分。

这套丛书以弘扬与发掘中华传统文化的精华、为文化建设添砖加瓦为理念，从伦理道德、政治、教育、经济四个领域，精心挑选了一批经典文章，前有解题，后加注释。选择的过程，同时也是对中华传统文化的扬弃过程。限于编者水平，加之是一次尝试性的工作，缺憾与不足在所难免，其"择焉未精、语焉未详"之处，尚祈社会各界不吝指正。

目 录

导论 ·· 1

需求与供给

需求 ·· 19
　《礼记》：论大同、小康 ·· 19
　孔子：论富与教 ··· 20
　墨子：《非乐》、《七患》 ·· 21
　老子：论无为、小国寡民 ··· 23
　庄子：论物质与观念 ·· 24
　《吕氏春秋》：论习俗、诚信 ·· 28
　司马迁：论交往、求富 ·· 30
　华核：论丰谷帛 ··· 32
　李觏：论利欲 ·· 33
　王安石：论官俸与吏治 ·· 34
　张英：《恒产琐言》 ··· 36
　龚自珍：《论私》 ··· 37
　魏源：论师夷制夷 ·· 39

分工 ·· 43
　管仲：论四民分业 ·· 43
　《周礼》：论劳动分工 ·· 46

墨子：论分工 47
孟子：论分工 48
司马迁：论分工 51
班固：论四民 52
韩愈：论六民 53
王安石：论专业化才能 55
邱浚：论九等九职 56
恽敬：论三代十四民 57

生产 60
《礼记》：论自强 60
墨子：论生产与衣食足 61
孟子：论恒产恒心 64
荀子：《富国》 66
华核：论趋时务农 72
邱浚：《论制民之产》 73

交换 76
孟子：论垄断和价格 76
范蠡：论经商之术 77
刘晏：论利润预期 78
郑观应：《商战》 80
薛福成：《商政》 85

消费与人口

消费 91
墨子：《节用》、《辞过》 91
韩非子：论俭与礼 95
陆贽：论减租 96
白居易：《戒奢》 98

李觏：论节用 …………………………………………… 99
　　陆楫：驳禁奢 …………………………………………… 101
　　顾炎武：论限租 ………………………………………… 103
　　刘师培：《悲佃篇》 …………………………………… 104
人口 ………………………………………………………… 112
　　墨子：论民众寡与蓄私 ………………………………… 112
　　徐干：《民数》 ………………………………………… 113
　　陆贽：论户数税数与考课 ……………………………… 114
　　苏轼：论食者众产者寡 ………………………………… 116
　　洪亮吉：论人满为患 …………………………………… 117

经济管理

自然资源管理 ……………………………………………… 121
　　孟子：论井田状况 ……………………………………… 121
　　董仲舒：论限田 ………………………………………… 122
　　王莽：王田令 …………………………………………… 123
　　何休：论井田 …………………………………………… 124
　　荀悦：论井田 …………………………………………… 125
　　李安世：论均田 ………………………………………… 127
　　周朗：驳析产分居 ……………………………………… 128
　　叶适：论抑兼并 ………………………………………… 134
　　邱浚：论"丁田相当"均田 …………………………… 136
　　张居正：论清隐占均田赋 ……………………………… 138
　　王夫之：论井田 ………………………………………… 140
　　黄宗羲：《田制》 ……………………………………… 142
　　颜元：《井田》 ………………………………………… 144
　　李塨：《均田》 ………………………………………… 145
　　王源：《制田》 ………………………………………… 146

《天朝田亩制度》 ··· 149
供求活动管理 ··· 152
《吕氏春秋》：《任地》、《上农》 ························· 152
司马迁：论自主经营 ··································· 155
王符：《爱日》 ··· 157
贾思勰：论农事 ······································· 159
国政经济管理 ··· 163
《论语》：论富民富国 ··································· 163
管子：《国蓄》、《牧民》 ································· 164
孟子：论税率 ··· 167
韩非子：论经济政策 ··································· 170
司马迁：商鞅变法 ····································· 172
桓宽：农商政策 ······································· 176
王莽：六管政策 ······································· 185
傅玄：《安民》、《检商贾》、《平赋役》 ··················· 186
诸葛亮：治农重储之道 ································· 190
仲长统：政务十六项 ··································· 191
刘晏：论理财 ··· 193
杨炎：论两税法 ······································· 198
陆贽：驳两税法 ······································· 198
李翱：《平赋书》 ······································· 209
皮日休：论征税与从业 ································· 212
李觏：论限田垦田并行 ································· 214
王安石：论吏禄与理财 ································· 215
司马光：驳变法四策 ··································· 217
苏轼：驳变法四策 ····································· 219
苏辙：论变法需要吏治清廉 ····························· 220
唐甄：《富民》 ··· 224
顾炎武：论田赋 ······································· 226

黄宗羲：论税改税重恶性循环 ………………………… 231
　　王夫之：论税改使税名减实增 ………………………… 235
　　章炳麟：论盐铁辩论 …………………………………… 241
货币金融管理 …………………………………………………… 243
　　单旗：论子母相权 ……………………………………… 243
　　贾谊：论法钱 …………………………………………… 244
　　桓宽：货币政策 ………………………………………… 246
　　白居易：论货币平衡物价 ……………………………… 248
　　沈括：论货币流通速度 ………………………………… 249
　　辛弃疾：论会子 ………………………………………… 249
　　邱浚：论银、钱、钞 …………………………………… 251
　　王夫之：论白银货币 …………………………………… 253

经济伦理

芮良夫：论专利等同盗 ………………………………………… 259
晏婴：论经济事务的礼与德 …………………………………… 259
孔子：论德行、诚信 …………………………………………… 260
孔子：论名与利、信与专长 …………………………………… 262
荀子：论经济状况与礼、法 …………………………………… 263
庄子：论经济行为的道德 ……………………………………… 264
韩非子：论农商义利 …………………………………………… 265
《吕氏春秋》：论重生与义、富贵 …………………………… 269
陆贾：《至德》 ………………………………………………… 270
司马迁：论以义致富 …………………………………………… 272
桓宽：论专营与传统道德 ……………………………………… 273
鲁褒：《钱神论》 ……………………………………………… 275
王符：论礼义生于富足 ………………………………………… 277
刘晏：论名利 …………………………………………………… 279

陆贽：论利兼公私 ……………………………………… 280
韩愈：《原道》 …………………………………………… 282
王安石：论经济行为与伦理 …………………………… 283
李觏：论言利 …………………………………………… 286
邓牧：论吏与利 ………………………………………… 287
王夫之：论利与孝、忠、信 …………………………… 289
严复：《辟韩》 …………………………………………… 290

导 论

党的十七大报告指出:"中华文化是中华民族生生不息、团结奋进的不竭动力。要全面认识祖国传统文化,取其精华,去其糟粕,使之与当代社会相适应、与现代文明相协调,保持民族性,体现时代性。"[①]在改革开放已三十多年的今天,人们越来越关注中国传统文化的当代价值。十七大报告特别强调"马克思主义中国化",按照这一指导思想,在中国,不是中国经济学西方化,而应当是西方经济学中国化。当然,无论马克思主义中国化还是西方经济学中国化,实际上都涉及一个"全面认识祖国传统文化"的问题。因为传统文化是民族特色的组成部分之一,而"中国化"也就是赋予被中国化的对象以鲜明的民族特色。在这里,我们有必要提到德国学者何梦笔曾思考的一个问题,即"中国的传统文化与这个国家改革开放以来快速的经济增长是什么关系?中国的传统文化又是如何影响这个国家的经济发展与经济变迁的呢?"对此,他还说,"这曾经是一个合作研究课题所关注的首要问题"[②]。这个事例说明,外国学者也注意到,需要研究中国传统文化与改革开放后经济变迁的关系。

让祖国传统文化保持民族性、体现时代性,其中,时代性指昨天为古代社会所用,今天为当代社会所用。可以和不同时代相适应,在不同时代都可以用,简单说,这就叫时代性。传统文化来自不同的时代,总

[①] 胡锦涛:《高举中国特色社会主义伟大旗帜 为夺取全面建设小康社会新胜利而奋斗》,35页,北京,人民出版社,2007。

[②] [德]何梦笔:《正确把握和理解中国现代化过程中的制度安排》,载《经济研究》,2007(6)。

要受到不同社会历史时期政治、经济发展水平的影响，具有鲜明的时代性。这种时代性，可以看做传统文化产生的时代性。古为今用，在"与当代社会相适应、与现代文明相协调"当中所体现出来的时代性，可以看做传统文化自身使用价值的时代性。这说明，时代性原本可以从两个角度来理解。也可以说，它来自那个时代，它可以被用在这个时代。"经世致用"、古为今用都包含了时代性的这两个含义。时代性的第二含义是第一含义的一种升华。传统文化中精华的部分，在逝去的历史时空当中曾服务于当时的社会，在存在的现实时空当中又服务于当今社会。启迪也是一种服务，启迪了你，也就相当于为你服务了。

时代性向我们提示，传统文化都是特定历史条件下的产物，而历史时空永远是变换的。时间之箭永远都有逝去的，时间之客也永远都有到来的。也可以说，时间无时不在逝去，时间也无时不在到来。立足于现实，就是时代性的升华。时代性的第二含义，重点体现在"适应"上；而时代性的第一含义，则重点体现在"特定"上。也正是这一点，又在提示我们，把传统文化盲目地拿来使用显然是不可取的。

民族性实际上也是特定时代的产物。说到这个问题，让我们想起了布哈林的一个分析结论。20 世纪 10 年代，布哈林在评论德国历史学派和英国古典学派这两个对立的经济学流派时，很明确地指出思想与特定生存环境始终有一种内在关系。布哈林认为，古典学派是世界主义的，历史学派是民族主义的，"这种差异有其深刻的社会经济根源"。古典学派鼓吹自由贸易，认为它适合于任何国家，极力宣扬世界主义，然而就其根源和实质来说却是"非常民族的东西，这是英国工业的必然的理论产物"，因为它不怕任何人的竞争；与英国相比，"德国这个历史学派的发源地，在很大程度上是一个落后的农业国；新兴的德国工业由于英国的竞争而深受苦难"，因此，"德国资产阶级必定特别注意民族特点，以便通过德国发展的'特殊性'、'独特性'等等，从理论上论证'保护性'关税政策的英明"[①]。从布哈林的这一分析中我们有了这样一种印

---

① 《布哈林文选》，下册，7~8 页，北京，人民出版社，1983。

象，这就是，民族性也是要为现实服务的。英国有英国民族的东西，德国有德国民族的东西，所以各自在强调原本属于自己的东西。可见西方人也不是用他民族的文化完全替代本民族的文化。再看全盘西化这个论调，它的一个共鸣者叫民族虚无主义，如果把上面所提到的拿来作西化内容，那么全盘西化就会自相矛盾。

传统文化的精华保持了民族性，体现出一个民族的共有精神。

传统经济思想是传统文化的一个组成部分。传统经济思想大体可划分为商品经济思想、经济伦理思想、经济管理思想、经济改革思想、经济生活思想五个范畴。为了方便经典文献的分类，我们又把经典文献划分为需求与供给、消费与人口、经济管理、经济伦理四个部分。相对照来说，"需求与供给"部分、"消费与人口"部分主要涉及商品经济思想范畴、经济生活思想范畴，"经济管理"部分主要涉及经济管理思想范畴、经济改革思想范畴，"经济伦理"部分主要涉及经济伦理思想范畴。其中，"需求与供给"部分由需求、分工、生产、交换四个子项构成，"消费与人口"部分由消费、人口两个子项构成，"经济管理"部分由自然资源管理、供求活动管理、国政经济管理、货币金融管理四个子项构成。

一、商品经济思想

商品经济虽说存在于各个不同的社会经济形态之中，但其基本特征应当是不以社会形态为转移的。商品经济首先是突破了自然地域界限的一种交换经济（包括物物交换和币物交换，分别又叫前货币经济和货币经济），因而经济活动表现出人受物的支配，社会生产由市场竞争和价格机制这个所谓"看不见的手"进行调节。可以把货币和商人看做商品经济存在的最初标志。《易·系辞下传》记载，神农氏时"日中为市，致天下之民，聚天下之货，交易而退，各得其所"，说明当时已经有交易场所"市"。《史记·殷本纪》记载，殷商末年"厚赋税以实鹿台之钱而盈巨桥之粟"，武王灭殷后曾"散鹿台之钱"，说明当时已经有金属货币"钱"。《逸周书·大匡》记载的文王"告四方游旅",《尚书·周书·酒诰》记载的"肇牵车牛,远服贾"这类经济活动,都反映出当时已存在着后来所说的"行商"。

简单商品经济也是商品经济,它产生后逐渐成为经济社会不可或缺的组成,使自然经济不可能再保持一种纯粹的状态。子贡问于孔子:"君子之所以贵玉而贱珉者,何也?为夫玉之少而珉之多耶?"(《荀子·法行》)以为物品"少"则"贵","多"则"贱",显然就是"物以稀为贵"的最初表达。这是商品经济的一条很重要的规律。西方经济学专门讨论的"稀缺"现象,实际上就是由"少则贵"引申出来的一种供求关系。孔丘赞扬子贡的经商品行:"赐,不受命而货殖焉,亿则屡中。"(《论语·先进》)从认同儒者经商到认同商人,反映出儒家对商品经济的认同。荀况指出,"国富"的必要条件之一是"平关市之征",决不可"苛关市之征以难其事"(《荀子·富国》)。他认为商业税收要有利于商品交换,不能阻碍商品经济发展。孟轲有同样的观点,"去关市之征"(《孟子·滕文公下》),"法而不廛,则天下之商皆悦而愿藏于其市矣;关讥而不征,则天下之旅皆悦而愿出于其路矣"(《孟子·公孙丑上》)。

司马迁说:"开关梁,弛山泽之禁,是以富商大贾周流天下,交易之物莫不通,得其所欲。"他还提到:"行贾,丈夫贱行也,而雍乐成以饶;贩脂,辱处也,而雍伯千金;卖浆,小业也,而张氏千万",所以"富无经业,则货无常主。能者辐凑,不肖者瓦解。"(《史记·货殖列传》)这里涉及的创造条件促使商品交换活跃、不蔑视商业、靠经商致富等,都反映了发展商品经济的愿望。韩愈赞扬了当时的对外贸易:"外国之货日至,珠香象犀玳瑁奇物溢于中国,不可胜用。"(《昌黎先生全集》卷二十一)这反映出韩愈不轻商,对海外贸易持积极态度。

把商业和农业对立起来,并且不是同等看待农、商,长期将商业放在"末"的位置,这是影响中国古代社会商品经济发展的一个重要的思想障碍。农为生产领域,商为流通领域,二者理应相关联而不是相排斥。农工是商的商品来源,商又是农工的产品去处。"农末俱利"具有合理性,"利农伤末"或"伤农利末"都是不可取的。在力求满足温饱的时代，自然会把农业放在首位，如《管子·治国》推论"俱王天下者，何也？必国富而粟多也。夫富国多粟生于农，故先王贵之"，"民事农则田垦，田垦则粟多，粟多则国强"，鉴于"民舍本事而事末作"，"先王知众民、强兵、广地、富国之必生于粟"，因而"禁末作"以"利农事"。管子说，"有山海之货而民不足于财者，商工不备也"（《盐铁论·本议》），工商业是使自然资源变为国民财富的必要途径，物产"待商而通，待工而成"（《盐铁论·本议》），由此可见，管子实际上倾向于农末并重。

汉武帝时期盐铁专营，由此形成了扩大官商、抑制大私商、容许中小私商的商业管理模式。王符认为，农本工商末的理解有误，应该是农工商各有其本末，农业"以农桑为本，以游业为末"，手工业"以致用为本，以巧饰为末"，商业"以通货为本，以鬻奇为末"，而民富之本正是农工商各自"守本离末"（《潜夫论·务本》）。在他看来，富国所凭借的不是重农抑商，"富国之本"在天时地利、资源丰富以及牲畜繁殖。

社会上的重农抑商传统观念，有可能还包含着两个不同属性词语被错误搭配的因素。重农无疑指重视农业；抑商如果是指抑制商业，那就必须用其他方式来满足物品需求，显然除了自给自足方式和计划分配方式外，还没有可以替代自由交换方式（商业）的。打击奸商属于必要的法治行为，它也可以理解为抑制不法商人。如果抑制不法商人被简称抑商，那么就不是抑制某个行业，而是抑制某类行为人。商德问题与产业结构问题必须区分开。重农抑商的内涵事实上极为模糊，它究竟是如何演化的，我想，把各时期的各种论说集中起来作一番比较分析，肯定能使我们对传统商品经济思想有新的认识。仅就重农抑商内涵演化这一点，足以说明目前我们对传统商品经济思想还没有完全弄清楚。

商品经济的本质是货币经济，即以货币为中介的交换经济。价格是货币的表现形式，也是市场的关键因子之一。按利润＝价格－成本，"价"可以决定"利"。据记载，先秦的市场上已经"有贱丈夫焉，必求龙断而登之，以左右望而罔市利"（《孟子·公孙丑下》）。将"龙断"引申为垄断,意味着想要垄断市场利润,首先必须垄断市场价格。据记载,唐代刘晏认为"凡所创置,须使人有余润"(魏源:《圣武记》卷十四)。西方经济学的所谓生产者利润的最大化,用刘晏的话说就是"有余润"的最大化。以上的事例表明,传统经济思想已经把商品经济中像利润、垄断价格这样的经济现象揭示出来了。

二、经济伦理思想

经济伦理是对经济行为的一种道德约束。中国传统的伦理思想源远流长,经济伦理的内容相对丰富决非偶然。当然我们也看到,传统经济伦理主要涉及交换、分配和消费,而涉及生产的相对要少。与生产伦理相关的现象,有一些在手工生产时代已经存在了,例如奴役劳动(非人、高强度,也可涉及徭役繁重、匠奴制度);有一些应该是伴随着工业化而出现的,例如环境污染、劳动保护等。商品经济与市场经济没有本质区别,无非商品是在劳动产品这一前提下意味着交换,市场是在交换的场所、渠道和纽带这一前提下意味着交换。如果把市场经济看做规范化商品经济,那么,在这一前提下,市场经济既是法制经济,也是道德经济。

分析先秦诸子百家中儒家、墨家、道家和法家的伦理思想,共性成分反映在天人关系、贫富关系、义利关系、竞争与公正的关系、信用与诚信的关系、公平与效率的关系、法制与道德的关系等。至于个性成分,例如,儒家的仁义礼智信、忠孝节义、温良恭俭让等;墨家的修身、兼爱(尊重)、交利(互惠)、尚贤、尚同(高度统一)、志行、强力、权衡,以及力、财、道与助、分、教;道家的贵己、公物(无私)、共利、无为(寡欲)、寡民等;法家的性恶、维齐非齐(承认差别)等。其中,法家有受墨子、荀子法治思想影响的一面,以韩非为代表。也可以说,墨"法"、荀"法"只是初现出法的意识,韩"法"基本上使法家定型。

先秦社会意识中,天与人相对应。从伦理角度看,又有天与道、人与德的相对应，从而构成天道和人德的关系。从董仲舒的"天人合一"，可以引出道德合一。"天"是道德价值源头、道德价值根据，人世间的伦理道德来自"天"，而人世间一切具体的等级秩序来自"天"这一点，又表明伦理道德政治化。天道人德，道为根源，属于先天外在（客观外存）；德为本性，属于后天内在（主观内具）。孔丘的"天生德于予"（《论语·述而》），墨翟的"义果自天出"（《墨子·天志中》），老聃的"天之道"、"道生之，德畜之"（《道德经》第五十一章），都在道家的"天道自然"、"天地相合"中得到明确的定位。与孔、墨、老把"天"定位在天帝不同，荀况是按物质自然界来解释"天"。严格地讲，荀况意识中的物质自然界是指自然规律，"天命"就是自然规律已确定了的。所谓"不与天争职"、"制天命而用之"，意思是自然规律不可抗拒，掌握自然规律就可以根据它去办事。"制天命"表明，儒家解释的天意不可能被人类掌握，否则天帝也就不神圣了，而自然规律完全可以为人类所掌握。就是说，天意不可以"用"，只有遵从，自然规律可以"用"，前提是它能够被总结出来。实际上，孔、老的"天"观念是和道德直接相关，荀况对"天"的定位并不是以道德为着眼点，因为他的性恶论如果与天意挂钩，岂不成了天帝授意"人之初"性本恶。所以笔者认为，孔、老用"天"来揭示道德观，荀况用"天"来揭示方法论，庄周用"天"来揭示不可知论，各有值得后人讨论的东西。

财富观首先从"富"引发出来。《礼记·曲礼下》记载："问国君之富，数地以对，山泽之所出。问大夫之富，曰，有宰食力，祭器衣服不假。问士之富，以车数对。问庶人之富，数畜以对。"诸侯、大夫、士、庶人为西周社会的不同等级，可见当时是在本等级中相互比较，如果占有物多就被看做"富"。不过，物还不能完全等同于财。"财用"（《国语·周语上》）、"藏财而不用"（《晏子春秋·内篇》）从物的有用性角度反映出，财也被用来指物。"财"、"货"二字从"贝"又反映出，物要以货币来表示才能属于财物，从而物"富"才能等同于财富。

从"富"引出财富，同时也引出贫富、富贵。不富即贫，但富并非必然"贵"，贫并非必然"贱"。富、贫涉及财富拥有尺度，贵、贱涉及社会认同尺度。孔丘说,"富与贵,是人之所欲也","贫与贱,是人之所恶也"(《论语·里仁》)。但孔丘没有讲出为何"欲",为何"恶"。实际上其根源在世人对财富的追求,以至于逐渐形成拥有财富越多、社会地位越高贵这样一种庸俗的风气。相对于贫的富,必须根据人与人之间财物的比较。富裕指生活需要得到满足,属于两种生活状态的比较。贫富以财物差距把一个群体划分成为两部分。富裕可以从整体来实现,贫富不可能从整体来实现。所以,富和富裕应区分开,财富观和富裕观不能混同。"慎之劳,劳则富"(《大戴礼·武王践阼》),勤劳使人富裕。① 但是,富贵的富是有多种产生途径的,其中很重要的一个途径就是权力打造出富。对此,孔丘避而不谈,只能告知"富贵在天"(《论语·颜渊》)。

朱熹说:"事无大小,皆有义利。"(《朱子语类·学七》)李觏说:"利可言乎?曰:人非利不生,曷为不可言。"(《李直讲先生文集·原文》)一定意义上的商品经济不可能不"言利"。利润=价格-成本反映出,如果利润为零,价格相当于不存在,因为它已经和成本等同。于是再反过来看,没有价格,单独的成本毫无存在意义,它被物本身所取代,所以只能发生物物交换,不会是币物交换。"价"和"利"相互依存,只要"利"属于一种自然存在,那么"言利"同样是一种自然存在。属于货币经济的商品经济必然存在"言利",或者说,"言利"存在不以人的意志为转移。所以我们认为,没有"利"就没有由货币经济、市场经济双重定位的商品经济。②

儒家谈利指的是财富,主张以义取利。孔丘"罕言利",但没有说不让"利"存在。荀况主张先义后利,"保利弃义谓之至贼"(《荀子·

---

① 如果解释为勤劳致富,又引出另一个问题。中国古代有所谓治生之学,即致富之学。治生本意,治指治家人,生指生业,就是保持、扩大私家财富。所以治生意义上的致富,应按财富来理解。早期治生之学为商人治生之学,意味着经商致富。到贾思勰以"治生之道,不仕则农"(《齐民要术·自序》),把治生归结为做官和务农,治生之学变成地主治生之学。不过,治生之学始终也没有变成做官治生之学。大概做官致富(秘诀无非是贪污术)在任何时代都是难以启齿、羞于公开谈论的。地主治生之学意味着务农致富,这里的地主应该指经营地主(不会是租佃地主),而且还可以包括自耕农(拥有私地就是土地主人)。富农是自耕农当中的富有者(财富多)。

② 参见陈勇勤:《小农经济》,108~113页,郑州,河南人民出版社,2008。

修身》)。孟轲强调重义轻利,也讲过"何必曰利?亦有仁义而已矣"(《孟子·梁惠王上》),相当于为义弃利。墨家谈利涉及害,这个利指好处、利益,认为"义"表现为利他。法家谈利指的是功利,表示可以为利弃义。崇尚无为的道家主张既"绝仁弃义"也"绝巧弃利"(《道德经》第十九章),相当于义利皆弃。

在交换领域,卖方行为引出道德上的竞争与公正问题,买卖双方行为引出道德上的信用与诚信问题。在分配领域,生产成果分配引出道德上的公平与效率问题。孟轲反对商人在市场上以垄断操纵获取暴利,"有贱丈夫焉,必求龙断而登之,以左右望而罔市利",这种"人皆以为贱"的行为,显然是不正当竞争。信用最初来自借贷关系。先秦道德范畴中有"信"这一德目,但具有代表性的、使用频率最高的德目"仁义礼智"中却没有纳入"信"。二程给加了一个"信",使其成为"仁义礼智信"(《河南程氏遗书》)。可见以理学为纽带,"信"特别受到社会关注。诚信最初是在官方监督下的商业行为,例如西周设置了专门负责取缔商人造假物品的官吏(胥师),市场出售禁令中有"用器不中度,不粥于市"、"布帛精粗不中数,幅广狭不中量,不粥于市"(《礼记·王制》)。春秋后期单旗认为"废轻而作重"方式的改铸大钱,会使"民失其资",货币行而无信(《国语·周语下》)。

孟轲说"有恒产者有恒心,无恒产者无恒心"(《孟子·滕文公上》),意思是能够稳定地务农的人[①],才会有稳定的思想原则和行为规范。他想要说明,稳定地务农这件事具有极为重要的现实意义,它直接关系到长久不变的一种社会道德标准。从某种角度上说,孟轲这段话涉及效率实现的基础问题。效率是一个生产力范畴,生产力由人力和物力

---

① 对"恒产"的解释应当联系下文的"制民之产"。如果"产"指财产,就有国君给务农者以一定数量的土地。财产的存在以产权为前提,产权又包括所有权(最高占有权)和使用权(实际占有权)等,并且首先是所有权。显然,"恒产"意味着长期使用权,决不会是所有权。否则孟轲就成了主张土地私有化的第一人。对最高占有权来说,重要的是收益权,因此设置了公田来保证其收益。对实际占有权来说,重要的同样是收益权,因此设置了私田来保证其收益。《诗经》说"雨我公田,遂及我私",反映出西周普遍存在公田和私田。需要注意的是,这时的私田概念,所表达的是使用权和收益权相联系,而不是所有权和收益权相联系。

组合而成,可见效率既和物力有关,也和人力有关。因此,效率实现有双重基础,即技术基础和道德基础。技术基础就是通常说的生产力水平,在它不变的条件下,道德基础具有决定作用。道德基础包括人的积极性、创造性的发挥,以及人际关系的协调与适应。效率增长是有潜力的,这个潜力的发挥主要依靠效率的道德基础的存在。在孟轲看来,有恒心也就能够有效率地经营其恒产,从而全家"不饥不寒","乐岁终身饱,凶年免于死亡"(《孟子·梁惠王上》)。可以认为,孟轲最先揭示出效率和道德的关系。

三、经济管理思想

在中国古代,宏观的经济管理思想称为"富国之学",微观的经济管理思想称为"治生之学"。"富国"是国家"货殖","治家人生业"是私人"货殖"。富国需要将发展经济和维护经济秩序结合在一起,这又是通过经济政策、经济法规来完成的。政策法规的制定需要参考政策建议,后者多包含在政论或时论当中。由政策法规和政策建议所构成的"富国之学",主要针对产业结构、垄断放任、财政收支、生产消费、人口户籍、市场货币、荒政济贫等。治生受双重因素的影响,即外在的政策因素和内在的经营因素。

产业在古代中国主要是农、工、商三大业。"富国之学"中的产业结构首先表现在视农业为本业、工商为末业,在这一前提下,有了农末并重、重农抑末两种不同的结构设计。"仓廪实"、"衣食足"的共同心愿使重视农业成为必然,对农业的管理很重要的一点又反映在认识到必须保证农时。譬如管仲提出"无夺农时,则百姓富"(《国语·齐语》),虽然表面上是针对徭役夺农时问题,但隐含着希望对《诗经》中"雨我公田,遂及我私"情况作出改动。到商鞅变法时,"无夺农时"最终决定了井田制被废除。[①] 因为先公田后私田的规定实际上是公田农时夺占

[①] 参见陈勇勤:《井田学说与小农经济下的均田思想和农地产权》,载《安徽史学》,2008(3)。

了私田农时，要保证私田农时，只有不再助耕公田。① 管仲讲过"无末利则本业何出"（《盐铁论·通有》），可以认为，这是主张农末并重。商鞅提出"农战"，颁布法令奖励"大小僇力本业耕织致粟帛多者"，惩罚"事末利及怠而贫者"（《史记·商君列传》），以法定位了重农抑末的政策导向。盐铁会议上儒生制造声势，呼吁"抑末利"、"进本退末，广利农业"（《盐铁论·本议》），以与桑弘羊的重末轻农论唱反调，明确了重农抑末的舆论导向。

垄断和放任主要涉及自然资源和生产销售。自然资源当中有一些可以转化为生产资料，例如土地。国家垄断自然资源具有合理性，自然资源由民间私有实际上不合理。生产销售属于产业行为，国家垄断全部产业不合理，但并非国家不可以经营产业或不可以垄断特殊产业。总之，对自然资源不存在放任，对产业必须存在放任，但不是全部都放任。桑弘羊说："工不出，则农用乏；商不出，则宝货绝。农用乏，则谷不殖；宝货绝，则财用匮。故盐铁、均输，所以通委财而调缓急。"（《盐铁论·本议》）这表明，有必要对工商业实行国家垄断。司马迁说，作为"民所衣食之原"的农工商虞（采集渔猎），"此宁有政教发征期会哉？人各任其能，竭其力，以得所欲"（《史记·货殖列传》）。这表明，对产业不能搞国家垄断，应全面放开。桑弘羊和司马迁分别成为自西汉形成的垄断主义、放任主义的代表。②

国家垄断隐含着产权意识，它追求所有权和收益权不可分割的模式，而税收被看做类似于超经济掠夺。现实需要增加财政收入，桑弘羊在其任就要负其责，司马迁则完全可以不考虑这一点。这就是官员和平

---

① 笔者认为，商鞅变法出现的"为田开阡陌封疆"和平赋税（《史记·商君列传》），后者意味着助耕公田已被取消，因为劳役税没有必要涉及田税，只有实物税才会涉及田税；没有了助耕，公田也就没有存在的意义，因此"开阡陌封疆"主要是指把公田与私田之间的封疆做了平整，扩大耕地。但"商鞅之法……除井田，民得买卖"是董仲舒在别有用意的前提下说的，事实上商鞅的法令中没有给私人以土地所有权的条文，可见"民得买卖"与"除井田"风马牛不相及。王莽"王田令"追随董仲舒所言，说"秦为无道……废井田，是以兼并起"。秦统一全国后下令"使黔首自实田"（《史记·秦始皇本纪》），这才是国家允许土地私有的开端。西汉没有变更秦的土地私有政策，由此有了"民得买卖"，"兼并起"。

② 参见陈勇勤：《中国经济思想史》，109～111页，郑州，河南人民出版社，2008。

民的不同。加税办法既同薄赋政策相背，又将招致民怨。比较可行的自然就是官产销办法，可见国家垄断的着眼点在财政收入。销售垄断是确保国家经营收入，手工业垄断是保障销售垄断。财政收入主要通过税收和国家经营收入来实现。孔丘主张敛从其"薄"（《左传·哀公十一年》），从此"薄赋敛"成为历代财政思想的重要内容。孔孟儒学认为，理想的税制是什一税，如果薄于什一比如"二十而取一"就不可行，因为还要考虑"百官有司"等行政费用（《孟子·告子下》）。对于财政支出，孔丘主张"俭"（《论语·述而》）、"节用"（《论语·学而》），从此"崇俭"、"节用"也成为历代财政思想的重要内容。

供求各自最终要落实到生产和消费。生产方面，增产需要条件，如强本政策。消费方面，节用需要引导，如崇俭舆论。重农的目的在于促进农业增产，但增产不能只靠农业自身因素，它需要政策支持。均田、屯田、薄赋等强本政策在不同时期都出现过，促耕这个根本政策始终保留着。在消费领域，到了 19 世纪，士大夫在评论"国势民风"时，还是要引用《尚书》"克俭于家"、《左传》"俭，德之共也；侈，恶之大也"（汤鹏：《浮邱子·刺奢》）。可见先秦已形成的节俭风尚是千百年来社会公认的一种美德。

秦王朝实行郡县制，下设乡、亭、里，里中居民建立户籍，以便派役征赋。又有"使黔首自实田"法令，依据自报土地数量征收田租。西汉初刘邦通告天下，"民前或相聚山泽，不书名数。今天下已定，令各归其县，复故爵田宅"（《汉书·高帝纪》）。"书名数"指登录在户籍。可见，"令各归其县"是重新"书名数"的前奏。王莽的"六管令"中提到"编户齐民"（《汉书·食货志下》），本意指已登记户口册的百姓，说明编户齐民在西汉就存在。盐铁会议上儒生说"宋卫韩梁好本稼穑，编户齐民"（《盐铁论·通有》），是借"编户齐民"来指战国时将平民编入户籍。作为户籍政策的编户齐民出现在汉初，西汉中叶把它当作词语来使用。汉初政策的主导思想是"与民休息"，所以编户齐民与秦"书名数"在实施目的上有所不同，秦首先是为了征派赋役，汉首先是为了管理乡中居民，保障农村社会秩序。另外，当时诸侯国纷纷以优抚政策吸引人口到自己的地区来，编户齐民也包含防范中央政权辖区人口流失的因素。

对铸造钱币的管理，涉及统归官铸还是放任私铸。王莽指出"铁布铜冶，通行有无，备民用也"，诏令"斡之"(《汉书·食货志下》)。实际上就是停罢私铸，完全由官府控制钱币供给。铸币的不足量成了货币管理的一大难题，纸币出现后，不兑现又成了新的管理难题。这方面的争论，丰富了人们对货币本质的认识，既有理论意义，也有实践意义。引出信用的借贷关系是个古老的经济现象。《周礼》记载了泉府之官的赊贷办法，"凡赊者，祭祀无过旬日，丧纪无过三月；凡人之贷者，与其有司而授之，以国服为之息"。王莽针对民间借贷存在的问题，指出"赊贷，百姓所取平，卬以给澹"，诏令"斡之"，即由地方上新设置的"钱府"官统一管理。以上反映了官府控制借贷业。借款如果是作为投资，那么借贷从一个特定的角度来看也就演化为金融，货币的信用日益重要。譬如，许衡的虚券实货论认为："楮币之折阅，断无可称提之理。"(《许文正公遗书·楮币札子》) 忽必烈赞赏叶李对元钞采取现金准备，说："朕以叶李言，更至元钞，所用者法，所贵者信……其本不可失也。"(《续通考》卷九)

"治生之学"在商业经营方面的代表是范蠡的计然之术①，在农业经营方面的代表是贾思勰的《齐民要术》。计然之术相当于商家市场营销，它强调审时度势，捕捉商机，并以《易经》的"变"作为指导思想，主张反向思考市场动态。《齐民要术》相当于农家经营管理，它注重农时、地力、人勤（力田）、技术和兼营，主张"用力少而得谷多"，"欲善其事，先利其器"，"得供家，有余出卖"等。

四、经济改革思想

经济改革相当于经济领域的制度变迁，如果在中国古代，则相当于经济变法。春秋战国是个大变革的时代，各诸侯国不断出现经济改革，

---

① 参见陈勇勤：《中国经济思想史》，71~77页，郑州，河南人民出版社，2008。

如李悝变法、吴起变法、商鞅变法等。这些变法的宗旨都是富国强兵，而富国自然属于经济问题。后来，像桑弘羊的盐铁专卖、王莽的王田制、杨炎的两税法，以及王安石变法、张居正改革等，都在经济改革方面留下了可供后人讨论、借鉴的思想遗产。

王安石在《上仁宗皇帝言事书》中谈到，"家给人足，天下大治"，如果"天下之财力日以困穷"，以致"风俗日以衰坏"、"天下之久不安"，那么，就是"患在不知法度"。他指出，"今官大者，往往交赂遗、营赀产，以负贪污之毁；官小者，贩鬻乞丐，无所不为。夫士已尝毁廉耻、以负累于世矣，则其偷惰取容之意起，而矜奋自强之心息，则职业安得而不弛，治道何从而兴乎？又况委法受赂、侵牟百姓者，往往而是也"；"婚丧奉养服食器用之物，皆无制度以为之节，而天下以奢为荣，以俭为耻"，"富者贪而不知止，贫者则强勉其不足以追之，此士之所以重困，而廉耻之心毁也"。也正是针对这些问题，"欲有所施为变革"，"欲改易更革天下之事"。

张居正在《陈六事疏》中，根据《尚书》中的"民为邦本，本固邦宁"，认为"天之生财，在官在民，止有此数"，"与其设法征求、索之于有限之数以病民，孰若加意省俭，取之于自足之中，以厚下乎"，"当民穷财尽之时，若不痛加省节，恐不能救也"。他指出"病民"、"耗国家之元气"的问题是，"外之豪强兼并，赋役不均"，甚至"恃顽不纳田粮"，"内之官府造作，侵欺冒破，奸徒罔利，有名无实"，加上"各衙门在官钱粮，漫无稽查，假公济私，官吏滋弊"。因此，要通过改革立"图治之大本"。

在这里，我们只是列举了改革的思想动因。至于改革的具体内容，即相关的经济政策，我们就不再举例。另外，审视传统文化中的经济改革思想，应当清楚，在以制度创新促进经济发展的过程中，制度创新直接和经济管理有关，间接和经济伦理有关；正式制度来自经济管理包含的经济政策，非正式制度来自经济伦理。也就是说，经济改革思想与经济管理思想、经济伦理思想有着必然的联系。

五、经济生活思想

儒家提出的大同和小康，反映了传统经济思想中的一个共同理想。大同的先决条件是"天下为公"，属于理想追求；小康的先决条件是"天下为家"（《礼记·礼运》），属于现实要求，二者体现出理想主义和现实主义的一种完美结合。党的十七大报告围绕"全面建设小康社会"进行阐述，也是对传统经济思想所包含的"小康"这个共同理想的认同。

人民的基本生活要求是吃饱穿暖，决不会容忍饥寒交迫（绝对贫困）。所谓"民有三患，饥者不得食，寒者不得衣，劳者不得息，三者民之巨患也"（《墨子·非乐上》），从另一面说明了"饥者不待美馔而后饱，寒者不俟狐貉而后温"（《三国志·吴书·华核传》）这个最低生活保障，亦即解决温饱问题。让人民富裕起来，就是人民生活先要实现"温饱足"，然后"发展到总体小康"[①]。官方媒体倡导富裕，社会舆论褒扬富裕，"安贫"劝慰只是个别说教者的一厢情愿。司马迁说，追求富裕是人的本性，"富者，人之情性，所不学而俱欲者也"，而且，由追求富裕，产生了社会上各种分工，农、工、商、钱贷等都反映出"求富益货"（《史记·货殖列传》）。他将"仓廪实而知礼节，衣食足而知荣辱"解释为"礼生于有而废于无"，"人富而仁义附焉"（《史记·货殖列传》）。可见，仁义、礼节被看做传统荣辱观的衡量尺度，富裕是具备荣辱观的必要前提。

富裕表现在物质财富增加，达到"仓廪实"、"衣食足"，因此，普通人对生活富裕都有一种追求。把贫富和贵贱相联系，来自儒家言论。孔丘说："富与贵，是人之所欲也，不以其道得之，不处也；贫与贱，是人之所恶也，不以其道得之，不去也。"（《论语·里仁》）就是说，富贵意味着"富"则地位（身份）高贵、品德高尚，贫贱意味着"贫"则

---

① 胡锦涛：《高举中国特色社会主义伟大旗帜 为夺取全面建设小康社会新胜利而奋斗》，9页，北京，人民出版社，2007。

地位（身份）低贱、品德低俗。这段话的错误在于，地位（身份）不能和贫富挂钩，无论贫富，人人都是平等的。品德和贫富的关系不是单一的模式，富者并非必然品德高尚，贫者并非必然品德低俗，而无论富者还是贫者，绝大多数会是既不高尚也不低俗的普通人。否则，"富思淫"和"穷则思变"又将无法解释。应当看到，会出现"人穷志短"，但也会出现"人穷志不短"。这里的"志"，可以归结为人的尊严，认定贫者必然品德低俗，显然是对人的尊严的一种不尊重。当然可以考虑，贫穷会使人少于顾及礼节方面的道德；富裕了，也有能力顾及礼节方面的道德，这就是为什么说"礼生于有而废于无"。但富裕了，有人就会不再顾及仁义方面的道德，所谓"为富不仁"是也。这就是为什么子路问"既富矣，又何加焉"，孔丘说"教之"（《论语·子路》）。要想持续富裕，就必须提高受教育程度，提高文明素质，弘扬良好思想道德风尚。[①]

　　小康社会以共同富裕为共同理想，共同富裕是良好社会环境所造就的，而良好社会环境又需要社会成员共同来创造。以人为本、共同富裕，要求"社会成员团结和睦"，"和谐社会要靠全社会共同建设"。关系和谐使社会既充满活力又安定团结，"社会稳定是人民群众的共同心愿"[②]。为了实现经济生活的共同理想，社会成员要积极构建和谐社会，以和谐文化维系人民团结，用与共同理想、民族精神、时代精神相一致的荣辱观引领风尚。

---

　　① 参见陈勇勤：《中国经济学是符合中国国情、中国特色的经济学》，载《黑龙江社会科学》，2008（5）。

　　② 胡锦涛：《高举中国特色社会主义伟大旗帜　为夺取全面建设小康社会新胜利而奋斗》，41~40页，北京，人民出版社，2007。

需求与供给

人类要生存就有需求，吃、穿、住等是生存必需的。有需求就有供给，这是不可分割的一对社会现象。需求是"要"的提出，供给是"要"的实现，供需相交在一点是"要"的满足。另外，供给和生产既有联系又有区别。生产是供给不可缺少的过程，没有生产就没有供给。供给是生产的头和尾。头，是指提供生产需求的原料等；尾，是指把产品交付给产品需求者。

　　经济方面的需求有多种，不过大体上可以分为现实需求和理想需求、生活需求和生产需求等。例如，私有财产这个经济需求是现实中存在的，而社会全部财产都公有这个经济需求，是人们所向往的一种理想。理想存在和理想实现属于两个问题。生活需求和生产需求实际上都可以归入现实需求范畴。

　　分工在人类的经济活动中有着重要的意义。分工是经济发展的一个前提因素，它促成了专业化的逐步深入。虽然古代中国人对分工的理解还不够深刻，但毕竟反映出对这个问题已经有了一定的认识。

　　生产以产品实现为最终结果。没有生产，人类的物质需求只能停留在一种空想。生产什么，怎样生产，为谁生产，这三大问题，古代中国人都有过论述。只不过，多为就其中某个问题进行阐发，也就是说，是多人把三大问题分散开做出评论，而不是某人专门统一评论三大问题。毕竟，他们并非有意像研究资源有效配置那样，要科学地来构建经济学。

　　交换，简单说就是互通有无。它以商业贸易的形式而存在，涉及市场、市场营销、市场份额，以及自由贸易、市场垄断等。交换实现是产品实现的继续，也是需求满足的实现。排除自给自足这种原始状态，生产和交换是不可分割的两个过程。

需 求

《礼记》：论大同、小康

解题

本文主要反映儒家经济思想中的大同与小康两个观念。《礼记》又称《小戴礼》、《小戴礼记》，据传说为西汉戴圣编纂，它主要是战国到汉初儒家讲礼的传习录。《礼记》中的《礼运》篇，以孔子师生问答的形式出现，实际内容即郑玄所概括的"名为礼运者，以其记五帝三王相变易阴阳转旋之道"。该篇的基本论点是国家有必要建立以礼为代表的法律制度和以义为代表的道德规范，通过它们来维持现时社会的秩序。

大同与小康分别被看做儒家的理想追求和现实要求，或者说，由此体现出儒家思想实际上是理想主义和现实主义的一种完美结合。理想的，属于长远目标；现实的，属于直接目标。小康社会还是"私"性质的，集中反映在"家"被认定是构建社会秩序的基本单位，所以存在着"各亲其亲，各子其子"。大同社会则是"公"性质的，集中反映在作为构建社会秩序的基本单位的"家"已不复存在，"家"只是个夫妻繁衍后代的概念了，因而存在着"不独亲其亲，不独子其子"。

相比较来说，小康这个现实主义的社会构思，基本上不会引起很大的争议。而大同境界这个理想主义的社会构思，在世界进入近现代社会以后，疑问集中在如何将笼统性的大同具体化。譬如当人们对政府的功能做出现代诠释后，进一步提出，在没有阶级剥削和压迫的社会，管理是否还需要？如果答案是肯定的，那么，政府是否还有必要存在？

选文

大道之行也，天下为公，选贤与能，讲信修睦。故人不独亲其亲，不独子其子，使老者有所终，壮者有所用，幼者有所长，矜、寡、孤、独、废、疾者皆有所养。男有分，女有归。货恶其弃于地也，不必藏于己；力恶其不出于身也，不必为己。是故谋闭①而不兴，盗窃乱贼而不作，故外户而不闭。是谓大同。

今大道既隐，天下为家。各亲其亲，各子其子，货力为己。大人世及以为礼，城郭沟池以为固，礼义以为纪，以正君臣，以笃父子，以睦兄弟，以和夫妇，以设制度，以立田里，以贤勇知，以功为己。故谋用是作，而兵由此起。禹、汤、文、武、成王、周公由此其选也。此六君子者未有不谨于礼者也。以著其义，以考其信，著有过，刑②仁讲让，示民有常③。如有不由此者，在势者去，众以为殃。是为小康。

【出处】《礼记·礼运》，《四部丛刊正编》经部，台北，台湾商务印书馆，1979。

孔子：论富与教

解题

本文主要反映孔子对富裕和教育二者关系的认识。孔丘（前551—前

---

① 谋闭，欺诈骗钱的行为已杜绝。
② 刑，同"型"，典范、示范。
③ 常，常法、常规。

479），字仲尼，春秋时期鲁国人，是儒家创始人。《论语》是孔子弟子及其再传弟子关于孔子言行的记录，内容包括孔子的语录，孔子和弟子对某个问题的讨论问答，以及弟子之间对某些问题的议论。选文反映出，人口众多的情况下，国家的首要需求是富裕，一旦富裕起来，那么首要需求又应该是教育。致富在先，要想持续富裕，就必须通过教育，提高改造客观物质世界的能力。

选文

子适卫，冉有①仆。子曰："庶②矣哉！"冉有曰："既庶矣，又何加焉？"曰："富之。"曰："既富矣，又何加焉？"曰："教之。"

【出处】《论语·子路》，《四部丛刊正编》经部，台北，台湾商务印书馆，1979。

墨子：《非乐》、《七患》

解题

这里的两则选文主要反映墨子对百姓需求和国家需求的认识。作者墨翟（前468—前376），鲁国人，做过宋大夫，是墨家创始人。《墨子》是战国墨家学派的经典，其中大部分是墨翟的学生记述其学说，另有一些篇章如《墨经》、《经说》等，是后期墨家学者所著。

墨子说，百姓有三种基本需要，即饥得食、寒得衣、劳得息。国家有以下各项要求：建筑宫室需要城池可防守；敌国入侵需要邻国来救援；有用的功业需要耗费民力，有才能的人需要赏赐财宝；做官需要保禄，游学需要交友，治政需要立法，直谏需要敢言；国君需要过问政

---

① 冉有，冉求，字子有，孔子的学生。
② 庶，人口众多。

事，国家需要防范入侵；国君需要他信任的人忠诚，忠诚的人需要国君信任；粮食需要储备充足，官员需要胜任国事，赏赐需要给人鼓舞，诛罚需要令人畏惧。以上所总结的，是我们从墨子论述的"民有三患"、"国有七患"中反推出来的。

选文

民有三患，饥者不得食，寒者不得衣，劳者不得息，三者民之巨患也。然即当为之撞巨钟、击鸣鼓、弹琴瑟、吹竽笙，而扬干戚①，民衣食之财将安可得乎？即我以为未必然也。意舍此。今有大国即攻小国，有大家即伐小家②，强劫弱，众暴寡，诈欺愚，贵傲贱，寇乱盗贼并兴，不可禁止也。然即当为之撞巨钟、击鸣鼓、弹琴瑟、吹竽笙，而扬干戚，天下之乱也，将安可得而治与？即我未必然也。是故子墨子曰：姑尝厚措敛乎万民，以为大钟、鸣鼓、琴瑟、竽笙之声，以求兴天下之利，除天下之害，而无补也。是故子墨子曰：为乐非也。

【出处】《墨子·非乐上》，《四部丛刊正编》子部，台北，台湾商务印书馆，1979。

选文

子墨子曰：国有七患。七患者何？城郭沟池不可守而治宫室，一患也。边国至境，四邻莫救，二患也。先尽民力无用之功，赏赐无能之人；民力尽于无用，财宝虚于待客，三患也。仕者持禄，游者爱佼，君修法讨臣，臣慑而不敢拂，四患也。君自以为圣智而不问事，自以为安强而无守备，四邻谋之不知戒，五患也。所信者不忠，所忠者不信，六患也。畜种菽粟不足以食之，大臣不足以事之，赏赐不能喜，诛罚不能

---

① 古时舞乐有文武之分，文执羽旄，武执干戚。
② 先秦时期，称诸侯的封地为国，称卿、大夫的封邑为家。

威，七患也。以七患居国，必无社稷；以七患守城，敌至国倾。七患之所当①，国必有殃。

【出处】《墨子·七患》，《四部丛刊正编》子部，台北，台湾商务印书馆，1979。

老子：论无为、小国寡民

解题

本文主要反映老子的无为而治这个思想观点。作者老聃，春秋末期楚国人，生卒年不详。其学说发展成为道家学派的主要理论。著有《道德经》（又名《老子》），包括上篇《道经》和下篇《德经》两个部分。尚贤产生竞争，贵货产生盗窃，欲望导致心乱，也就是说，争贤、盗货都起因于"欲"，是"心乱"引出的行为。虚弱心志、实强腹骨，这分别反映的是如何对待精神生活和物质生活。综合来看，"不见可欲"意味着无欲，"虚弱心志"意味着无知，也就是说，要让"民无知无欲"，这样一来，也就可以实现"无为而治"。

选文

不尚贤，使民不争；不贵难得之货，使民不为盗；不见可欲，使民心不乱。是以圣人之治，虚其心，实其腹，弱其志，强其骨，恒使民无知无欲。使夫智者不敢为也。为无为②，则无不治。

【出处】《老子》上篇第三章，《四部丛刊正编》子部，台北，台湾商务印书馆，1979。

---

① 当，承当。这里指七患被用来承担治国的策略。
② 为无为，依据无所作为的原则去处理一切事务。

解题

本文主要反映老子的小国寡民这个思想观点。这是一种倒退性质的需求，"甘其食，美其服，安其居，乐其俗"，"民至老死不相往来"。关键是其中的"甘其食，美其服"，即基本的吃穿都由家庭内部给解决了，不再需要外部的社会分工。"小国寡民"意识对社会分工产生了消极影响。

选文

小国寡民，使有什伯①之器而不用，使民重死而不远徙。虽有舟舆，无所乘之；虽有甲兵，无所陈之。使人复结绳而用之，甘其食，美其服，安其居，乐其俗。邻国相望，鸡犬之声相闻，民至老死不相往来。

【出处】《老子》下篇第八十章，《四部丛刊正编》子部，台北，台湾商务印书馆，1979。

庄子：论物质与观念

解题

本文主要反映庄子对好知与无道的理解。作者庄周，战国时期宋国人，生卒年不详，做过蒙（今河南商丘）的漆园吏，后来隐居。庄子继承和发展了老子的学说，成为道家学派的代表人物，著有《庄子》（又称《南华经》）。庄子说，儒家的道，好人和坏人都可以拿来用，由于"天下之善人少而不善人多"，所以"圣人之利天下也少，而害天下也多"。儒家看重事物的利益，盗贼也会把这

---

① 伯，同"佰"。什伯，即什佰。什佰之器，各种工具和用品。

一点窃来为其所用。譬如，"窃国"的诸侯标榜仁义，实际上是盗窃了仁义。新式器物不应在社会上张扬，儒家的道如同"天下之利器"，"非所以明天下也"。道德标准引来诸侯的大盗，器物标准引来平民的小盗。言外之意，不知道这些人为的标准反而更好些。在庄子看来，就应该像远古时代那样，"民结绳而用之，甘其食，美其服，乐其俗，安其居。邻国相望，鸡狗之音相闻，民至老死而不相往来"。所以，不应"好知"，强调知识只会"乱天下"，但不能"无道"，没有自然的标准同样会"天下大乱"，这个自然的标准，就是老子所说的"小国寡民"。

选文

尝试论之：世俗之所谓至知者，有不为大盗积者乎！所谓至圣者，有不为大盗守者乎？何以知其然邪？昔者，龙逢斩，比干剖，苌弘胣，子胥靡①。故四子之贤，而身不免乎戮。故盗跖②之徒，问于跖曰："盗亦有道乎？"跖曰："何适而无有道邪？夫妄意室中之藏，圣也；入先，勇也；出后，义也；知可否，知也；分均，仁也。五者不备，而能成大盗者，天下未之有也。"由是观之，善人不得圣人之道不立，跖不得圣人之道不行。天下之善人少而不善人多，则圣人之利天下也少，而害天下也多。故曰：唇竭则齿寒，鲁酒薄而邯郸围，圣人生而大盗起。

掊击圣人，纵舍盗贼，而天下始治矣。夫川竭而谷虚，丘夷而渊实。圣人已死，则大盗不起，天下平而无故矣。圣人不死，大盗不止。虽重圣人而治天下，则是重利盗跖也：为之斗斛以量之，则并与斗斛而窃之；为之权衡以称之，则并与权衡而窃之；为之符玺以信之，则并与符玺而窃之；为之仁义以矫之，则并与仁义而窃之。何以知其然邪？彼窃钩③者诛，窃国者为诸侯。诸侯之门，而仁义存焉，则是非窃仁义圣知邪？故

---

① 龙逢，夏桀的贤臣，为桀所杀。比干，劝谏商纣王，被处以剖心之刑。苌弘，周灵王的贤臣，遭裂身酷刑。子胥，谏吴王夫差，令自刎，尸体被投入江中。胣(yǐ)，裂身酷刑。
② 跖，柳下跖，是文中所说的"盗"、"大盗"，所以下文又贬称"盗跖"。
③ 钩，古时服装上的腰带钩。窃钩，偷窃一钩那么大的金，意思是所窃很少。

逐于大盗，揭诸侯，窃仁义并斗斛、权衡、符玺之利者，虽有轩冕之赏弗能劝，斧钺之威弗能禁。此重利盗跖而使不可禁者，是乃圣人之过也。

故曰：鱼不可脱于渊，国之利器不可以示人。彼圣人者，天下之利器也，非所以明天下也。故绝圣弃知，大盗乃止；擿玉毁珠，小盗不起。焚符破玺，而民朴鄙；掊斗折衡，而民不争。殚残天下之圣法，而民始可与论议。擢乱六律，铄绝竽瑟，塞瞽旷①之耳，而天下始人含其聪矣；灭文章，散五采，胶离朱②之目，而天下始人含其明矣；毁绝钩绳，而弃规矩，攦工倕③之指，而天下始人有其巧矣。

故曰：大巧若拙。削曾、史之行，钳杨、墨之口④，攘弃仁义，而天下之德始玄同矣。彼人含其明，则天下不铄矣；人含其聪，则天下不累矣；人含其知，则天下不惑矣；人含其德，则天下不僻矣。彼曾、史、杨、墨、师旷、工倕、离朱，皆外立其德，而以爚⑤乱天下者也，法之所无用也。

子独不知至德之世乎？昔者容成氏、大庭氏、伯皇氏、中央氏、栗陆氏、骊畜氏、轩辕氏、赫胥氏、尊卢氏、祝融氏、伏羲氏、神农氏⑥，当是时也，民结绳而用之，甘其食，美其服，乐其俗，安其居，邻国相望，鸡狗之音相闻，民至老死而不相往来。若此之时，则至治已。今遂至使民延颈举踵曰："某所有贤者。"赢粮而趣之，则内弃其亲，而外去其主之事，足迹接乎诸侯之境，车轨接乎千里之外，则是上好知之过也。

上诚好知而无道，则天下大乱矣。何以知其然邪？夫弓弩毕弋机变之知多，则鸟乱于上矣；钩饵罔罟罾笱⑦之知多，则鱼乱于水矣；削格罗落罝罘⑧之知多，则兽乱于泽矣；知诈渐毒颉滑坚白解垢同异之变

---

① 瞽旷，名师旷，春秋时最有名的乐师，因眼睛失明，所以又名瞽旷。
② 离朱，又名离娄，传说为黄帝时人，其眼睛能明察秋毫。
③ 攦（lì），折断。工倕（chuí），传说为尧时的巧匠，发明规矩等工具。
④ 曾，曾参，孔子的学生，以孝著称。史，史鱼，齐国史官，因记载史实被杀。杨，杨朱。墨，墨翟。
⑤ 爚（yuè），火光。
⑥ 都是传说中的远古部落首领。
⑦ 罔、罟、罾，都是捕鱼工具。笱（gǒu），鱼篓。
⑧ 削格，捕兽陷阱。罗落，捕兽用的网。罝（jū），捉兔子的网。罘（fú），设在屋檐下驱赶鸟雀的金属网。

多，则俗惑于辩矣。故天下每每大乱，罪在于好知。故天下皆知求其所不知，而莫知求其所已知者；皆知非其所不善，而莫知非其所已善者，是以大乱。故上悖日月之明，下烁山川之精，中堕四时之施。惴耎之虫，肖翘之物，莫不失其性。甚矣，夫好知之乱天下也！

【出处】《庄子·胠箧》，见王先谦：《庄子集解》，北京，中华书局，1987。

解题

本文主要反映庄子对耕织同德的认识。庄子认为道德和仁义是两回事，"道德不废，安取仁义"，"毁道德以为仁义，圣人之过也"。他以治马、制陶、削木为例，论述了社会的一切"有为"的罪过。在他看来，盛德的时代，人们本是纯朴无邪，无知无欲。只是由于出现了圣人之治，人们才抛弃纯朴而用智纵欲，废弃道德而尊奉仁义，争相有为而损伤人和物的本性。按庄子的理解，仁义针对"有为"而存在，道德针对纯朴而存在，纯朴消失了才有"有为"，道德消失了才有仁义。耕和织原本自然表现为一种德行，如果用仁义去衡量，就成了一种欲望，从而导致一系列非纯朴的后果。

选文

世世称之曰："伯乐善治马，而陶匠善治埴木。"此亦治天下者之过也。吾意善治天下者不然。彼民有常性，织而衣，耕而食，是谓同德。一而不党①，命曰天放。故至德之世，其行填填，其视颠颠……夫至德之世，同与禽兽居，族与万物并，恶乎知君子小人哉！同乎无知，其德不离，同乎无欲，是谓素朴。素朴而民性得矣。及至圣人，蹩躠为仁，踶跂为义，而天下始疑矣；澶漫为乐，摘僻为礼，而天下始分矣。故纯

---

① 党，偏私。天放，任其自然。

朴不残，孰为牺尊？白玉不毁，孰为珪璋？道德不废，安取仁义？性情不离，安用礼乐？五色不乱，孰为文采？五声不乱，孰应六律？夫残朴以为器，工匠之罪也；毁道德以为仁义，圣人之过也……夫赫胥氏之时，民居不知所为，行不知所之，含哺而熙，鼓腹而游，民能以此矣。及至圣人，屈折礼乐以匡天下之形，县跂仁义以慰天下之心，而民乃始踶跂好知①，争归于利，不可止也。此亦圣人之过也。

【出处】《庄子·马蹄》，见王先谦：《庄子集解》，北京，中华书局，1987。

《吕氏春秋》：论习俗、诚信

解题

本文主要反映先秦杂家对欲望中的义和诚信的认识。战国末期秦相国吕不韦组织文士编撰了《吕氏春秋》一书，它是先秦杂家的代表作。人人都有欲望，国家的政策，必须针对人的欲望。政策要让"义"的思想观念得到传播，决不能让"不义"的思想观念得以泛滥。个人欲望如果能够实现，还需要有一个重要的前提条件，这就是"诚信"。没有诚信，即便欲望实现，实际上还不如不实现。举例来说，欲望出自你一个人，诚信则是众人对你的看法。在众人心目中失信了，比什么都可怕。"文公可谓知求欲"，就是说，晋文公真正理解了个人欲望的实现怎样才是最合理的。

选文

使民无欲，上虽贤，犹不能用。夫无欲者，其视为天子也与为舆隶

---

① 县，同"悬"。跂，同"企"。县跂，把仁义高高挂起，宣示仁义的意思。好知，爱好智谋，追求知识。

同，其视有天下也与无立锥之地同，其视为彭祖也与为殇子同①。天子至贵也，天下至富也，彭祖至寿也，诚无欲，则是三者不足以劝；舆隶至贱也，无立锥之地至贫也，殇子至夭也，诚无欲，则是三者不足以禁。会有一欲，则北至大夏，南至北户，西至三危，东至扶木，不敢乱矣；犯白刃，冒流矢，趣水火，不敢却也；晨寤兴，务耕，急庸耕，为烦辱，不敢休矣。故人之欲多者，其可得用亦多；人之欲少者，其得用亦少；无欲者不可得用也。人之欲虽多，而上无以令之，人虽得其欲，人犹不可用也。令人得欲之道，不可不审矣。

善为上者，能令人得欲无穷，故人之可得用亦无穷也。蛮夷反舌②殊俗异习之国，其衣服冠带宫室居处舟车器械声色滋味皆异，其为欲使一也。三王不能革，不能革而功成者，顺其天也。桀纣不能离，不能离而国亡者，逆其天也。逆而不知其逆也，湛于俗③也。久湛而不去，则若性，性异非性，不可不熟。不闻道者何以去非性哉，无以去非性，则欲未尝正矣。欲不正，以治身则夭，以治国则亡。故古之圣王，审顺其天而以行欲，则民无不令矣，功无不立矣。圣王执一，四夷皆至者，其此之谓也。执一者至贵也，至贵者无敌，圣王托于无敌，故民命敌焉。

群狗相与居，皆静无争，投以炙鸡，则相与争矣：或折其骨，或绝其筋，争术存也。争术存，因争，不争之术存，因不争。取争之术而相与争，万国无一。凡治国令其民争行义也，乱国令其民争为不义也；强国令其民争乐用也，弱国令其民争竞不用也。夫争行义乐用，与争为不义竞不用，此其为祸福也，天不能覆，地不能载。

晋文公伐原④，与士期七日。七日而不下，命之去。谋士言曰："原将下矣"，师吏请待之。公曰："信，国之宝也。得原失宝，吾不为也。"遂去之。明年复伐之，与士期必得原然后反，原人闻之乃

---

① 舆隶，抬轿的奴隶。彭祖，古时传说中的长寿人物。殇子，古时传说中与彭祖相对称的早夭人物。
② 反舌，古代中原人形容周围某些民族的语言难懂时所用的词。
③ 湛予俗，深受习俗影响，潜移默化。
④ 原，春秋时地名，在今河南西北部。

下①。卫人闻之，以文公之信为至矣，及归②文公。故曰：攻原得卫者，此之谓也。文公非不欲得原也，以不信得原，不若勿得也；必诚信以得之，归之者非独卫也。文公可谓知求欲矣。

【出处】《吕氏春秋·离俗览》，北京，中华书局，1991。

司马迁：论交往、求富

解题

本文主要反映司马迁的小国寡民行不通这个观点。作者司马迁（前145—?），字子长，夏阳（今陕西韩城南）人，继承父职任太史令。《史记》中的《货殖列传》、《平准书》等篇，专门记载了经济活动，留下重要的经济思想资料。

选文

老子曰："至治之极，邻国相望，鸡狗之声相闻，民各甘其食，美其服，安其俗，乐其业，至老死不相往来。"必用此为务，挽近世，涂民耳目，则几无行矣。

【出处】司马迁：《史记·货殖列传》，北京，中华书局，2000。

解题

本文主要反映司马迁的求富是人的本性这个观点。司马迁认为，追求富裕是人的本性，"富者，人之情性，所不学而俱欲者也"。由追求富

---

① 下，投降，屈服。
② 归，归降，归顺。

裕，产生了社会上各种分工，农、工、商、钱贷等都反映出"求富益货"。经济发展就是在"求富"中实现的。

选文

太史公曰：夫神农以前，吾不知已。至若《诗》、《书》所述虞夏以来，耳目欲极声色之好，口欲穷刍豢之味，身安逸乐，而心夸矜势能之荣，使俗之渐民久矣，虽户说以眇论，终不能化①。故善者因②之，其次利道之，其次教诲之，其次整齐之，最下者与之争。

....

由此观之，贤人深谋于廊庙，论议朝廷，守信死节隐居岩穴之士设为名高者安归乎？归于富厚也。是以廉吏久，久更富，廉贾归富。富者，人之情性，所不学而俱欲者也。故壮士在军，攻城先登，陷阵却敌，斩将搴旗，前蒙矢石，不避汤火之难者，为重赏使也。其在闾巷少年，攻剽椎埋，劫人作奸，掘冢铸币，任侠并兼，借交报仇，篡逐幽隐③，不避法禁，走死地如骛者，其实皆为财用耳。今夫赵女郑姬，设形容，揳鸣琴，揄长袂，蹑利屣④，目挑心招，出不远千里，不择老少者，奔富厚也。游闲公子，饰冠剑，连车骑，亦为富贵容也。弋射渔猎，犯晨夜，冒霜雪，驰坑谷，不避猛兽之害，为得味也。博戏驰逐，斗鸡走狗，作色相矜，必争胜者，重失负也。医方诸食技术之人，焦神极能，为重糈也。吏士舞文弄法，刻章伪书，不避刀锯之诛者，没于赂遗也。农工商贾畜长⑤，固求富益货也。此有知尽能索耳，终不余力而让财矣。

【出处】司马迁：《史记·货殖列传》，北京，中华书局，2000。

---

① 使俗，指上述的习俗。渐（jiān），流入。户说，按户告知，家喻户晓。眇（miǎo），通"妙"。
② 因，顺依。
③ 任侠，相互勾结一起去欺侮别人。篡逐幽隐，暗中干坏事。
④ 揳（xiē），弹奏，打击。揄（yú），牵引，挥动。蹑（niè），踩，穿。
⑤ 畜，通"蓄"。畜长，高利贷者。

华核：论丰谷帛

解题

本文主要反映华核对君的要求和民的期望的认识。作者华核，字永先，东汉末期武进（今江苏丹徒）人，生卒年不详，在吴国先后出任县尉、典农都尉、秘府郎和中书丞。本文摘录于华核向吴末帝孙皓上的奏疏。国君对百姓有两点要求，百姓对国君有三条期望。要求得到满足，而期望没有满足。所谓"丰谷帛之业"，正是因为谷可使"饥者"得到"饱"之需，帛可使"寒者"得到"温"之需。作者向往粮谷有"储"，布帛有"积"，器物、服饰都实用，而不是"浮华"、"绮靡"。

选文

臣闻主之所求于民者二，民之所望于主者三。二谓求其为己劳也，求其为己死也。三谓饥者能食之，劳者能息之，有功者能赏之。民以致其二事而主失其三望者，则怨心生而功不建。今帑藏不实，民劳役猥，主之二求已备，民之三望未报。且饥者不待美馔而后饱，寒者不俟狐貉而后温，为味者口之奇，文绣者身之饰也。今事多而役繁，民贫而俗奢，百工作无用之器，妇人为绮靡之饰，不勤麻枲，并绣文黼黻，转相仿效，耻独无有。兵民之家，犹复逐俗，内无儋石之储，而出有绫绮之服；至于富贾商贩之家，重以金银，奢恣尤甚。天下未平，百姓不赡，宜一生民之原，丰谷帛之业，而弃功于浮华之巧，妨日于侈靡之事，上无尊卑等级之差，下有耗财物力之损。今吏士之家，少无子女，多者三四，少者一二，通令户有一女，十万家则十万人，人织绩一岁一束，则十万束矣。使四疆之内同心戮力，数年之间，布帛必积。恣民五色，惟所服用，但禁绮绣无益之饰。且美貌者不待华采而崇好，艳姿者不待文绮以致爱，五采之饰，足以丽矣。若极粉黛，穷盛服，未必无丑妇；废华采,去文绣,未必无美人也。

【出处】 陈寿:《三国志·吴书·华核传》,北京,中华书局,2000。

李觏: 论利欲

解题

本文主要反映李觏的利也是需求这个观点。作者李觏(1009—1059),字泰伯,建昌军南城人,以教授为生,是当时江南的著名学者。"欲"就是某种需求。"利"也是一种"欲",所以也是一种需求。通常认为,墨翟、庄周是"言利"比较典型的代表。

选文

利可言乎? 曰: 人非利不生,曷为不可言? 欲可言乎? 曰: 欲者人之情,曷为不可言? 言而不以礼,是贪与淫,罪矣。不贪不淫,而曰"不可言",无乃贼人之生,反人之情! 世俗之不喜儒以此。孟子谓"何必曰利",激也。焉有仁义而不利者乎? 其书数称汤武将以七十里、百里而王天下,利岂小哉? 孔子七十,所欲不踰矩,非无欲也。于诗,则道男女之时,容貌之美,悲感念望,以见一国之风,其顺人也至矣。

学者大抵雷同。古之所是,则谓之是;古之所非,则谓之非。诘其所以是非之状,或不能知。古人之言,岂一端而已矣。夫子于管仲三归具官则小之①;合诸侯正天下,则仁之,不以过掩功也。韩愈有取于墨翟、庄周,而学者乃疑。噫! 夫二子皆妄言邪? 今之所谓贤士大夫,其超然异于二子者邪? 抑有同于二子而不知者邪? 何訾彼之甚也?

---

① 三归,管仲所筑台的名称,若筑台借指私宅,则三归为管仲私宅名。具,同"俱"。具官,私家中各种职事都派有专官,而不用兼职。

【出处】李觏：《原文》，《李觏集》，北京，中华书局，1981。

王安石：论官俸与吏治

解题

本文主要反映王安石对俸禄需求和吏治需求的认识。作者王安石（1021—1086），抚州临川（今江西临川）人，做过地方官吏和宰相。神宗年间主持变法，史称王安石变法。王安石认为，官员的俸禄应达到人的一种需要，这相当于用"财"来满足其欲望（"饶之以财"或"人情足于财"）；而且，财、礼、法三者应当并行，也就是说，同时还要用"礼"来约束其言行（"约之以礼"或"礼以节之"）、用"法"来判定其行为（"裁之以法"或"不循礼，则待之以流、杀之法"）。从官吏的俸禄需求到朝廷的吏治需求，前者使职业勤勉，后者使治道振兴。在这里，很重要的一点是，"制禄"关系到士大夫有可能"毁""廉耻之心"，"息""矜奋自强之心"。

选文

所谓养之之道，何也？饶之以财，约之以礼，裁之以法也。何谓饶之以财？人之情，不足于财，则贪鄙苟得，无所不至。先王知其如此，故其制禄，自庶人之在官者，其禄已足以代其耕矣。由此等而上之，每有加焉，使其足以养廉耻而离于贪鄙之行。犹以为未也，又推其禄以及其子孙，谓之世禄。使其生也，既于父子兄弟妻子之养，婚姻朋友之接，皆无憾矣；其死也，又于子孙无不足之忧焉。何谓约之以礼？人情足于财而无礼以节之，则又放辟邪侈，无所不至。先王知其如此，故为之制度。婚丧、祭养、宴亨之事，服食、器用之物，皆以命数①为之节，而齐之以律、度量衡之法。其命可以为之，而财不足以具，则弗具也；其财可以具，而命不得为

---

① 命数，封建等级制所规定的数量。

之者，不使有铢两分寸之加焉。何谓裁之以法？先王于天下之士，教之以道艺矣，不帅教，则待之以屏弃远方终身不齿之法；约之以礼矣，不循礼，则待之以流、杀之法。《王制》曰："变衣服者，其君流。"《酒诰》曰："厥或诰曰：'群饮，汝无佚。尽执拘以归于周，予其杀！'"夫群饮、变衣服，小罪也；流、杀，大刑也。加小罪以大刑，先王所以忍而不疑者，以为不如是，不足以一天下之俗而成吾治。夫约之以礼，裁之以法，天下所以服从无抵冒者，又非独其禁严而治察之所能致也；盖亦以吾至诚恳恻之心，力行而为之倡。凡在左右通贵之人，皆顺上之欲而服行之，有一不帅者，法之加必自此始，夫上以至诚行之，而贵者知避上之所恶矣，则天下之不罚而止者众矣。故曰：此养之之道也。

……………

方今制禄，大抵皆薄。自非朝廷侍从之列，食口稍众，未有不兼农商之利而能充其养者也。其下州县之吏，一月所得，多者钱八九千，少者四五千，以守选、待除、守缺通之，盖六七年而后得三年之禄，计一月所得，乃实不能四五千，少者乃实不能及三四千而已。虽厮养之给，亦窘于此矣。而其养生、丧死、婚姻、葬送之事，皆当于此。夫出中人之上者，虽穷而不失为君子；出中人之下者，虽泰而不失为小人。唯中人不然，穷则为小人，泰则伪君子。计天下之士，出中人之上下者，千百而无十一；穷而为小人，泰而为君子者，则天下皆是也。先王以为众不可以力胜也，故制行不以已，而以中人为制，所以因其欲而利导之，以为中人之所能守，则其志可以行乎天下，而推之后世。以今之制禄，而欲士之无毁廉耻，盖中人之所不能也。故今官大者，往往交赂遗、营资产，以负贪污之毁；官小者、贩鬻、乞丐，无所不为。夫士已尝毁廉耻以负累于世矣，则其偷惰取容之意起，而矜奋自强之心息，则职业安得而不驰，治道何从而兴乎？又况委法受赂，侵牟百姓者，往往而是也。此所谓不能饶之以财也。

【出处】王安石：《上仁宗皇帝言事书》，《临川先生文集》，《四部丛刊正编》集部，台北，台湾商务印书馆，1979。

张英:《恒产琐言》

解题

本文主要反映张英对私产需求的认识。作者张英（1637—1708），安徽桐城人，字敦复。康熙十六年进士，曾任礼部尚书。著有《笃素堂文集》，其中《恒产琐言》是专论地主家庭经济的文章。人们对田产、房产的需求，有一个"二者可以持久远"的心理。

选文

吾友陆子名遇霖，字洵若，浙江人，今为归德别驾①。其人通晓事务，以经济自许。在京师日常与之过从。一日，从容谈及谋生毕竟以何者为胜。陆子思之良久曰："予阅世故多矣。典质、贸易权子母②，断无久而不弊之理。始虽乍获厚利，终必化为子虚；惟田产、房屋二者可以持久远。二者较之，房舍又不如田产。何以言之？房产乃向人索租钱。每至岁暮，必有予仆盛衣帽着靴，喧哗叫号以取之，不偿则愬于官长，每至争讼雀角，甚有以奋斗窘逼而别招祸殃者；稍懦焉则又不可得矣。至田租则不然。子孙虽为齐民，极单寒懦弱，其仆不过青鞵布袜，手持雨伞诣佃人之门，而人不敢藐视之。秋谷登场，必先完田主之租，而后分给私债，取其所本有而非索其所无，与者、受者③皆可不劳。且力田皆愿民④。与市廛商贾之狡健者不同。以此思之，房产殆不如田产也。"

【出处】张英：《恒产琐言》，《父子宰相家训》，合肥，安徽大学出版社，1999。

---

① 别驾，汉代官名，后世把州官的佐吏称为别驾。
② 权子母，以利润同资本相比较，看获利如何。
③ 与者，交租的佃农。受者，地主。
④ 愿民，老实百姓。

龚自珍：《论私》

解题

本文主要反映龚自珍对私和公的先后这一问题的认识。作者龚自珍（1792—1841），浙江仁和人。他对"大公无私"一说，有自己的看法。他谈到，杨朱、墨翟都强调"至公无私"，但孟轲认为这是典型的"无君"、"无父"，违背纲常伦理。龚自珍进一步说，岂止如此，这是人类与动物的根本区别，动物"无私"，人类必定有"私"；在人类社会中，公与私的关系不可一概而论，譬如先私后公、先公后私、公私并举、公私互举，都是存在的。当然，他也要说明，上述公私关系的四种表现，并非来自他的概括，实际上早在先秦时代就已经被人们揭示出来了。

选文

朝大夫有受朋友之请谒，翌晨，讦其友于朝，获直声者，矜其同官曰：某甲可谓大公无私也已。龚子闻之，退而与龚子之徒纵论私义。

问曰：敢问私者何所始也？

告之曰：天有闰月，以处赢缩之度，气盈朔虚，夏有凉风，冬有燠日，天有私也；地有畸零华离，为附庸闲田，地有私也；日月不照人床闼之内，日月有私也。圣帝哲后，明诏大号，劬劳于在源，咨嗟于在庙，史臣书之。究其所为之实，亦不过曰：庇我子孙，保我国家而已，何以不爱他人之国家，而爱其国家？何以不庇他人之子孙，而庇其子孙？且夫忠臣忧悲，孝子涕泪，寡妻守雌，扦门户，保家世，圣哲之所哀，古今之所懿，史册之所记，诗歌之所作。忠臣何以不忠他人之君，而忠其君？孝子何以不慈他人之亲，而慈其亲？寡妻贞妇何以不公此身于都市，乃私自贞私自葆也？且夫子哙，天下之至公也，以八百年之燕，欲予子之①。汉哀帝，天下之至公也，高皇帝之艰难，二百祀之增功累胙，帝不爱之，欲以予董贤。由斯以谭，此二主者，其视文、武、成、康、周公，岂不圣哉？由斯以谭，孟子车氏②其言天下之私言也，乃曰："人人亲其亲，长其长而天下平。"且夫墨翟，天下之至公无私也，兼爱无差等，孟子以为无父。杨朱，天下之至公无私也，拔一毛利天下不为，岂复有干以私者？岂复舍我而徇人之谓者？孟氏以为无君。且今之大公无私者，有杨、墨之贤耶？杨不为墨，墨不为杨，乃今以墨之理，济杨之行，乃宗子哙，肖汉哀；乃议武王、周公，斥孟轲，乃别辟一天地日月以自处。

且夫狸交禽媾，不避人于白昼，无私也。若人则必有闺阃之蔽，房帷之设，枕席之匿，赪颊之拒矣。禽之相交，径直何私？孰疏孰亲，一视无差。尚不知父子，何有朋友？若人则必有孰薄孰厚之气谊，因有过从燕游，相援相引，款曲燕私之事矣。今日大公无私，则人耶，则禽耶？

《七月》之诗人曰："言私其豵，献豜于公。"先私而后公也。《大田》之诗人曰："雨我公田，遂及我私。"《楚茨》之诗人曰："备言燕私。"先公而后私也。《采苹》之诗人曰："被之僮僮，夙夜在公，被之祁祁，薄言还归。"③公私并举之也。《羔羊》之诗人曰："羔羊之皮，素丝五紽，退食自公，委蛇委蛇。"公私互举之也。《论语》记孔子之私觌④。乃如吾大夫言，则《鲁论》以私觌诬孔氏。乃如吾大夫言，《羔羊》之大夫可以诛，《采苹》⑤之夫人可以废，《大田》、《楚茨》之诗人可以流，《七月》之诗人可以服上刑。

【出处】 龚自珍：《论私》，《龚自珍全集》，北京，中华书局，1959。

---

① 指春秋战国时期燕国国君子哙要传位给子之。下句指西汉末年汉哀帝要传位给董贤。
② 孟轲，字子车。
③ 应出自《采蘩》，而不是《采苹》。
④ 私觌，正式朝聘礼仪之后的私人会见。
⑤ 应为《采蘩》，而不是《采苹》。

魏源：论师夷制夷

解题

　　这里的四则选文，主要反映魏源的师夷长技这一观点。作者魏源（1794—1857），字默深，湖南邵阳人，做过幕僚、知县、知州。他的"师夷长技以制夷"是句名言，近代以来广为传诵。富国强兵和发展经济密切联系在一起，富国强兵需要科学技术。我们今天常说，科学技术是第一生产力。科技无国界，它是人类共同的知识财富。当然有一点很重要，即科学技术为谁所用。"师夷长技"所体现的理念，正是科学技术为我所用，通过科学技术来发展经济，最终实现富国强兵。我们注意到，在这里，魏源对"奇技"与"淫巧"严格做出区分，把"长技"和"奇技"等同，以避免与鄙视手工技艺为"淫巧"的传统观念发生正面冲突，尽可能减少引进西方先进科学技术的舆论阻力。

选文

　　《海国图志》六十卷何所据？一据前两广总督林尚书①所译西夷之《四洲志》，再据历代史志及明以来岛志及近日夷图夷语。钩稽贯串，创榛辟莽，前驱先路。大都东南洋、西南洋增于原书者十之八，大小西洋、北洋、外大西洋增于原书者十之六。又图以经之，表以纬之，博参群议以发挥之。

　　何以异于昔人海图之书？曰：彼皆以中土人谭西洋，此则以西洋人谭西洋也。

　　是书何以作？曰：为以夷攻夷而作，为以夷款②夷而作，为师夷长

---

① 林尚书，指林则徐。
② 款，一指招待，引申为对待；一指敲，引申为击打，则和前文的"攻"意思同。对照下文的"御敌"和"款敌"，"款"在这里应指反击，"攻"应指抗击、抵御。

技以制夷而作。《易》曰:"爱恶相攻而吉凶生,远近相取而悔吝生,情伪相感而利害生。"故同一御敌,而知其形与不知其形,利害相百焉,同一款敌,而知其情与不知其情,利害相百焉。古之驭外者,诹以敌形,形同几席;诹以敌情,情同寝馈。

【出处】 魏源:《海国图志·海国图志叙》,《魏源全集》,长沙,岳麓书社,2004。

选文

未款①之前,则宜以夷攻夷;既款之后,则宜师夷长技以制夷。夷之长技三:一战舰,二火器,三养兵,练兵之法。……古之圣人,刳舟剡楫以济不通,弦弧剡矢以威天下,亦岂非形器之末?而《睽》、《涣》取诸易象,射御登诸六艺,岂火轮、火器不等于射御乎?指南制自周公,挈壶创自周礼,有用之物,即奇技而非淫巧。今西洋器械,借风力、水力、火力,夺造化通神明,无非竭耳目心思之力,以利民用。因其所长而用之,即因其所长而制之。风气日开,智能日出,方见东海之民云集而鹜赴,又何暂用旋缀之有?昔汉武欲伐南越,奠习楼船水战于昆明湖。乾隆中,以金川恃碉险,爰命金川俘卒建碉于香山,又命西洋人南怀仁②制西洋水法于养心殿。而西史言俄罗斯之比达王,聪明奇杰,因国中技艺不如西洋,微行游于他国船厂、火器局,学习工艺,返国传授,所造器械,反甲西洋。由是其兴勃然,遂为欧罗巴洲最雄大国。故知国以人兴,功无幸成,帷厉精淬志者,能足国而足兵。……问曰:船厂、火器局设于粤东矣,其福建、上海、宁波、天津亦将仿设乎?不仿设乎?战舰百艘,果足敷沿海七省之用乎?曰:沿海商民,有自愿仿设厂局以造船械,或自用、或出售者听之。若官修战舰火器局,则止需立于粤东,造成之后,驶往各岸,无事纷设。盖专设一处,则技

---

① 款,不平等条约的签订。
② 南怀仁,比利时人,天主教传教士。

易精,纷设则不能尽精。专设则责成一手。纷设则不必皆得人。战舰既成以后,内地商艘仿造日广,则战舰不必增造。何者?西洋货船与兵船坚固同,大小同,但以军器之有无为区别。货船亦有炮眼,去其铁板,即可安炮。内地平时剿贼,尚敕雇闽、广商艘,况日后商艘尽同洋船①,有事立雇,何难佐战舰之用?

【出处】魏源:《海国图志·筹海篇三》,《魏源全集》,长沙,岳麓书社,2004。

选文

仿钦天监用西洋历官之例,行取弥利坚、佛兰西、葡萄亚②三国各遣头目一二人赴粤司造船局,而择内地巧匠精兵以传习之,如习天文之例;其有洋船、洋炮、火箭、火药,愿售者听。不惟以货易货,而且以货易船,易火器,准以艘械、火药抵茶叶、胡丝之税,则不过取诸商捐数百万,而不旋踵间,西洋之长技,尽成中国之长技。

【出处】魏源:《圣武记·道光洋艘征抚记》,《魏源全集》,长沙,岳麓书社,2004。

选文

造炮不如购炮,造舟不如购舟。盖中国红夷大炮,本得自佛郎机③,非中国所有也。西洋各国夷炮,有鬻于粤东者矣,有鬻于新嘉坡者矣,有鬻于孟迈、孟加腊者矣。新嘉坡距澳十程,专有造炮出售之市。孟迈、孟加腊亦然。此皆中国商船往来之地,但令每舶回帆入口,必购夷炮数位,或十余位,缴官受值,力省而器精,事半而功倍。前年

---

① 洋船,平时为货船,战时安放火炮就成为战舰。
② 弥利坚、佛兰西、葡萄亚,即美国、法国和葡萄牙。
③ 佛郎机,一说指葡萄牙,一说指葡萄牙和西班牙。

粤东购夷炮二百位，有重至九千斤者，惜主疑撤防，遂弃诸虎门之洋。此尚未购自新嘉坡、孟迈，而所获已如是。若饬商四购，所获更可量耶？至火轮逆驶之舟，为四夷哨探报之利器，苟非其本国专门工匠，即出外夷兵夷商，亦用之而不知其详，每遇炮伤礁损过甚，即修之而不得其法，断未易于创造。惟至粤卸货之夷，有并船出售者矣。其它国效顺之夷，如佛兰西、弥利坚，有愿售兵船于中国者矣。以彼长技御彼长技，此自古以夷攻夷之上策。盖夷炮夷船但求精良，皆不惜工本；中国之官炮、之战船，其工匠与监造之员，惟知畏累而省费，炮则并渣滓废铁入炉，安得不震裂？船则脆薄窳朽不中程，不足遇风涛，安能遇敌寇？

【出处】 魏源：《圣武记·军政》，《魏源全集》，长沙，岳麓书社，2004。

分 工

管仲：论四民分业

解题

本文主要反映管仲的四民分业这个观点。管仲（？—前645），名夷吾，颍上人。他辅佐齐桓公，使齐国成为春秋时期第一个霸主。在中国历史上是管仲第一个提出士、农、工、商四大职业的划分，这被称为管仲的四民分业论。

选文

（桓公）与之坐而问焉，曰："昔吾先君襄公①筑台以为高位，田、狩、毕、弋，不听国政，卑圣侮士，而唯女是崇。九妃、六嫔，陈妾数百，食必粱肉，衣必文绣。戎士冻馁，戎车待游车之剪，戎士待陈妾之余。优笑在前，贤材在后②。是以国家不日引，不月长③。恐宗庙之不扫除，社稷之不血食，敢问为此若何？"管子对曰："昔吾先王昭王、穆

---

① 襄公，齐襄公姜诸儿。齐桓公（姜小白）之兄。
② 优笑，指能歌善舞的人。贤材，指有治国安邦才能的人。
③ 日引、月长，意思是日益发展。

王①,世法文、武②远绩以成名,合群叟,比校民之有道者,设象以为民纪,式权以相应,比缀以度,竱本肇末,劝之以赏赐,纠之以刑罚,班序颠毛,以为民纪统。"

桓公曰:"为之若何?"管子对曰:"昔者,圣王之治天下也,参其国而伍其鄙③,定民之居,成民之事,陵为之终,而慎用其六柄焉。"

桓公曰:"成民之事若何?"管子对曰:"四民者,勿使杂处,杂处则其言哤,其事易。"

公曰:"处士、农、工、商若何?"管子对曰:"昔圣王之处士也,使就闲燕;处工,就官府④;处商,就市井;处农,就田野。令夫士,群萃而州处,闲燕则父与父言义,子与子言孝,其事君者言敬,其幼者言弟。少而习焉,其心安焉,不见异物而迁焉。是故其父兄之教不肃而成,其子弟之学不劳而能。夫是,故士之恒为士。令夫工,群萃而州处,审其四时,辨其功苦,权节其用,论比协材,旦暮从事,施于四方,以饬其子弟,相语以事,相示以巧,相陈以功。少而习焉,其心安焉,不见异物而迁焉。是故其父兄之教不肃而成,其子弟之学不劳而能。夫是,故工之子恒为工。令夫商,群萃而州处,察其四时,而监其乡之资,以知其市之贾,负、任、担、荷,服牛、轺马,以周四方,以其所有,易其所无,市贱鬻贵,旦暮从事于此,以饬其子弟,相语以利,相示以赖,相陈以知贾。少而习焉,其心安焉,不见异物而迁焉。是故其父兄之教不肃而成,其子弟之学不劳而能。夫是,故商之子恒为商。令夫农,群萃而州处,察其四时,权节其用,耒、耜、枷、芟,及寒,击菒除田,以待耕;及耕,深耕而疾耰之,以待时雨;时雨既至,挟其枪、刈、耨、镈,以旦暮从事于田野。脱衣就功,首戴茅蒲,身衣

---

① 昭王,周昭王姬瑕。穆王,周穆王姬满。
② 文,周文王姬昌。武,周武王姬发。
③ 参,通"叁"。参其国,见下文,齐国划分为若干个乡,由齐桓公等三人分管三大块区域。鄙,即边远的地方,这里指国家的最基层单位。伍其鄙,见下文,"轨"为最基层单位,"五家为轨"。地方管理的具体建制,依次是轨、里、连、乡。
④ 处工,就官府,手工业者为官府制造物品,由官府养活他们。这是有关"工食官"的最早记载。

被襁沾体途足，暴其发肤，尽其四支之敏，以从事于田野。少而习焉，其心安焉，不见异物而迁焉。是故其父兄之教不肃而成，其子弟之学不劳而能。夫是，生物农之子恒为农，野处而不昵。其秀民之能为士者，必足赖也。有司见而不以告，其罪五。有司已于事而竣。"

桓公曰："定民之居若何？"管子对曰："制国以为二十一乡。"桓公曰："善。"

管子于是制国以为二十一乡：工商之乡六；士乡十五，公帅五乡焉，国子帅五乡焉，高子帅五乡焉。参国起案，以为三官，臣立三宰，工立三族，市立三乡，泽立三虞，山立三衡。

桓公曰："吾欲从事于诸侯，其可乎？"管子对曰："未可，国未安。"桓公曰："安国若何？"管子对曰："修旧法，择其善者而业用之；遂滋民，与无财，而敬百姓，则国安矣。"桓公曰："诺。"遂修旧法，择其善者而业用之；遂滋民，与无财，而敬百姓。国既安矣。桓公曰："国安矣，其可乎？"管子对曰："未可。君若正卒伍，修甲兵，则大国亦将正卒伍，修甲兵，则难以速得志矣。君有攻伐之器，小国诸侯有守御之备，则难以速得志矣。君若欲速得志于天下诸侯，则事可以隐令，可以寄政。"桓公曰："为之若何？"管子对曰："作内政而寄军令焉。"桓公曰："善。"

管子于是制国：五家为轨，轨为之长；十轨为里，里有司；四里为连，连为之长；十连为乡，乡有良人焉。以为军令：五家为轨，故五人为伍，轨长帅之；十轨为里，故五十人为小戎，里有司帅之；四里为连，故二百人为卒，连长帅之；十连为乡，故二千人为旅，乡良人帅之；五乡一帅，故万人为一军，五乡之帅帅之。三军，故有中军之鼓，有国子之鼓，有高子之鼓。春以蒐振旅，秋以狝治兵。是故卒伍整于里，军旅整于郊。内教既成，令勿使迁徙。伍之人祭祀同福，死丧同恤，祸灾共之。人与人相畴，家与家相畴，世同居，少同游。故夜战声相闻，足以不乖；昼战目相见，足以相识。其欢欣足以相死。居同乐，行同和，死同哀。是故守则同固，战则同强。君有此士也三万人，以方行于天下，以诛无道，以屏周室，天下大国之君莫之能御。

正月之朝，乡长复事。君亲问焉，曰："于子之乡，有居处好学、慈孝于父母、聪慧质仁、发闻于乡里者，有则以告。有而不以告，谓之蔽明，其罪五。"有司已于事而竣。桓公又问焉，曰："于子之乡，有拳勇股肱之力秀出于众者，有则以告。有而不以告，谓之蔽贤，其罪五。"有司已于事而竣。桓公又问焉，曰："于子之乡，有不慈孝于父母、不长悌于乡里、骄躁淫暴、不用上令者，有则以告。有而不以告，谓之下比，其罪五。"有司已于事而竣。是故乡长退而修德进贤，桓公亲见之，遂使役官。

【出处】《国语·齐语》，北京，中华书局，1985。

《周礼》：论劳动分工

解题

本文主要反映先秦对劳动职业分工的认识。《周礼》中有关不同职业的记载，反映出经济领域中的劳动分工。

选文

惟王建国，辨方正位，体国经野，设官分职，以为民极，乃立地官司徒，使帅其属而掌邦教，以佐王安抚邦国，教官之属。……

载师掌任土之法，以物地事授地职，而待其政令。以廛里任国中之地；以场圃任园地；以宅田士田贾田，任近郊之地；以官田牛田赏田牧田，任远郊之地；以公邑之田任甸地；以家邑之田任稍地；以小都之田任县地；以大都之田任疆地。凡任地，国宅无征；园廛二十而一；近郊十一；远郊二十而三；甸稍县都，皆无过十二；唯其漆林之征，二十而五。凡宅不毛者有里布，凡田不耕者出屋粟，凡民无职事者出夫家之征①，以时征其赋。

同师掌国中及四郊之人民，六畜之数，以任其力，以待其政令，以时征其赋。凡任民，任农，以耕事贡九谷；任圃，以树事贡草木；任

---

① 里，五家为邻，五邻为里。布，织物税。宅不毛者有里布，住宅周围不种植用于养蚕的桑树，罚令缴纳二十五家的宅税（织物税）。屋，三夫为屋。粟，谷物税。当时，一夫有百亩之田。田不耕者出屋粟，一夫如果不耕种他的百亩田，罚令缴纳三百亩的田税（谷物税）。夫家之征，人头税。

工，以饬材事贡器物；任商，以市事贡货贿；任牧，以畜事贡鸟兽；任嫔，以女事贡布帛；任衡，以山事贡其物；任虞，以泽事贡其物。凡无职者出夫布①。凡庶民不畜者祭无牲，不耕者祭无盛，不树者无椁，不蚕者不帛，不绩者不衰。

县师掌邦国都鄙稍甸郊里之地域，而辨其夫家人民田莱之数，及其六畜车辇之稽。三年大比，则以考群吏，而以诏废置。若将有军旅会同田役之戒，则受法于司马，以作其众庶。及马牛车辇，会其车人之卒伍，使皆备旗鼓兵器，以帅而至。凡造都邑，量其地辨其物，而制其域，以岁时征野之赋贡。

【出处】《周礼·地官》，《四部丛刊正编》经部，台北，台湾商务印书馆，1979。

墨子：论分工

解题

本文主要反映墨子对王公百姓各有分工的认识。墨翟指出王公、士大夫、农民、妇女各有分工，这是比较独特的一种社会分工说。在他看来，国家的管理层和被管理层两个群体，属于不同的社会分工。显然这和儒家的伦序等级观念发生冲突。儒家认为，管理层和被管理层是不同等级。相对而言，墨翟的社会分工说，更值得我们进一步研究。

选文

君子不强听治②，即刑政③乱，贱人不强从事，即财用不足。今天下之士君子以吾言不然，然即姑尝数天下分事，而观乐之害④。王公大

---

① 夫布，人头税。
② 听治，"听狱治政"，了解情况，治理政事。
③ 刑政，与"听狱治政"相联系，"刑"对应"狱"，"政"对应"政"。
④ 墨子把声乐、乐器、歌舞引申为享受，认为沉湎于音乐享受，对王公大人处理政事、平民百姓从事劳作都是有害的。

人蚤朝晏退听狱治政，此其分事也。士君子竭股肱之力，亶其思虑之智，内治官府，外收敛关市、山林、泽梁之利，以实仓廪府库，此其分事也。农夫蚤出暮入，耕稼树艺，多聚叔粟，此其分事也。妇人夙兴夜寐，纺绩织纴，多治麻丝葛绪捆布縿，此其分事也。

【出处】《墨子·非乐上》，《四部丛刊正编》子部，台北，台湾商务印书馆，1979。

解题

本文主要反映墨子对合理分工的认识。劳动过程中，分工具有必要性和合理性，目的是为了提高劳动生产率。这一点，墨翟很早就已经观察到。他以筑墙为例，认为合理分工是和各尽所能联系在一起的，或者说，在各尽所能的同时，也就体现出了合理分工。

选文

治徒娱、县子硕①问于子墨子曰："为义孰为大务？"子墨子曰："譬若筑墙然，能筑者筑，能实壤者实壤，能欣者欣②，然后墙成也。为义犹是也，能谈辩者谈辩，能说书者说书，能做事者做事，然后义事成也。"

【出处】《墨子·耕柱》，《四部丛刊正编》子部，台北，台湾商务印书馆，1979。

孟子：论分工

解题

这两则选文，主要反映孟子对劳心、劳力和通功易事的认识。

---

① 治徒娱、县子硕，都是墨子的学生。
② 欣，测量。

作者孟轲（前372—前289），字子车（或子舆），邹（今山东邹县）人，主要活动是游说诸侯，传授弟子。下面是从《孟子》中选出的两段论述，前一选文以"劳心"和"劳力"的关系，后一选文以"通功易事"、按功效获得劳动报酬，分别体现出孟子对分工现象的看法。

选文

有为神农之言者许行，自楚之滕，踵门而告文公①曰："远方之人闻君行仁政，愿受一廛而为氓。"文公与之处。其徒数十人，皆衣褐，捆屦、织席以为食。

陈良②之徒陈相与其弟辛，负耒耜而自宋之滕，曰："闻君行圣人之政，是亦圣人也，愿为圣人氓。"

陈相见许行而大悦，尽弃其学而学焉。

陈相见孟子，道许行之言曰："滕君则诚贤君也；虽然，未闻道也。贤者与民并耕而食，饔飧③而治。今也滕有仓廪府库，则是厉民而以自养也，恶得贤？"

孟子曰："许子必种粟而后食乎？"

曰："然。"

"许子必织布而后衣乎？"

曰："否，许子衣褐。"

"许子冠乎？"

曰："冠。"

曰："奚冠？"

曰："冠素。"

曰："自织之与？"

---

① 文公，滕文公。
② 陈良，有人推测儒家八派中的"仲良氏之儒"就是指陈良。
③ 饔（yōng）飧（sūn），自己做饭吃。

曰:"否,以粟易之。"

曰:"许子奚为不自织?"

曰:"害于耕。"

曰:"许子以釜甑爨①,以铁耕乎?"

曰:"然。"

"自为之与?"

曰:"否,以粟易之。"

"以粟易械器者,不为厉陶冶;陶冶亦以其械器易粟者,岂为厉农夫哉?且许子何不为陶冶,舍皆取诸其宫中而用之②?何为纷纷然与百工交易?何许子之不惮烦?"

曰:"百工之事固不可耕且为也。"

然则治天下独可耕且为与?有大人之事,有小人之事。且一人之身,而百工之所为备,如必自为而后用之,是率天下而路③也。故曰:或劳心,或劳力。劳心者治人,劳力者治于人;治于人者食人,治人者食于人,天下之通义也。

【出处】《孟子·滕文公上》,北京,中华书局,1998。

选文

彭更④问曰:"后车数十乘,从者数百人,以传食于诸侯,不以泰乎⑤?"

孟子曰:"非其道,则一箪⑥食不可受于人;如其道,则舜受尧之天下,不以为泰。子以为泰乎?"

---

① 甑(zēng),蒸食炊器。爨(cuàn),烧火煮饭。
② 舍,同"啥"。宫中,即家中,先秦任何人的家室一律称为宫,秦汉以后只有王的住所才称宫。
③ 路,同"露",疲劳,疲惫不堪。
④ 彭更,又名子端,孟子的学生。
⑤ 传(zhuàn)食,转食,意思是孟子从这一国吃到那一国。泰,同"太"。
⑥ 箪(dān),古时盛饭的圆形竹器。

曰："否。士无事而食，不可也。"

曰："子不通功易事，以羡补不足，则农有余粟，女有余布；子如通之，则梓匠轮舆皆得食于子。于此有人焉，入则孝，出则悌，守先王之道，以待后之学者，而不得食于子，子何尊梓匠轮舆而轻为仁义者哉？"

曰："梓匠轮舆，其志将以求食也。君子之为道也，其志亦将以求食与？"

曰："子何以其志为哉？其有功于子，可食而食之矣。且子食志乎？食功乎？"

曰："食志。"

曰："有人于此，毁瓦画墁①，其志将以求食也，则子食之乎？"

曰："否。"

曰："然则子非食志也，食功也。"

【出处】《孟子·滕文公下》，北京，中华书局，1998。

司马迁：论分工

解题

司马迁说写《货殖列传》的主导思想是："布衣匹夫之人，不害于政，不妨百姓，取与以时而息财富，智者有采焉。作《货殖列传》第六十九。"（《史记·太史公自序》）因此，农、虞、工、商四个行业反映了百姓基本的劳动分工，同时它也是"民所衣食之原"。

选文

《周书》曰："农不出则乏其食，工不出则乏其事，商不出则三宝②绝，

---

① 画墁（màn），在新粉饰的墙壁上乱画。
② 三宝，珍贵的货物。

虞不出则财匮少。"财匮少而山泽不辟矣。此四者，民所衣食之原也。原大则饶，原小则鲜。上则富国，下则富家。贫富之道，莫之夺予，而巧者有余，拙者不足。

【出处】 司马迁：《史记·货殖列传》，北京，中华书局，2000。

班固：论四民

解题

作者班固（39—92），代表作为《汉书》。在《汉书》的《叙传》和《货殖传》中，班固论述了由士、农、工、商所构成的"四民"问题。

选文

四民食力，罔有兼业，大不淫侈，细不匮乏，盖均无贫，遵王之法。靡法靡度，民肆其诈，偪上并下，荒殖其货。侯服玉食，败俗伤化。述《货殖传》第六十一。

【出处】 班固：《汉书·叙传》，北京，中华书局，2000。

选文

《易》曰"后以财成辅相天地之宜，以左右民"，"备物致用，立成器以为天下利，莫大乎圣人"。此之谓也，《管子》云古之四民不得杂处。士相与言仁谊于闲宴，工相与议技巧于官府，商相与语财利于市井，农相与谋稼穑于田埜①，朝夕从事，不见异物而迁焉。故其父兄之教不肃而成，子弟之学不劳而能。各安其居而乐其业，甘其食而美其

---

① 埜（yě），同"野"。

服，虽见奇丽纷华，非其所习，辟犹戎翟之与于越，不相入矣。是以欲寡而事节，财足而不争。于是在民上者，道之以德，齐之以礼，故民有耻而且敬，贵谊而贱利。此三代之所以直道而行，不严而治之大略也。

【出处】班固：《汉书·货殖传》，北京，中华书局，2000。

韩愈：论六民

解题

本文主要反映韩愈对"今之为民者六"的评论。作者韩愈（768—824），字退之，邓州南阳人，做过兵部、刑部、吏部的侍郎和京兆尹兼御史大夫等。韩愈说，先秦时有"四民"，如今已变化为"六民"。四民时"教者处其一"，六民时"教者处其三"，而农工商没有变，供衣食、通有无都要依靠他们。韩愈还把商贾和士、农、工并列，没有轻商、抑商的观念。另外，如果将"其民士农工贾……其为道易明，而其为教易行也"和"斯吾所谓道也，非向所谓老与佛之道也"联系起来，我们可以得知韩愈对六民的真实看法。

选文

古之为民者四，今之为民者六①。古之教者处其一，今之教者处其三②。农之家一，而食粟之家六；工之家一，而用器之家六；贾之家一，而资焉之家六。奈之何民不穷且盗也！古之时，人之害多矣。有圣人者立，然后教之以相生相养之道，为之君，为之师，驱其虫、蛇、禽兽而处之中土。寒然后为之衣，饥然后为之食。木处而颠，土处而病也，然后为之宫室。为之工以赡其器用，为之贾以通其有无，为之医药

---

① 为民者四，指士、农、工、商。为民者六，指士、农、工、商加道士、和尚。
② 教者处其一，指士。教者处其三，指士、僧、道。

以宣其湮郁，为之政以率其怠倦，为之刑以锄其强梗。相欺也，为之符玺斗斛权衡以信之；相夺也，为之城郭、甲兵以守之。害至而为之备，患生而为之防。今其言曰："圣人不死，大盗不止。剖斗折衡，而民不争。"呜呼！其亦不思而已矣！如古之无圣人，人之类灭久矣。何也？无羽毛，鳞甲以居寒热也，无爪牙以争食也。是故君者，出令者也；臣者，行君之令而致之民者也；民者，出粟米麻丝、作器皿、通货财以事其上者也。君不出令则失其所以为君，臣不行君之令而致之民则失其所以为臣。民不出粟米麻丝作器皿，通货财以事其上，则诛。今其法曰："必弃而君臣，去而父子，禁而相生相养之道。"以求其所谓清净、寂灭者①。呜呼！其亦幸而出于三代之后，不见黜于禹、汤、文、武、周公、孔子也。其亦不幸而不出于三代之前，不见正于禹、汤、文、武、周公、孔子也。帝之与王，其号虽殊，其所以为圣一也。夏葛而冬裘，渴饮而饥食，其事虽殊，其所以为智一也。今其言曰："曷不为太古之无事？"是亦责冬之裘者曰："曷不为葛之之易也？"责饥之食者曰："曷不为饮之之易也？"

　　传曰："古之欲明明德于天下者，先治其国；欲治其国者，先齐其家；欲齐其家者，先修其身；欲修其身者，先正其心；欲正其心者，先诚其意。"然则古之所谓正心而诚意者，将以有为也。今也欲治其心，而外天下国家，灭其天常。子焉而不父其父，臣焉而不君其君，民焉而不事其事。孔子之作《春秋》也，诸侯用夷礼则夷之，进于中国则中国之。经曰："夷狄之有君，不如诸夏之亡。"诗曰："戎狄是膺，荆舒是惩。"今也举夷狄之法，而加之先王之教之上，几何其不胥而为夷也？夫所谓先王之教者，何也？博爱之谓仁，行而宜之之谓义，由是而之焉之谓道，足乎己无待于外之谓德。其文《诗》、《书》、《易》、《春秋》，其法礼、乐、刑、政，其民士农工贾，其位君臣父子、师友宾主、昆弟夫妇。其服麻丝，其居宫室，其食粟米果蔬鱼肉。其为道易明，而其为教易行也。是故，以之为己，则顺而祥；以之为人，则爱而公；以之为

---

① 清净，道家的宗旨。寂灭，佛家的宗旨。

心,则和而平;以之为天下国家,无所处而不当。是故生则得其情,死则尽其常;郊焉而天神假,庙焉而人鬼飨。曰:斯道也,何道也?曰:斯吾所谓道也,非向所谓老与佛之道也。尧以是传之舜,舜以是传之禹,禹以是传之汤,汤以是传之文武周公,文武周公传之孔子,孔子传之孟轲,轲之死,不得其传焉。荀与扬也①,择焉而不精,语焉而不详。由周公而上,上而为君,故其事行;由周公而下,下而为臣,故其说长。然则如之何而可也?曰:不塞不流,不止不行。人其人,火其书,庐其居②,明先王之道以道之。鳏寡孤独废疾者有养也。其亦庶乎其可也!

【出处】 韩愈:《原道》,《韩昌黎集》,北京,商务印书馆,1958。

王安石:论专业化才能

解题

本文主要反映王安石对专业化才能的认识。专业化是分工的进一步深化,使技术才能逐渐被提炼出来。专业和才能紧密结合,不可分割,二者合为一体,共同促成经济的发展。

选文

盖今之教者,非特不能成人之才而已,又从而困苦毁坏之,使不得成才者,何也?夫人之才,成于专而毁于杂。故先王之处民才:处工于官府③,处农于畎亩,处商贾于肆,而处士于庠序,使各专其业而不见异物,惧异物之足以害其业也。所谓士者,又非特使之不得见异物而

---

① 荀,荀况。扬,西汉末年的扬雄。
② 人其人,将僧、道等变为普通人,也就是让僧、道还俗。庐其居,将僧、道居住的寺观改为普通的庐舍。
③ 处工于官府,周代设司空官,把各种工匠集中在官府里制造各种器具。

已，一示之以先王之道，而百家诸子之异说，皆屏之而莫敢习者焉。今士之所宜学者，天下国家之用也。今悉使置之不教，而教之以课试之文章，使其耗精疲神，穷日之力以从事于此。及其任之以官也，则又悉使置之，而责之以天下国家之事。夫古之人，以朝夕专其业于天下国家之事，而犹才有能有不能，今乃移其精神，夺其日力，以朝夕从事于无补之学。及其任之以事，然后猝然责之以为天下国家之用。宜其才之足以有为者少矣。臣故曰：非特不能成人之才，又从而困苦毁坏之，使不得成才也。

【出处】王安石：《上仁宗皇帝言事书》，《临川先生文集》，《四部丛刊正编》集部，台北，台湾商务印书馆，1979。

邱浚：论九等九职

解题

本文主要反映邱浚对西周民分九等的解释。作者邱浚（1420—1495），字仲深，广东琼山人，做过礼部尚书等。邱浚认为，《周礼》所列举的八种职业为"常职"，此外还存在"无常职"的"闲民"，"于八者之间，转移执事以食其力焉。虽若无常职，而实亦未尝无其职也"。由此看来，当时"分其民为九等，九等各有所职之事"。

选文

臣按民生天地间，有身则必衣，有口则必食，有父母妻子则必养。既有此生，则必有所职之事，然后可以具衣食之资，而相生养相养。以为人也，是故一人有一人之职，一人失其职，则一事缺其用，非特其人无以为生，而他人亦无以相资以为生。上之人亦将何所藉以为生民之主哉！

先王知其然，故分其民为九等，九等各有所职之事。而命大臣因其能而人之。是以一世之民，不为三农，则为园圃，不为虞衡，则为薮牧，否则为百工，为商贾，为嫔妇①，为臣妾，皆有常职以为之生。

是故生九谷、毓草木，三农园圃之职也；作山泽之材、养鸟兽，虞衡薮牧之职也。与夫饬化八材、阜通货贿、化治丝枲、聚敛疏材岂非百工商贾嫔妇臣妾之职乎。是八者，皆有一定职任之常，惟夫闲民则无常职，而于八者之间，转移执事以食其力焉。虽若无常职，而实亦未尝无其职也，是则凡有生于天地之间者，若男若女，若大若小，若贵若贱，若贫若富，若内若外，无一人而失其职，无一物而缺其用，无一家而无其产。如此，则人人有以为生，物物足以资生，家家互以相生，老有养，幼有教。存有以为养，没有以为葬。天下之民，莫不爱其生而重其死，人不游手以务外，不左道以惑众，不群聚以劫掠。民安则国安矣。

有天下国家者，奉天以勤民，其毋使斯民之失其职哉。

【出处】邱濬：《论制民之产》，《大学衍义补》，《钦定四库全书》子部"儒家类"，台北，台湾商务印书馆，1986。

恽敬：论三代十四民

解题

本文主要反映恽敬的"十四民"这个观点。作者恽敬（1757—1817），字子居，江苏阳湖（今常州）人，做过知县。在这篇选文中，作者提出"十四民"的说法。这是在韩愈把先秦的"四民"说扩展为"六民"说的基础上，恽敬又进一步扩展为"十四民"说。这种改动，作者自有他的道理，关键就是要说明："三代之时十四民者皆有之，非

---

① 嫔妇，从事纺织的妇女。

起于后世也。圣人为天下，四民日增其数，十民日减其数，故农工商三民之力能给十一民而天下治。后世四民之数日减，十民之数日增，故农工商三民之力不能给十一民而天下敝矣。"

选文

三代以上，十而税一，用之力役，用之田猎，用之兵戎，车马牛、桢干、刍粮、器甲皆民供之，而民何其充然乐也。

三代以下三十而税一，力役则发帑，田猎兵戎则召募，车马牛、桢干、刍粮、器甲皆上给之，而民愀然怵然若不终日者，然何也？韩子①曰："古之为民者四，今之为民者六；古之教者处其一，今之教者处其三；农之家一，而食粟之家六；工之家一，而用器之家六；贾之家一，而资焉之家六。"虽然，未既也，一人为贵，而数十人衣食之，是七民也。一人为富，而数十人衣食之，是八民也。操兵者一县数百人，是九民也。践役者一县复数百人，是十民也。其数百人之子弟姻娅②，又数十人，皆不耕而食，不织而衣，是十一民也。牙者互之，侩者会之，是十二民也。仆非仆，台非台③，是十三民也。妇人揄长袂、蹑利屣，男子傅粉白、习歌舞，是十四民也。

农工商三民为之，十四民享之，是以天下不能养，地不能长，百物不能产，至于不可以为生，虽有上圣，其若之何？

古者上有田而民耕之，后世富民有田募贫民为佣，一佣可耕十亩，而赢，亩入十取四，不足以给佣，饥岁则亩无入，而佣之给如故。其赁田而耕者，率亩入三取一归田主，以其二自食常不足。田主得其一，又分其半以供税，且困于杂徭亦不足，此农病也。

古者工皆有法度程限，官督之。后世一切自为，拙者不足以给身家。巧者为淫巧，有数年而成一器者，亦不足以给身家，此工病也。

---

① 韩子，韩愈。
② 姻娅，婚姻关系的亲戚。
③ 台，地位极低下的仆役。

古者商贾不得乘车马衣锦绮，人耻逐末，为之者少，故利丰。后世一仞侪之士人①，人不耻逐末，为之者众，故利减。其富者穷极侈靡，与封君大寮争胜，胜亦贫，不胜亦贫，此商病也。

夫以十四民之众资农工商三民以生，而几几乎不得生，而三民又病。若此，虽有上圣，其若之何？

恽子居曰，三代之时，十四民者皆有之，非起于后世也。圣人为天下，四民日增其数，十民日减其数，故农工商三民之力能给十一民而天下治。后世四民之数日减，十民之数日增，故农工商三民之力不能给十一民而天下敝矣。

圣人之道奈何？曰："不病四民而已。"

不病四民之道奈何？曰："不病农工商而重督士而已。夫不病农工商则农工商有余；重督士则士不滥。士且不能滥，彼十民者安得而滥之？不能滥，故常处不足。十民不足，而农工商有余，争归于农工商矣。是故十民不日减不能。"

夫尧舜之时曰："汝后稷，播时百谷"；曰："畴若予工"；曰："懋迁有无化居"。所谆谆者三民之生而已。殷之《盘庚》，周之《酒诰》皆然，此圣人减十民之法也。曰：三代之时二氏②盖未行也，十民之说可得闻乎？曰：太公之华士；孔子之少正卯③；孟子之许行皆二氏也。

有遣戍，则已养兵；有庶人在官，则已顾役；有门子余子，则已有富贵之游闲者矣。其余皆所谓闲民惰民是也。有天下之责者，其亦于三民之病，慎策之哉。

【出处】恽敬：《三代因革论五》，《大云山房文稿》，《四部丛刊正编》集部，台北，台湾商务印书馆，1979。

---

① 仞，通"认"。一仞侪之士人，承认商人和士人同列。
② 二氏，僧、道。
③ 华士，和太公姜尚同时，因政见不同为姜尚所杀。少正卯，和孔子同时，因政见、学说分歧被任鲁国司寇的孔子"诛"（《史记·孔子世家》）。

生　产

《礼记》：论自强

解题

本文主要反映先秦的自强精神。自强精神，"强"包含勉力、努力、奋力的意思。下面这段话中的"知困，然后能自强"，原指发现自己的不足，因而必须不断学习，决不能自满。我们也可以借用它，来说明劳动实践活动和人的主观能动性二者之间的关系，即自强精神会激励人们不断地去发展生产。

选文

虽有嘉肴，弗食不如其旨也；虽有至道，弗学不知其善也。是故学然后知不是，教然后知困。知不足，然后能自反也；知困，然后能自强也。故曰：教学相长也。

【出处】《礼记·学记》，《四部丛刊正编》经部，台北，台湾商务印书馆，1979。

墨子：论生产与衣食足

解题

这里的两段选文，主要反映墨子的劳动创造财富这个观点。不劳动者不得食。墨翟对物质生产的重视，启迪了法家的生产论。在墨翟看来，一方面，依靠自己的劳动以创造财富的人才能生存；另一方面，只有依靠自己劳动的人才能分配社会财富。

选文

今人固与禽兽、麋鹿、蜚鸟、贞虫异者也。今之禽兽、麋鹿、蜚鸟、贞虫因其羽毛以为衣裘，因其蹄蚤以为绔屦，因其水草以为饮食。故唯使雄不耕稼树艺，雌亦不纺绩织纴，衣食之财固已具矣。今人与此异者也，赖其力者生，不赖其力者不生。

【出处】《墨子·非乐上》，《四部丛刊正编》子部，台北，台湾商务印书馆，1979。

选文

今也王公大人之所以蚤朝晏退，听狱治政，终朝均分①，而不敢怠倦者，何也？曰：彼以为强必治，不强必乱；强不宁，不强必危；故不敢怠倦。今也卿大夫之所以竭股肱之力，殚其思虑之知，内治官府，外敛关市、山林、泽梁之利，以实官府，而不敢怠者，何也？曰：彼以为强必贵，不强必贱；强必荣，不强必辱；故不敢怠倦。今也农夫之所以蚤出暮入，强乎耕稼树艺，多聚升粟，而不敢怠倦者，何也？曰：彼

---

① 均分，各尽职责。

以为强必富，不强必贫；强必饱，不强必饥；故不敢怠倦。……王公大人怠乎听狱治政，卿大夫怠乎治官府，则我以为天下必乱矣；农夫怠乎耕稼树艺，妇人怠乎纺绩织纴，则我以为天下衣食之财将必不足矣。

【出处】《墨子·非命下》，《四部丛刊正编》子部，台北，台湾商务印书馆，1979。

解题

本文主要反映墨子对生产和储备的认识。墨翟认为，对于国家来说，抓紧生产、注意节俭、粮食储备是大事。灾荒属于自然现象，不以人的意志为转移。储粮实为备荒，而备荒又是强国御侮的必要条件。之所以把通过搞好农业生产进行粮食储备当作国家的一件大事，关键就在于，它和"家无三年之食者，子非其子"相等同，即"国无三年之食者，国非其国"。

选文

凡五谷者，民之所仰也，君之所以为养也。故民无仰则君无养，民无食则不可无事。故食不可不务也，地不可不力也，用不可不节也。五谷尽收则五味尽御于主，不尽收则不尽御。一谷不收谓之馑，二谷不收谓之旱，三谷不收谓之凶，四谷不收谓之馈，五谷不收谓之饥。岁馑，则仕者大夫以下皆损禄五分之一；旱，则损五分之二；凶，则损五分之三；馈，则损五分之四；饥，则尽无禄，禀食①而已矣。故凶饥存乎国，人君彻鼎食五分之五，大夫彻县，士不入学，君朝之衣不革制，诸侯之客、四邻之使雍食而不盛，彻骖騑，涂不芸，马不食粟，婢妾不衣帛②。此告不足之至也。

---

① 禀食，不给俸禄，只给口粮。
② 彻，通"撤"。鼎食，豪华奢侈的生活。县，通"悬"，有时称奏乐为悬。革制，即更制。雍食，礼节性送去的食物。涂，通"途"。芸，通"耘"。

……故时年岁善，则民仁且良；时年岁凶，则民吝且恶，夫民何常此之有？为者疾，食者众，则岁无丰。

故曰：财不足则反之时，食不足则反之用。故先民以时生财，固本而用财，则财足。故虽上世之圣王，岂能使五谷常收，而旱水不至哉！然而无冻饿之民者何也？其力时急而自养俭也。故《夏书》曰："禹七年水"；《殷书》曰："汤五年旱"。此其离凶饿甚矣，然而民不冻饿者何也？其生财密，其用之节也。

故仓无备粟，不可以待凶饥；库无备兵，虽有义不能征无义；城郭不备全，不可以自守；心无备虑，不可以应卒。是若庆忌无去之心，不能轻出。夫桀无待汤之备，故放；纣无待武之备，故杀。桀、纣贵为天子，富有天下，然而皆灭亡于百里之君①者何也？有富贵而不为备也。故备者国之重也，食者国之宝也，兵者国之爪也，城者所以自守也，此三者国之具也。

故曰：以其极赏，以赐无功；虚其府库，以备车马衣裘奇怪；苦其役徒，以治宫室观乐；死又厚为棺椁，多为衣裘；生时治台榭，死又修坟墓。故民苦于外，府库单于内，上不厌其乐，下不堪其苦。故国离寇敌则伤，民见凶饥则亡，此皆备不具之罪也。且夫食者，圣人之所宝也。故《周书》曰："国无三年之食者，国非其国也；家无三年之食者，子非其子也。"此谓之国备。

【出处】《墨子·七患》，《四部丛刊正编》子部，台北，台湾商务印书馆，1979。

解题

本文主要反映墨子对生产与国泰民安的认识。生产对于国家的生存和发展都极为重要。只有大力发展生产，国家的政治凝聚力、军事与国

---

① 百里之君，联系上文中打败夏桀的商汤、打败殷纣王的周武王，二人在未得天下时，所管辖的地域都不过百里，所以被叫做百里之君。

防实力、外交影响力等才能得以壮大；只有在贤明的政策引导下，只有在经济实力逐渐增强的情况下，综合国力才会不断增强与提升，此时方可称为"国泰民安"。

选文

贤者之治国也，蚤朝晏退，听狱治政，是以国家治而刑法正。贤者之长官也，夜寝夙兴，收敛关市、山林、泽梁之利，以实官府，是以官府实而财不散。贤者之治邑也，蚤出暮入，耕稼树艺，聚菽①粟，是以菽粟多而民足乎食。故国家治则刑法正，官府实则万民富。上有以絜为酒醴粢盛，以祭祀天鬼；外有以为皮币，与四邻诸侯交接；内有以食饥息劳，将养其万民；外有以怀天下之贤人。是故上者天鬼富之，外者诸侯与之，内者万民亲之，贤人归之。以此谋事则得，举事则成，入守则固，出诛则强。

【出处】《墨子·尚贤中》，《四部丛刊正编》子部，台北，台湾商务印书馆，1979。

孟子：论恒产恒心

解题

这里的两段选文，主要反映孟子对恒产与恒心的认识。孟轲的"有恒产者有恒心"是一句名言，自古以来，人们常把它与拥有私有财产和安心从事某个行业相互对应，以说明私有财产在人类经济生活中的重要作用。孟轲的这个"恒产"说，还关联到一个问题：富国的途径必须取民有制，不应取民无制，否则将是"为富不仁"。言外之意，取民有制就要让人民拥有私有财产，"明君制民之产，必使仰足以事父母，俯足

---

① 菽，可能为"菽"之意。

以畜妻子,乐岁终身饱,凶年免于死亡";也只有这样,才能称之为以仁为富。

选文

孟子曰:民事不可缓也。《诗》云:"昼尔于茅,宵尔索绹,亟其乘屋,其始播百谷。"民之为道也,有恒产者有恒心,无恒产者无恒心。苟无恒心,放辟邪侈,无不为已。及陷乎罪,然后从而刑之,是罔民也。焉有仁人在位罔民而可为也?是故贤君必恭俭礼下,取于民有制。阳虎曰:"为富不仁矣,为仁不富矣。"

【出处】《孟子·滕文公上》,北京,中华书局,1998。

选文

(孟子)曰[①]:"无恒产而有恒心者,惟士为能。若民,则无恒产,因无恒心。苟无恒心,放辟邪侈,无不为已。及陷于罪,然后从而刑之,是罔民也。焉有仁人在位罔民而可为也?是故明君制民之产,必使仰足以事父母,俯足以畜妻子,乐岁终身饱,凶年免于死亡;然后驱而之善,故民之从之也轻。

今也制民之产。仰不足以事父母,俯不足以畜妻子,乐岁终身苦,凶年不免于死亡。此惟救死而恐不赡,奚暇治礼义哉?

王欲行之,则盍反其本矣。五亩之宅,树之以桑,五十者可以衣帛矣。鸡豚狗彘之畜,无失其时,七十者可以食肉矣。百亩之田,勿夺农时,八口之家可以无饥矣。谨庠序之教,申之以孝悌之义,颁白者不负戴于道路矣。老者衣帛食肉,黎民不饥不寒,然而不王者,未之有也。"

【出处】《孟子·梁惠王上》,北京,中华书局,1998。

---

① 这是孟子在和齐宣王的交谈中回答齐宣王的问话。

荀子：《富国》

❀ 解题

本文主要反映荀子对生产与富国富民的认识。作者荀况（前313—前238），字卿，战国时期赵国人，做过齐国稷下学宫祭酒、楚国兰陵县令，主要从事讲学和著述。以生产为本，以财政为末，生产放在首位，节用和积累联系起来，以求富国富民。荀子在这篇文章中注重用典故来论证自己的观点，比如《诗》等。

❀ 选文

足国之道，节用裕民，而善臧其余。节用以礼，裕民以政。彼裕民①故多余，裕民则民富，民富则田肥以易，田肥以易则出实百倍。上以法取焉，而下以礼节用之。余若丘山，不时焚烧，无所臧之。夫君子奚患乎无余！故知节用裕民，则必有仁义圣良之名，而且有富厚丘山之积矣。此无他故焉，生于节用裕民也。不知节用裕民则民贫，民贫则田瘠以秽，田瘠以秽则出实不半，上虽好取侵夺，犹将寡获也；而或以无礼节用之，则必有贪利纠譑之名，而且有空虚穷乏之实矣。此无他故焉，不知节用裕民也。《康诰》曰："弘覆乎天，若德裕乃身。"此之谓也。

礼者，贵贱有等，长幼有差，贫富轻重皆有称者也。故天子袾裷衣冕，诸侯玄裷衣冕，大夫裨冕，士皮弁服②。德必称位，位必称禄，禄必称用，由士以上则必以礼乐节之，众庶百姓则必以法数制之。量地而

---

① 裕民，应为"节用"二字的笔误。
② 袾，同"朱"。裷，同"衮"（gǔn），画龙的衣服。裨（pí），为一种礼服的名称。皮弁（biàn），用白鹿皮做的帽子。

立国，计利而畜民，度人力而授事；使民必胜事，事必出利，利足以生民，皆使衣食百用出入相揜①，必时臧余，谓之称数。故自天子通于庶人，事无大小多少，由是推之。故曰：朝无幸位，民无幸生。此之谓也。

轻田野之税，平关市之征，省商贾之数，罕兴力役，无夺农时，如是则国富矣。夫是之谓以政裕民。

人之生，不能无群，群而无分则争，争则乱，乱则穷矣。故无分者，人之大害也；有分者，天下之本利也；而人君者，所以管分之枢要也。故美之者，是美天下之本也；安之者，是安天下之本也；贵之者，是贵天下之本也。古者先王分割而等异之也，故使或美，或恶，或厚，或薄，或佚乐，或劬劳，非特以为淫泰夸丽之声，将以明仁之文，通仁之顺也。故为之雕琢刻镂、黼黻文章，使足以辨贵贱而已，不求其观；为之钟鼓管磬、琴瑟竽笙，使足以辨吉凶、合欢定和而已，不求其余；为之宫室台榭，使足以避燥湿、养德、辨轻重而已，不求其外。《诗》曰："雕琢其章，金玉其相，亹亹我王，纲纪四方。"此之谓也。

若夫重色而衣之，重味而食之，重财物而制之，合天下而君之，非特以为淫泰也，固以为王天下，治万变，材万物，养万民，兼利天下者，为莫若仁人之善也夫！故其知虑足以治之，其仁厚足以安之，其德音足以化之，得之则治，失之则乱。百姓诚赖其知也，故相率而为之劳苦以务佚之，以养其知也；诚美其厚也，故为之出死断亡以覆救之，以养其厚也；诚美其德也，故为之雕琢、刻镂、黼黻、文章以藩饰之，以养其德也。故仁人在上，百姓贵之如帝，亲之如父母，为之出死断亡而愉者，无它故焉，其所是焉诚美，其所得焉诚大，其所利焉诚多。《诗》曰："我任我辇，我车我牛，我行既集，盖云归哉！"此之谓也。

故曰：君子以德，小人以力。力者，德之役也。百姓之力，待之而后功；百姓之群，待之而后和；百姓之财，待之而后聚；百姓之势，待

---

① 揜（yǎn），同"掩"。出入相揜，收支平衡。

之而后安；百姓之寿，待之而后长。父子不得不亲，兄弟不得不顺，男女不得不欢。少者以长，老者以养。故曰："天地生之，圣人成之。"此之谓也。

今之世而不然：厚刀布之敛以夺之财，重田野之赋以夺之食，苛关市之征以难其事。不然而已矣，有掎挈伺诈①，权谋倾覆，以相颠倒，以靡敝之，百姓晓然皆知其污漫暴乱而将大危亡也。是以臣或弑其君，下或杀其上，粥其城，倍其节，而不死其事者，无它故焉，人主自取之也。《诗》曰："无言不雠，无德不报。"此之谓也。

兼足天下之道在明分。掩地表亩，刺草殖谷，多粪肥田，是农夫众庶之事也。守时力民，进事长功，和齐百姓，使人不偷，是将率之事也。高者不旱，下者不水，寒暑和节，而五谷以时孰，是天之事也。若夫兼而覆之，兼而爱之，兼而制之，岁虽凶败水旱，使百姓无冻馁之患，则是圣君贤相之事也。

墨子之言，昭昭然为天下忧不足。夫不足，非天下之公患也，特墨子之私忧过计也。今是土之生五谷也，人善治之，则亩数盆，一岁而再获之；然后瓜桃枣李一本数以盆鼓，然后荤菜、百疏以泽量，然后六畜禽兽一而剸②车，鼋鼍鱼鳖鳅鳝以时别一而成群，然后飞鸟、凫雁若烟海，然后昆虫万物生其间，可以相食养者不可胜数也。夫天地之生万物也，固有余足以食人矣；麻葛、茧丝、鸟兽之羽毛齿革也固有余，足以衣人矣。夫不足，非天下之公患也，特墨子之私忧过计也。

天下之公患，乱伤之也。胡不尝试相与求乱之者谁也？我以墨子之"非乐"也，则使天下乱，墨子之"节用"也，则使天下贫；非将堕③之也，说不免焉。墨子大有天下，小有一国，将蘖然衣粗食恶，忧戚而非乐。若是则瘠，瘠则不足欲，不足欲则赏不行。墨子大有天下，小有一国，将少人徒，省官职，上功劳苦，与百姓均事业，齐功劳。若是则不威，不威则罚不行。赏不行，则贤者不可得而进也；罚不行，则不肖

---

① 有，通"又"。掎（jǐ）挈（qiè）伺诈，故意挑剔，伺机欺诈。
② 剸，通"抟"（tuán），同"团"。
③ 堕，通"隳"（huī），诋毁。

者不可得而退也。贤者不可得而进也,不肖者不可得而退也,则能不能不可得而官也。若是则万物失宜,事变失应,上失天时,下失地利,中失人和,天下敖然,若烧若焦;墨子虽为之衣褐带索,嚼菽饮水,恶能足之乎?既以伐其本,竭其原,而焦天下矣。

故先王圣人为之不然。知夫为人主上者不美不饰之不足以一民也,不富不厚之不足以管下也,不威不强之不足以禁暴胜悍也。故必将撞大钟、击鸣鼓、吹笙竽、弹琴瑟,以塞其耳;必将錭琢、刻镂、黼黻文章,以塞其目;必将刍豢稻粱、五味芬芳,以塞其口;然后众人徒、备官职、渐庆赏、严刑罚以戒其心;使天下生民之属、皆知己之所愿欲之举在是于也,故其赏行;皆知己之所畏恐之举在是于也,故其罚威。赏行罚威,则贤者可得而进也,不肖者可得而退也,能不能可得而官也。若是则万物得宜,事变得应,上得天时,下得地利,中得人和,则财货浑浑如泉源,汸汸如河海,暴暴如丘山,不时焚烧,无所臧之,夫天下何患乎不足也?故儒术诚行,则天下大而富,使而功,撞钟击鼓而和。《诗》曰:"钟鼓喤喤,管磬玱玱,降福穰穰,降福简简,威仪反反。既醉既饱,福禄来反。"此之谓也。故墨术诚行,则天下尚俭而弥贫,非斗而日争,劳苦顿萃而愈无功,愀然忧戚非乐而日不和。《诗》曰:"天方荐瘥,丧乱弘多。民言无嘉,憯莫惩嗟①。"此之谓也。

垂事养民,拊循之,呴呕之,冬日则为之饘粥,夏日则与之瓜麮,以偷取少顷之誉焉,是偷道也。可以少顷得奸民之誉,然而非长久之道也;事必不就,功必不立,是奸治者也。僛然要时务民,进事长功,轻非誉而恬失民,事进矣而百姓疾之,是又不可偷偏者也。徒坏堕落,必反无功。故垂事养誉,不可;以遂功而忘民,亦不可:皆奸道也。

故古人为之不然:使民夏不宛②暍,冬不冻寒,急不伤力,缓不后时,事成功立,上下俱富;而百姓皆爱其上,人归之如流水,亲之欢如父母,为之出死断亡而愉者,无它故焉,忠信调和均辨之至也。故君国长民者欲趋时遂功,则和调累解,速乎急疾,忠信均辨,说乎赏庆矣;

---

① 荐瘥(cuò),疫病。憯(cǎn),曾。
② 宛,通"蕴",暑气。

必先修正其在我者，然后徐责其在人者，威乎刑罚。三德者诚乎上，则下应之如景响①，虽欲无明达，得乎哉！《书》曰："乃大明服，惟民其力懋，和而有疾。"此之谓也。

故不教而诛，则刑繁而邪不胜；教而不诛，则奸民不惩；诛而不赏，则勤励之民不劝；诛赏而不类，则下疑俗俭②而百姓不一。故先王明礼义以壹之；致忠信以爱之；尚贤使能以次之；爵服庆赏以申重之；时其事，轻其任，以调齐之；潢然兼覆之，养长之，如保赤子。若是，故奸邪不作，盗贼不起，而化善者劝勉矣。是何邪？则其道易，其塞固，其政令一，其防表明。故曰：上一则下一矣，上二则下二矣；辟之若草木，枝叶必类本。此之谓也。

不利而利之，不如利而后利之之利也。不爱而用之，不如爱而后用之之功也。利而后利之，不如利而不利者之利也。爱而后用之，不如爱而不用者之功也。利而不利也，爱而不用也者，取天下矣。利而后利之，爱而后用之者，保社稷也。不利而利之，不爱而用之者，危国家者也。

观国之治乱臧否，至于疆易③而端已见矣。其候徼支缭，其竟关之政尽察，是乱国已。入其境，其田畴秽，都邑露，是贪主已。观其朝廷，则其贵者不贤；观其官职，则其治者不能；观其便嬖④，则其信者不悫，是暗主已。凡主相臣下百吏之属，其于货财取与计数也，须孰尽察；其礼义节奏也，芒轫僈楛⑤，是辱国已。其耕者乐田，其战士安难，其百吏好法，其朝廷隆礼，其卿相调议，是治国已。观其朝廷，则其贵者贤；观其官职，则其治者能；观其便嬖，则其信者悫，是明主已。凡主相臣下百吏之属，其于货财取与计数也，宽饶简易；其于礼义节奏也，陵谨尽察，是荣国已。贤齐则其亲者先贵，能齐则其故者先官；其臣下百吏，污者皆化而修，悍者皆化而愿，躁者皆化而悫，是明主之功已。

---

① 三德，指上述的调和宽缓、忠信公平和先修己后责人三个方面。景响，同"影响"。
② 俭，通"险"，险诈。
③ 易，同"场"。
④ 便嬖（bì），君主左右宠信的人。
⑤ 须，为"顺"字误，"顺"通"慎"。须孰，同"慎熟"。芒，通"茫"。僈，同"慢"。

观国之强弱贫富有征：上不隆礼则兵弱，上不爱民则兵弱，已诺不信则兵弱，庆赏不渐则兵弱，将率不能则兵弱。上好功则国贫，上好利则国贫，士大夫众则国贫，工商众则国贫，无制数度量则国贫。下贫则上贫，下富则上富。故田野县鄙者财之本也；垣窌仓廪者财之末也；百姓时和、事业得叙者货之源也；等赋府库者货之流也①。故明主必谨养其和，节其流，开其源，而时斟酌焉。潢然使天下必有余，而上不忧不足。如是，则上下俱富，交无所藏之，是知国计之极也。故禹十年水，汤七年旱，而天下无菜色者，十年之后，年谷复熟而陈积有余，是无它故焉，知本末源流之谓也。故田野荒而仓廪实，百姓虚而府库满，夫是之谓国蹶。伐其本，竭其源，而并之其末，然而主相不知恶也，则其倾覆灭亡可立而待也。以国持之而不足以容其身，夫是之谓至贫，是愚主之极也。将以求富而丧其国，将以求利而危其身，古有万国，今有十数焉，是无它故焉，其所以失之一也。君人者，亦可以觉矣。

百里之国足以独立矣。凡攻人者，非以为名，则案以为利也，不然则忿之也。仁人之用国，将修志意，正身行，伉隆高，致忠信，期文理。布衣紃屦之士诚是，则虽在穷阎漏屋，而王公不能与之争名，以国载之，则天下莫之能隐匿也。若是，则为名者不攻也。将辟田野，实仓廪，便备用，上下一心，三军同力；与之远举极战则不可，境内之聚也保固，视可，午其军，取其将，若拨麷。彼得之不足以药伤补败；彼爱其爪牙，畏其仇敌。若是，则为利者不攻也。将修小大强弱之义以持慎之，礼节将甚文，珪璧将甚硕，货赂将甚厚，所以说之者必将雅文辩慧之君子也。彼苟有人意焉，夫谁能忿之！若是，则忿之者不攻也。为名者否，为利者否，为忿者否，则国安于盘石，寿于旗翼②。人皆乱，我独治；人皆危，我独安；人皆失丧之，我按起而制之。故仁人之用国，非特将持其有而已也，又将兼人。《诗》曰："淑人君子，其仪不忒，其仪不忒，正是四国。"此之谓也。

---

① 垣窌，官府的仓库。叙，同"序"。
② 盘石，同"磐石"。旗（jī），代"箕"。箕、翼都是二十八星宿的名称。寿于箕翼，寿命像星辰一样的长久。

持国之难易：事强暴之国难，使强暴之国事我易。事之以货宝，则货宝单而交不结；约信盟誓，则约定而畔无日；割国之锱铢以赂之，则割定而欲无猒①。事之弥顺，其侵人愈甚，必至于资单国举然后已，虽左尧而右舜，未有能以此道得免焉者也。辟之是犹使处女婴宝珠，佩宝玉，负戴黄金，而遇中山之盗也，虽为之逢蒙视，诎要桡腘，君卢屋妾，由将不足以免也②。故非有一人之道也，直将巧繁拜请而畏事之，则不足以持国安身，故明君不道也。必将修礼以齐朝，正法以齐官，平政以齐民，然后节奏齐于朝，百事齐于官，众庶齐于下。如是，则近者竞亲，远方致愿，上下一心，三军同力；名声足以暴炙之，威强足以捶笞之，拱揖指挥，而强暴之国莫不趋使，譬之是犹乌获与焦侥搏也。故曰：事强暴之国难，使强暴之国事我易。此之谓也。

【出处】《荀子·富国》，《四部丛刊正编》子部，台北，台湾商务印书馆，1979。

华核：论趋时务农

解题

本文主要通过华核的赋役政策要关注农时这个观点，来反映汉晋之际人们对发展农业生产的必要条件的认识。这是当时的一种经济观点，即抓住季节发展农业生产，停止繁重的劳役，让人们专心致力于农桑生产。广开富国的利途，阻塞饥寒的本源。广开生财的源泉，充实国库的积蓄。文中重点谈到，政府各部门执事各不相同，各自下派征调任务，劳役繁重，使人不能专心致力于农桑生产，贻误了农时。秋收时节，要求完纳赋税，按期交官。如有拖欠，就被没收财物。这样做的后果，应

---

① 单，通"殚"。畔，通"叛"。猒（yàn），同"餍"。
② 婴，即缠绕，系在脖子上。逢蒙视，斜视，不敢正眼看。诎，通"屈"。要，通"腰"。君，为"若"字误。卢，通"庐"。由，同"犹"。

引起当政者的深思。

选文

今寇虏充斥，征伐未已，居无积年之储，出无应敌之畜，此乃有国者所宜深忧也。夫财谷所生，皆出于民，趋时务农，国之上急。而都下诸官，所掌别异，各自下调，不计民力，辄与近期。长吏畏罪，昼夜催民，委舍佃事，遑赴会日，定送到都，或蕴积不用，而徒使百姓消力失时。到秋收月，督其限入，夺其播殖之时，而责其今年之税，如有逋愆，则籍没财物，故家户贫困，衣食不足。宜暂息众役，专心农桑，古人称一夫不耕，或受其饥，一女不织，或受其寒，是以先王治国，惟农是务。军兴以来，已向百载，农人废南亩之务，女工停机杼之业。推此揆之，则蔬食而长饥，薄衣而履冰者，固不少矣。

……何爱而不暂禁以充府藏之急乎？此救乏之上务，富国之本业也，使管、晏①复生，无以易此。汉之文、景，承平继统，天下已定，四方无虞，犹以雕文之伤农事，锦绣之害女红，开富国之利，杜饥寒之本。况今六合②分乖，豺狼充路，兵不离疆，甲不解带，而可以不广生财之原，充府藏之积哉？

【出处】陈寿：《三国志·吴书·华核传》，北京，中华书局，2000。

邱浚：《论制民之产》

解题

本文主要反映邱浚对生产资料的重要性的认识。邱浚从农业养民的角度谈起，回顾了西周之前的"受田之法"和西周时期"分田受民之

---

① 管，管仲。晏，晏婴。
② 六合，把天、地和东西南北称为六合，泛指全国。

法",以此论述生产资料在生产过程中的重要性。

选文

　　臣按人君之治莫先于养民。而民之所以得其养者,在稼穑树艺而已。稼穑树艺,地图各有所宜。故禹平水土,别九州,必辨其土之质与色,以定其田之等第。因其宜以兴地利,制其等以定赋法,不责有于无,不取多于少,无非以为民而已。

　　……臣按民生天地间,有身则必衣,有口则必食……臣按民之所以为生产者,田宅而已。有田有宅,斯有生生之具。所谓生生之具,稼穑、树艺、牧畜三者而已。三者既具,则有衣食之资,用度之费。仰事俯畜之不缺,礼节患难之有备,由是而给公家之征求,应公家之徭役,皆有其恒矣。礼义于是乎生,教化于是乎行,风俗于是乎美。是以三代盛时,皆设官以颁其职事,经其土地,办其田里,无非为是三者而已。后世听民自为,而官未尝一问及焉,能不扰之足矣。况为之经制如此其祥哉。明主有志于三代之隆者,不必泥古以求复井田,但能留意于斯民,而稍为之制,凡有征求营造,不至妨害于斯三者,则虽不复古制,而已得古人之意矣。

　　臣按此言受田之法。大略与《周礼·大司徒·遂人》所言相同。《周礼》所载,周家一代分田受民之法,皆出乎此也。

　　臣按此章朱熹谓此制民之产法,而尽法制品节之详。所谓五亩宅,百亩田,法制也。五十衣帛,七十食肉,品节也。有法制而无品节,则民为用不足。有品节而无法制,则民取用无所,抑斯言也。孟子两言之,一以告梁惠王,一以告齐宣王。赵岐①所谓王政之本,常生之道是也。盖天立君以为民。民有常生之道,君能使之不失其常。则王政之本,于是乎立矣。后世人主不知出此,而其所施之政,往往急于事功,详于法制,而于制民之产反略焉。是不知其本也,后世之治,所以往往不古若者,岂不以是欤。

---

① 赵岐,东汉末的经学家,著有《孟子章句》等。

臣按三代盛时，明君制民之产，必有宅以居之。所谓五亩之宅是也。有田以养之，所谓百亩之田是也。其田其宅，皆上之人制为一定之制，授之以为恒久之业，使之稼穑、树艺、牧畜其中，以为仰事俯育之资，乐岁得遂其饱暖之愿，凶岁免至于流亡之苦，是则先王所以制产之意也。自秦汉以来，田不井授，民之产业上不复制，听其自为而已。久已成俗，一旦欲骤而革之难矣。夫先王之制，虽不可复，而先王之意，则未尝不可师也。诚能惜民之力，爱民之财，恤民之患，体民之心，常使其仰事俯育之有余，丰年凶岁之皆足，所谓发政施仁之本，夫岂外此而他求哉。

臣按朱熹所谓因时制宜，使合于人情，宜于土俗，而不失先王之意。此数语者，非但可以处置井地，则凡天下之政施于民者，皆当视此为准。

【出处】邱浚：《论制民之产》，《大学衍义补》，《钦定四库全书》子部"儒家类"，台北，台湾商务印书馆，1986。

交 换

孟子：论垄断和价格

解题

本文主要反映孟子对市场垄断的认识。这是反映市场垄断的一个最早的文献。孟轲揭示了市场垄断这一经济现象，并认为征收商业税就是发端于反垄断。由此看来，早期的市场上就有了垄断和反垄断的问题。

选文

古之为市也，以其所有易其所无者，有司者治之耳。有贱丈夫焉，必求龙断①而登之。以左右望而罔市利。人皆以为贱，故从而征之。征商，自贱丈夫始矣。

【出处】《孟子·公孙丑下》，北京，中华书局，1998。

解题

本文主要反映孟子的异物异价这个观点。孟轲指出，商品不同必然

---

① 龙断，土岗高处。先秦时期市集交易多在空旷地带举行，这里指其中比较高的地方。

价格不同,如果不同商品被强行规定为同一价格,后果将是市场混乱,经济无法正常运行。

选文

(陈相曰:)"从许子之道,则市贾不贰,国中无伪,虽使五尺之童适市,莫之或欺。布帛长短同,则贾相若;麻缕丝絮轻重同,则贾相若;五谷多寡同,则贾相若;屦大小同,则贾相若。"

(孟子)曰:"夫物之不齐,物之情也;或相倍蓰,或相什百,或相千万①。子比而同之,是乱天下也。巨屦小屦同贾,人岂为之哉?从许子之道,相率而为伪者也,恶能治国家?"

【出处】《孟子·滕文公上》,北京,中华书局,1998。

范蠡:论经商之术

解题

本文主要反映范蠡对计然之术的认识。范蠡,春秋末期楚国宛(今河南南阳)人,越国大夫,越灭吴后隐退。范蠡用计然之术经商,致富巨万。经范蠡归纳而形成的中国商业理论,和计然之术有直接关系。

选文

昔者越王勾践困于会稽之上,乃用范蠡计然②。计然曰:"知斗则

---

① 物之不齐,万物价格的不同。蓰,五倍。什百、千万,即十倍百倍,千倍万倍。
② 越治国用了计然七策中的五策,而"计然曰"涉及预测备物、物价两利、反时买卖等。计然之策在先,应是治术,"施于国";"计然曰"应在后,明显是治术和商术的混合,商术"用之家"。假设计然之策是文种提出的,那又何必用计然替代文种的名字。如果计然是范蠡所著书名,那他不可能直接用老师的名字。因此,计然之策实际上是范蠡提出的。所谓计然,应当是正确的谋略这个意思。

修备，时用则知物。二者形，则万货之情可得而观已。故岁在金，穰；水，毁；木，饥；火，旱。旱则资舟，水则资车，物之理也。六岁穰，六岁旱，十二岁一大饥。夫粜，二十病农，九十病末。末病则财不出，农病则草不辟矣。上不过八十，下不减三十，则农末俱利。平粜齐物，关市不乏，治国之道也。积著①之理，务完物，无息币。以物相贸易，腐败而食之货勿留。无敢居贵。论其有余不足，则知贵贱。贵上极则反贱，贱下极则反贵。贵出如粪土，贱取如珠玉。财币欲其行如流水。"修之十年，国富。厚赂战士，士赴矢石，如渴得饮，遂报强吴，观兵中国，称号"五霸"。

范蠡既雪会稽之耻，乃喟然而叹曰："计然之策七，越用其五而得意，既已施于国，吾欲用之家。"乃乘扁舟，浮于江湖，变名易姓，适齐，为鸱夷子皮，之陶，为朱公。朱公以为陶天下之中，诸侯四通，货物所交易也。乃治产积居，与时逐而不责于人。故善治生者，能择人而任时。十九年之中，三致千金，再分散与贫交疏昆弟。此所谓富好行其德者也。后年衰老而听子孙，子孙修业而息②之，遂至巨万。故言富者皆称陶朱公。

【出处】司马迁：《史记·货殖列传》，北京，中华书局，2000。

刘晏：论利润预期

解题

这里的三段选文，主要反映刘晏的生产者要有利润这个观点。刘晏（718—780），字士安，曹州南华（今山东曹县）人。做过户部侍郎、吏部尚书等，并兼职转运、常平、租庸、盐铁、铸钱等使。刘晏对生产和交换之间关系的认识，以"凡所创置，须使人有余润"为代表，可以说

---

① 著，同"贮"。
② 息，增长，增殖财富。

是一句名言。交换是商品生产的目的得以实现的必要环节，西方经济学的所谓生产者利润的最大化，用刘晏的话说就是"有余润"的最大化。刘晏之所以能做到这一点，主要借助于"以盐利为漕佣"。

选文

是时朝议以寇盗未戢，关东漕运，宜有倚办，遂以通州刺史刘晏为户部侍郎、京兆尹、度支盐铁转运使。盐铁兼漕运，自晏始也。二年，拜吏部尚书、同平章事，依前充使。晏始以盐利为漕佣，自江淮至渭桥，率十万斛佣七千缗，补纲吏督之。不发丁男，不劳郡县，盖自古未之有也。自此岁运米数千万石，自淮北列置巡院，搜择能吏以主之，广牢盆以来商贾①。凡所制置，皆自晏始。

【出处】刘昫：《旧唐书·食货下》，北京，中华书局，2000。

选文

臣闻唐代宗时，刘晏为江淮转运使，始于扬州造转运船，每船载一千石，十船为一纲，扬州差军将押赴河阴，每造一船，破钱一千贯，而实费不及五百贯。或讥其枉费。晏曰："大国不可以小道理，凡所创置，须谋经久。船场既兴，执事者非一，须有剩余衣食，养活众人，私用不窘，则官物牢固。"乃于扬子县置十船场，差专知官十人。不数年间，皆致富赡。凡五十余年，船场既无破败，馈运亦不阙绝。

至咸通末，有杜侍御者，始以一千石船，分造五百石船二只，船始败坏。而吴尧卿者，为扬子院官，始勘会每船合用物料，实数估给，其钱无复宽剩，专知官十家即时冻馁，而船场遂破，馈运不继，不久遂有黄巢之乱。

刘晏以千贯造船，破五百贯为干系人欺隐之资，以今之君子寡见浅

---

① 牢盆，食盐的计量器具。来，同"徕"。

闻者论之，可谓疏谬之极矣。然晏运四十万石，当用船四百只，五年而一更造，是岁造八十只也。每只剩破五百贯，是岁失四万贯也。而吴尧卿不过为朝廷岁宽①四万贯耳，得失至微，而馈运不继，以贻天下之大祸。臣以此知天下之大计，未尝不成于大度之士，而败于寒陋之小人也。国家财用大事，安危所出，愿常不与寒陋小人谋之，则可以经久不败矣。

【出处】 苏轼：《论纲梢欠折利害状》，《苏东坡集》，上海，上海商务印书馆，1958。

选文

闻昔刘晏之造江淮运船矣，价五百贯者辄给一千贯，或议其枉费。晏曰："大国不可以小道理，凡所创置，须使人有余润，私用不窘，则官物牢固。"故转运五十余年，船无破败。及后人核减估给，无复宽剩，于是船坏而运不继。天下大计孰不成于大度之人，而败于拘陋之士②哉？

【出处】 魏源：《圣武记·军政》，《魏源全集》，长沙，岳麓书社，2004。

郑观应：《商战》

解题

本文主要反映郑观应对商战的认识。作者郑观应（1841—1920年），字正翔，广东香山（今中山）人。先在外资企业担任过高级买办，

---

① 宽，节省，节约。
② 拘陋之士，与前选文的"寒陋小人"同。都属于与"大度之士"相对的另一类人。

后在官督商办企业以商股代表身份担任过要职。此外，还当过汉阳铁厂总办、粤汉铁路总办，创办过贸易公司、航运公司等。面对洋货和国货争夺市场份额，郑观应指出"习兵战，不如习商战"。他认为，先有国富，然后有兵强；而要使国家富裕，一个重要手段就是"决胜于商战"。

选文

自中外通商以来，彼族动肆横逆，我民日受欺凌，凡有血气，孰不欲结发厉戈，求与彼决一战哉！于是购铁舰、建炮台、造枪械、制水雷、设海军、操陆阵，讲求战事，不遗余力，以为而今而后，庶几水柔而山謇乎。而彼族乃哑哑然窃笑其旁也，何则？彼之谋我，噬膏血匪噬皮毛，攻资财不攻兵阵，方且以聘盟为阴谋，借和约为兵刃，迨至精华销竭，已成枯腊，则举之如发蒙耳。故兵之并吞，祸人易觉；商之掊克，敝国无形。我之商务一日不兴，则彼之贪谋亦一日不辍。纵令猛将如云，舟师林立，而彼族谈笑而来，鼓舞而去，称心餍欲，孰得而谁何之哉？吾故得以一言断之曰：习兵战，不如习商战。

然欲知商战，则商务得失不可不通盘筹画而确知其消长盈虚也。孙子曰："知彼知己，百战百胜。"请先就我之受害者缕析言之，大宗有二：一则曰鸦片每年约耗银三千三百万两，一则曰棉纱棉布两种每年约共耗银五千三百万两。此尽人而知为巨款者也，不知鸦片之外又有杂货约共耗银三千五百万，如洋药水、药丸、药粉、洋烟丝、吕宋烟、夏湾拿①烟、俄国美国纸卷烟、鼻烟、洋酒、火腿、洋肉铺、洋饼饵、洋糖、洋盐、洋果干、洋水果、咖啡，其零星莫可指名者尤多，此食物之凡为我害者也。洋布之外，又有洋绸、洋缎、洋呢、洋羽毛、洋线绒、洋羽纱、洋被、洋毯、洋毡、洋手巾、洋花边、洋钮扣、洋针、洋线、洋伞、洋灯、洋纸、洋钉、洋画、洋笔、洋墨水、洋颜料、洋皮箱簏、洋磁、洋牙刷、洋牙粉、洋胰、洋火、洋油，其零星莫可指名者亦多，

---

① 夏湾拿，古巴的哈瓦那。

此用物之凡为我害者也。外此更有电气灯、自来水、照相玻璃、大小镜片、铝铜铁锡煤斤、马口铁、洋木器、洋钟表、日规、寒暑表，一切玩好奇淫之具，种类殊殊，指不胜屈，此又杂物之凡为我害者也。

以上各种类皆畅行各口，销入内地，人置家备，弃旧翻新，耗我资财，何可悉数！是彼族善于商战之效。既如此，而就我夺回之利益数之，大宗亦有二：曰丝，曰茶。计其盛时，丝价值四千余万两，今则减至三千七八百万两；茶价值三千五百余万两，今仅一千万两。杂货约共值二千九百万两。

罄所得丝、茶全价尚不能敌鸦片洋布全数，况今日茶有印度、锡兰、日本之争，丝有意大利、法兰西、东洋之抵，衰竭可立待乎！次则北直之草帽辫、驼毛、洋皮、灰鼠，南中之大黄、麝香、药料、宁绸、杭缎及旧磁器，彼族零星贩去，饰为玩好而已。更赖出洋佣工暗收利权少许，然亦万千中之十百耳，近且为其摈绝，进退路穷。是我之不善于商战之弊又如此。总计彼我出入，合中国之所得尚未得敌其鸦片、洋布二宗，其它百孔千疮，数千余万金之亏耗胥归无着，何怪乎中国之日急哉！

更有绝大漏卮一项，则洋钱是也。彼以折色之银易我十成之货，既受暗亏，且即以钱易银，虚长洋价，换我足宝，行市变又遭明折。似此层层剥削，节节欺给，再阅百十年，中国之膏血既竭，遂成羸瘵病夫，纵有坚甲利兵，畴能驱赤身枵腹之人，而使之当前锋冒白刃哉？

夫所谓"通"者，"往来"之谓也。若止有来而无往，则彼通而我塞矣。"商"者，"交易"之谓也。若既出赢而入绌，则彼受商益而我受商损矣。

知其通塞损益，而后商战可操胜算也。独是商务之盛衰，不仅关物产之多寡，尤必视工艺之巧拙，有工以翼商，则拙者可巧，粗者可精。借楚材以为晋用，去所恶而投其所好，则可以彼国物产仍渔彼利。若有商无工，纵令地不爱宝，十八省物产日丰，徒弃己利以资彼用而已。是宜设商务局以考物业，复开赛珍会以求精进。考《易》言："日中为市"。《书》言："懋迁有无"。《周官》有布政之官，贾师之职。《大学》

言生财之道,《中庸》有来百工之条。

通商惠工之学具有渊源。太史公传货殖于国史,洵有见也。

商务之纲目,首在振兴丝茶二业。裁减厘税,多设缫丝局,以争印日之权。

弛令广种烟土,免征厘捐,徐分毒饵之焰,此与鸦片战者一也。广购新机,自织各色布匹,一省办妥,推之各省,此与洋布战者二也。购机器织绒毡、呢纱、羽毛洋衫裤、洋袜、洋伞等物,炼湖沙造玻璃器皿,炼精铜仿制钟表,惟妙惟肖,既坚且廉,此与诸用物战者三也。上海造纸,关东卷烟,南洋广蔗糖之植,中州开葡萄之园,酿酒制糖,此与诸食物战者四也。加之制山东野蚕之丝茧,收江北土棉以纺纱,种植玫瑰等香花制造香水洋胰等物,此与各种零星货物战者五也。六在遍开五金煤矿铜铁之来源,可一战而祛。七在广制煤油,自造火柴,日用之取求可一战而定。整顿磁器厂务,以景德之细窑摹洋磁之款式,工绘五彩,运销欧洲,此足以战其玩好珍奇者八。以杭宁之机法,仿织外国绸缎,料坚致布价廉平,运往各国,投其奢靡之好,此足以战其零星杂货者九。更有无上妙着,则莫如各关鼓铸金银钱也,分两成色,悉与外来逼肖无二,铸成分布,乃下令尽收民间宝银、各色银锭,概令赴局销毁,按成补水,给还金银钱币。久之,市间既无各色锭银,自不得不通用钱币。我既能办理一律,彼谨讵能势不从同?则又可战彼洋钱,而与之功力悉敌者十也。

或曰:"如此兴作诚善,奈经费之难筹何?"则应之曰:我国家讲武备战数十年来,所耗海防之经费及购枪械船炮与建炮台之价值,岁计几何?

胡不移彼就此?以财战不以力战,则胜算可操,而且能和局永敦,兵民安乐,夫固在当局者一转移间耳。第商务之战,既应藉官力为护持,而工艺之兴,尤必藉官权为振作。

法须先设工艺院,延欧洲巧匠以教习之,日省月试以督责之,技成厚给廪饩以优奖之,赏赐牌匾以宠异之。

或具图说请制作者,则借官本以兴助之,禁别家仿制以培植之。工既别类专门，艺可日新月异。而后考察彼之何样货物于我最为畅销，先行照样仿制，除去运脚价必较廉，我民但取便日用，岂必从人舍己？则彼货之流可一战而渐塞矣。

然后察其所必需于我者，精制之而贵售之。彼所必需断不因縻费而节省，则我货之源可一战而徐开矣。大端既足抵制，琐屑亦可包罗。盖彼务贱我务贵，彼务多我务精，彼之物于我可有可无，我之物使彼不能不用，此孙子上驷敌中、中驷敌下一屈二伸之兵法也。惟尤须减内地出口货税，以畅其源；加外来入口货税，以遏其流。用官权以助商力所不逮，而后战本固，战力纾也。

夫日本东瀛，一岛国耳，土产无，多年来效法泰西，力求振作。凡外来货物悉令地方官极力讲求，招商集股，设局制造，一切听商自主，有保护而绝侵挠，用能百刻具举。听出绒布各色货物，不但足供内用，且可运出外洋，并能影射①洋货而来售于我。查通商综核表，计十三年中艺耗我二千九百余万元。从前，光绪四年至七年，此四年中，日本与各国通商进出货价相抵外，日本亏二十二万七千元。光绪八年至十三年，此六年进出相抵，日本赢五千二百八十万元。前后相殊如此，商战之明效可见矣。彼又能悉除出口之征，增入口之税，以故西商生计日歉，至者日稀。邻之厚，我之薄也。

夫日本商务既事事以中国为前车，处处借西邻为先导。我为其拙，彼形其巧。西人创其难，彼袭其易。弹丸小国，正未可谓应变无人，我何不反经为权，转而相师，用因为革，舍短从长？以我之地大物博、人多财广，驾而上之犹反手耳。

国既富矣，兵奚不强？窃恐既富且强，我欲邀彼一战，而彼族且怡色下气，讲信修睦，不敢轻发难端矣。此之谓决胜于商战。

【出处】郑观应：《盛世危言·商战》，《郑观应集》，上海，上海人民出版社，1982。

---

① 影射，这里指假冒。

薛福成：《商政》

解题

本文主要反映薛福成对商政的认识。作者薛福成（1838—1894），字叔耘，江苏无锡人，做过浙江宁绍道、湖南按察使等，曾任清朝出使英、法、意、比四国公使。薛福成指出，西方国家谋求富强是"以工商为先"，并且工为商源，工为其基、商为其用。兴商务有三个要点，即贩运之利、艺植之利和制造之利。他还特别强调，"惟人人欲济其私"，从而"终为公家之大利"。

选文

昔商君之论富强也，以耕战为务，而西人之谋富强也，以工商为先。耕战植其基，工商扩其用也。然论西人致富之术，非工不足以开商之源，则工又为其基，而商为其用。

迩者英人经营国事，上下一心，殚精竭虑，工商之务，蒸蒸日上，其富强甲于地球诸国。诸国从而效之，迭起争雄，泰西强盛之势，遂为亘古所未有。夫商务未兴之时，各国闭关而治，享其地利而有余。及天下既以此为务，设或此衰彼旺，则此国之利，源源而往，彼国之利，不能源源而来，无久而不贫之理。所以地球各国，居今日而竞事通商，亦势有不得已也。今以各国商船论，其于中国每岁进出口货柜银在二万万两上下，约计洋商所赢之利，当不下三千万，以十年计之，则三万万。此皆中国之利，有往而无来者也，无怪近日民穷财尽，有岌岌不终日之势矣。然则为中国计者，既不能禁各国之通商，惟有自理其商务而已。商务之兴，厥要有三：

一曰贩运之利。自各口通商，而洋人以轮船运华货，不特擅中西交易之利，抑且夺内地懋迁之利。自中国设轮船招商局，而洋商与我争衡，始则减价以求胜，继因折阅而改图，彼之占我利权者，虽尚有十之四，我之收回利权者，已不啻五之三，通计七八年间，所得运费将二千万。虽局中商息未见赢余，而利之少入于外洋者，已二千万矣。所虑者，一局之政，主持不过数人，控制二十七埠之遥，精力已难徧①及；又自归并旗昌之后，官本较多，万一稍有蹉跌，其势难图再举。夫事之艰于谋始者，理也；而人之笃于私计者，情也。今夫市廛之内，商旅非无折阅，而挟赀而往者踵相接，何也？以人人之欲济其私也。惟人人欲济其私，则无损公家之帑项，而终为公家之大利。为今之计，虽难用未建少力之法，骤分数局，他日如必有变通之势，或即用局中任事之商，兼招殷实明练者，量其才力赀本，俾各分任若干埠，无论盈亏得失，公家不过而问焉。此外，商人有能租置轮船一二号，或十余号，或数十号者，均听其报名于官，自成一局。又恐商情之相轧也，则督以大员，而齐其政令；恐商利之未饶也，则酌拨漕粮，而弥其阙乏。但使商船渐多，然后由中国口岸，推之东、南洋各岛，又推之西洋诸国，经商之术日益精，始步西人后尘，终必与西人抗衡矣，其利岂不溥哉？

一曰艺植②之利。今华货出洋者，以丝茶两款为大宗，而日本、印度、意大里等国，起而争利，遍植桑茶。印度茶品，几胜于中国。意大里售丝之数，亦几埒于中国。数年以来，华货滞而不流，统计外洋所用丝茶，出于各国者，几及三分之二，若并此利源而尽为所夺，中国将奚以自立？是不可不亟为整理者也。整理之道，宜令郡县有司劝民栽植桑茶。盖种桑必在高亢之地，而种茶但在山谷之中，非若罂粟之有妨稼穑，是在相其土宜，善为倡导而已。其缫丝之法，制茶之法，有能刻意讲求者，宜激勤而奖进之。至于丝茶出口，十数年前，以加税为中国之利，今则各国起而相轧，一加税则价必昂，价昂则运货者必去中国而适他国，而税额必为之大减。夫西洋诸国，往往重税外来之货，而减免本国货税，以畅其销路。今中国丝茶两宗，虽不必减税，亦不宜加税，但使地无闲旷，则产之者日益丰，而其价日益廉，即出口之货日益多，不

---

① 徧，通"遍"。
② 艺植，这里指缫丝种茶。

特于税务有裨，亦为民兴利之一大端也。

一曰制造之利。英人用机器织造洋布，一夫可抵百夫之力，故工省价廉，虽棉花必购之他国，而获利固已不赀，每岁货价之出中国者数千万两。中国海隅多种棉花，若购备机器，纺花织布，既省往返运费，其获利宜胜于洋人。然中国虽有此议而尚无成效者，何也？创造一事，人情每多疑沮，其才足以办此者，苦于资本难集，而一二殷商，又以非所素习而不为，此大利所以尽归洋人也。窃谓经始之际，有能招商股自成公司者，宜察其才而假以事权，课其效而加之优奖，创办三年之内，酌减税额以示招徕。商民知有利可获，则相率而竞趋之，迨其事渐熟，利渐兴，再为厘定税章，则于国课必有所裨。推之织毡、织绒、织呢羽，莫不皆然。夫用机器以代工作，嫌于夺小民之利。若洋布以及毡绒、呢羽，本非出自中国，中国多出一分之货，则外洋少获一分之利，而吾民得自食一分之力。夺外利以润吾民，无逾于此者矣。

是故中国之于商政也，彼此可共获之利，则从而分之；中国所自有之利，则从而扩之；外洋所独擅之利，则从而夺之。三要既得，而中国之富可期。中国富，而后诸务可次第修举。如是而犹受制于邻敌者，未之有也。

【出处】薛福成：《筹洋刍议·商政》，《庸庵全集》，上海醉六堂，光绪二十三年刻本。

消费与人口

消费是需求的满足。消费又以分配为前提，一定的分配规则决定了一定的消费水平。比如，我们把赋税和地租都看做农产品的一种分配，收缴额决定了索取方的消费水平，剩余额决定了交纳方的消费水平。怎样消费，也是消费所包含的一个问题。节俭与奢侈被认为是消费的两大对立行为，但在"适度"这一前提下，我们发现，按照古人的理解，过度的节俭会"物极必反"，适当的奢侈会有利于促进生产。古代中国人的"适度"观，在经济领域的消费问题上，突出地被表现出来。当代西方国家的"超前消费"观，也可以纳入我们的搜寻范围，看古代中国的消费观念中是否也留下了它的踪迹。

人口从社会经济的角度说，具有两重性。一方面，人是生产中劳动力的来源，财政上纳税人的来源，人口成为经济管理者争夺的对象；另一方面，人又是消耗生活必需品的主体，在供给滞后于需求的社会，或者在资源有限的社会，人口成为经济管理者忧虑的负担。

消 费

墨子：《节用》、《辞过》

解题

这里的一组选文，主要反映墨子对节用总原则的认识。墨翟给出了节用的总原则，它主要针对是否"足以奉给民用"，是否"加于民利"。节用的对象，主要涉及国家节用、生产节用、节葬。墨翟的节葬论，又和儒家的"孝"发生了观念冲突。"孝"要求厚葬，这出于维护纲常伦序，实际上最终落脚在等级意识。节葬可以归结为一种平民意识的反映①，它更多的是从普通民众能够维持正常生活这一角度来考虑。而且"衣三领"、"棺三寸"等基本标准也说明，墨翟所说的节葬是有"度"的限定的。

选文

凡足以奉给民用，则止。诸如费不加于民利者，圣王弗为。

【出处】《墨子·节用中》，《四部丛刊正编》子部，台北，台湾商务印书馆，1979。

---

① 这里我们所用的"平民"一词，是指普通民众、老百姓。

圣人为政一国，一国可倍也。大之为政天下，天下可倍也。其倍之，非外取地也；因其国家去其无①足以倍之。

【出处】《墨子·节用上》，《四部丛刊正编》子部，台北，台湾商务印书馆，1979。

凡天下群百工，轮车、鞼鲍、陶冶、梓匠，使各从事其所能。曰：凡足以奉给民用，则止。

【出处】《墨子·节用中》，《四部丛刊正编》子部，台北，台湾商务印书馆，1979。

衣三领足以朽肉，棺三寸足以朽骸，堀穴深不通于泉，流不发泄②，则止。

【出处】《墨子·节葬》，《四部丛刊正编》子部，台北，台湾商务印书馆，1979。

解题

本选文主要反映墨子对节俭五项的认识。节俭，具体表现如修建宫室要节俭，制作衣服要节俭，制作饮食要节俭，制造车船要节俭，选姬纳妾要节制等，即涉及吃、穿、住、行、性五个方面。

选文

子墨子曰：古之民未知为宫室时，就陵阜而居，穴而处，下润湿伤民，故圣王作为宫室。为宫室之法，曰：室高足以辟润湿，边足以围风

---

① 无，无用之费。去其无，去掉（或者说不花费、节省）无用的费用。
② 流不发泄，意思是尸体的气味不发散于外面。

寒①，上足以待雪霜雨露，宫墙之高足以别男女之礼。谨此则止。凡费财劳力，不加利者不为也。役，修其城郭，则民劳而不伤；以其常正②，收其租税，则民费而不病。民所苦者非此也，苦于厚作敛于百姓。是故圣王作为宫室，便于生，不以为观乐也；作为衣服带履，便于身，不以为辟怪也。故节于身，诲于民，是以天下之民可得而治，财用可得而足。当今之主，其为宫室则与此异矣。必厚作敛于百姓，暴夺民衣食之财以为宫室台榭曲直之望、青黄刻镂之饰。为宫室若此，故左右皆法象③之。是以其财不足以待凶饥，振孤寡，故国贫而民难治也。君实欲天下之治而恶其乱也，当为宫室不可不节。

古之民未知为衣服时，衣皮带茭，冬则不轻而温，夏则不轻而清。圣王以为不中人之情，故作诲妇人治丝麻，捆布绢，以为民衣。为衣服之法：冬则练帛之中，足以为轻且暖；夏则絺绤之中，足以为轻且清。谨此则止。故圣人之为衣服，适身体和肌肤而足矣，非荣耳目而观愚民也。当是之时，坚车良马不知贵也，刻镂文采不知喜也，何则？其所道之然。故民衣食之财，家足以待旱水凶饥者，何也？得其所以自养之情，而不感于外也。是以其民俭而易治，其君用财节而易赡也。府库实满，足以待不然。兵革不顿，士民不劳，足以征不服。故霸王之业，可行于天下矣。当今之主，其为衣服，则与此异矣。冬则轻煖，夏则轻清，皆已具矣，必厚作敛于百姓，暴夺民衣食之财，以为锦绣文采靡曼之衣，铸金以为钩，珠玉以为佩。女工作文采，男工作刻镂，以为身服，此非云益煖之情也，单财劳力，毕归之于无用也。以此观之，其为衣服，非为身体，皆为观好。是以其民淫僻而难治，其君奢侈而难谏也。夫以奢侈之君，御好淫僻之民，欲国无乱，不可得也。君实欲天下之治而恶其乱，当为衣服不可不节。

古之民未知为饮食时，素食而分处，故圣人作诲男耕稼树艺，以为

---

① 辟，同"避"。圉，通"御"。
② 正，通"征"，税率。
③ 法象，模仿效法。

民食。其为食也，足以增气充虚、强体适腹而已矣。故其用财节，其自养俭，民富国治。今则不然，厚作敛于百姓，以为美食。刍豢蒸炙鱼鳖，大国累百器，小国累十器，前方丈，目不能徧视，手不能徧操，口不能徧味，冬则冻冰，夏则饰饐①。人君为饮食如此，故左右象之，是以富贵者奢侈，孤寡者冻馁，虽欲无乱，不可得也。君实欲天下治，而恶其乱，当为食饮不可不节。

古之民未知为舟车时，重任不移，远道不至，故圣王作为舟车，以便民之事。其为舟车也，全固轻利，可以任重致远，其为用财少而为利多，是以民乐而利之。法令不急而行，民不劳而上足用，故民归之。当今之主，其为舟车，与此异矣。全固轻利皆已具，必厚作敛于百姓，以饰舟车。饰车以文采，饰舟以刻镂。女子废其纺织而修文采，故民寒。男子离其耕稼而修刻镂，故民饥。人君为舟车若此，故左右象之，是以其民饥寒并至，故为奸邪。奸邪多则刑罚深，刑罚深则国乱。君实欲天下之治，而恶其乱，当为舟车不可不节。

凡回于天地之间，包于四海之内，天壤之情，阴阳之和，莫不有也，虽至圣不能更也。何以知其然？圣人有传：天地也则曰上下，四时也则曰阴阳，人情也则曰男女，禽兽也则曰牡牝雄雌也。真天壤之情，虽有先王不能更也。虽上世至圣，必蓄私不以伤行，故民无怨。宫无拘女，故天下无寡夫。内无拘女，外无寡夫，故天下之民众。当今之君其蓄私也，大国拘女累千，小国累百，是以天下之男多寡无妻，女多拘无夫，男女失时，故民少。君实欲民之众，而恶其寡，当蓄私不可不节。

凡此五者，圣人之所俭节也，小人之所淫佚也。俭节则昌，淫佚则亡，此五者不可不节。

【出处】《墨子·辞过》，《四部丛刊正编》子部，台北，台湾商务印书馆，1979。

---

① 前方丈，美味佳肴在面前摆满了一方丈的地方。徧，通"遍"。饰饐（yì），食物发臭变质。

韩非子：论俭与礼

解题

本文主要反映韩非对丧葬费用上的俭与礼的认识。作者韩非（前280—前233），战国时韩国人，曾师从荀况。他建议韩王以变法富国强兵，又著书阐发治国主张。对于丧葬费用这个问题，代表法家的韩非分析了墨家的俭与礼、儒家的孝与礼，并对俭和孝的关系提出自己的看法。

选文

墨者之葬也，冬日冬服，夏日夏服，桐棺三寸，服丧三月，世主以为俭而礼之。儒者破家而葬，服丧三年，大毁扶杖，世主以为孝而礼之。夫是墨子之俭，将非孔子之侈也；是孔子之孝，将非墨子之戾也。今孝戾、侈俭俱在儒墨，而上兼礼之。漆雕①之议，不色挠，不目逃，行曲则违于臧获，行直则怒于诸侯，世主以为廉而礼之。宋荣子②之议，设不斗争，取不随仇，不羞囹圄，见侮不辱，世主以为宽而礼之。夫是漆雕之廉，将非宋荣之恕也；是宋荣之宽，将非漆雕之暴也。今宽廉、恕暴俱在二子，人主兼而礼之。自愚诬之学、杂反之辞争，而人主俱听之，故海内之士言无定术，行无常议。夫冰炭不同器而久，寒暑不兼时而至，杂反之学不两立而治。今兼听杂学，缪行同异之辞，安得无乱乎？听行如此，其于治人又必然矣。

【出处】《韩非子·显学》，《四部丛刊正编》子部，台北，台湾商务印书馆，1979。

---

① 漆雕，孔子的学生。
② 宋荣子，宋钘。

陆贽：论减租

解题

本文主要反映陆贽的地租重于赋税这个观点。作者陆贽（754—805），字敬舆，嘉兴（今浙江）人，做过宰相等。在中国经济思想史上，陆贽是第一个提出减租主张的人。他的著作辑为《陆宣公翰苑集》，收入其中的《均节赋税恤百姓六条》是陆贽在经济方面的代表作。本文为《均节赋税恤百姓六条》的第六条，原文副标题是"论兼并之家私敛重于公税"，"私敛"指地租，"公税"指赋税，所要评论的，显然是地主的地租重于政府的赋税。

选文

国之纪纲在于制度，商农工贾各有所专。凡在食禄之家，不得与人争利。此王者所以节财力，砺廉隅，是古今之所同，不可得而变革者也。代理则其道存而不犯，代乱则其制委而不行。其道存则贵贱有章，丰杀有度。车服田宅，莫敢僭踰。虽积货财，无所施设。是以咸安其分，罕徇贪求。藏不偏多，故物不偏罄；用不偏厚，故人不偏穷。圣王能使礼让兴行，而财用均足，则此道也。其制委，则法度不守，教化不从，唯货是崇，唯力是骋。货力苟备，无欲不成。租贩兼并，下锢齐人之业；奉养丰丽，上侔王者之尊。户畜群黎，隶役同辈，既降嗜欲，不虑宪章，肆其贪惏，曷有纪极！天下之物有限，富室之积无涯。养一人而费百人之资，则百人之食不得不乏；富一家而倾千室之产，则千家之业不得不空。举类推之，则海内空乏之流，亦已多矣。故前代致有风俗讹靡，氓庶困穷，由此弊也。今兹之弊，则又甚焉。夫物之不可掩藏而易以阅视者，莫着乎田宅。臣请又措其宅而勿议，且举占田一事以言之。古先哲王疆理天下，百亩之地，号曰一夫。盖以一夫授田，不得过于百亩也。欲使人无废业、田无旷耕，人力田畴二者适足。是以贫弱不至竭涸，富厚不至奢淫。法立事均，斯谓制度。今制度弛紊，疆理隳坏，姿人相吞，无复畔限。富者兼地数万亩，贫者无容足之居。依托强豪，以为私属，贷其粺①食赁其田庐，终年服劳，无日休息，罄输所假，常患不充。有田之家，坐食租税。贫富悬绝乃至于斯。厚敛促征，皆甚公赋。今京畿之内，每田一亩，官税五升，而私家收租，殆有亩至一石者。是二十倍于官税也。降及中等，租犹半之，是十倍于官税也。夫以土地，王者之所有；耕稼，农夫之所为。而兼并之徒，居然受利。官取其一，私取其十，穑人安得足食？公廪安得广储？风俗安得不贪？财货安得不壅？昔之为理者，所以明制度而谨经界，岂虑虚哉？斯道浸亡，为日已久，顿欲修整，行之实难。革弊化人，事当有渐。望令百官集议，参酌古今之宜，凡所占田，约为条限，裁减租价，务利贫人。法贵必行，不在深刻，裕其制以便俗，严其令以惩违。微捐有余，稍优不足。损不失富，优可赈穷。此乃古者安富恤穷之善经，不可舍也。

右臣前月十一日延英②奏对，因叙赋税烦重，百姓困穷，伏奉恩旨，令具条疏闻奏。今且举其甚者，谨条如前。臣闻于《书》曰："无轻人事惟艰，无安厥位惟危。"此理之所以兴也。又曰："厥后嗣王，生则逸，不知稼穑之艰难。"此乱之所由始也。以陛下天纵圣哲，事更忧危夙夜孜孜，志求致理。往年论及百姓，必为凄然动容。每言朕于苍生，支体亦无所惜。臣久叨近侍，亟奉德音。窃谓一代黔黎，必跻富寿之域，昨奏人间疾苦，十分才及二三，圣情已甚惊疑，皆谓臣言过当。然则愁怨之事，何由上闻？煦育之恩，何由下布？典籍所戒，信而有征。一亏圣猷，实可深惜。臣又闻于《书》曰："非知之艰，行之唯艰。"窃惟陛下所以惊于微臣之言者，但闻之未熟耳。此乃股肱耳目之任，仰负于陛下。诚所谓知之非艰，尚未足深累圣德也。今则既知之矣，愿陛下勿复艰于所行，居安思危，亿兆幸甚。谨奏。

【出处】陆贽：《均节赋税恤百姓六条》，《陆贽集》，中华书局，2006。

---

① 粺（bì）食，廪食。
② 延英，唐代宫殿名。

白居易：《戒奢》

解题

本文主要反映白居易对官僚群体的禁奢崇俭的认识。作者白居易（772—846），字乐天，郑州新郑（今河南新郑）人，做过刑部侍郎等。白居易反对奢侈、主张节用，是针对整个官僚集团。

选文

问：近古以来，君天下者，皆患人之困，而不知困之由；皆欲人之安，而不得安之术。今欲转劳为逸，用富易贫；穷困之由，矫其失于既往；求安之术，致其利于将来；审而行之，以康天下。

臣闻：近古以来，君天下者，皆患人之困，而不知困之由；皆欲人之安，而不得安之术。臣虽狂瞽，然粗知之。臣窃观前代人庶之贫困者，由官吏之纵欲也。官吏之纵欲者，由君上之不能节俭也。何则？天下之人亿兆也，君者一而已矣，以亿兆之人奉其一君，则君之居处，虽极土木之功，殚金鱼之饰；君之衣食，虽穷海陆之味，尽文采之华；君之耳目，虽慆郑卫之音，厌燕赵之色；君之心体，虽倦畋渔之乐，疲辙迹之游；犹未合扰于人，伤于物。何者？以至多奉至少故也。

然则一纵一放，而弊及于人者，又何哉？盖以君之命行于左右，左右颁于方镇，方镇布于州牧，州牧达于县宰，县宰下于乡吏，乡吏转于村胥，然后至于人焉。自君至臣，等级若是，所求既众，所费滋多，则君取其一，而臣已取其百矣。所谓上开一源，下生百端者也。岂直若此而已哉？盖君好则臣为，上行则下效。故上苟好奢，则天下贪冒之吏将肆心焉；上苟好利，则天下聚敛之臣将寘力[1]焉。雷动风行，日引月长，上益其侈，下成其私，其费尽出于人，人实何堪其弊，此又为害十

---

[1] 寘（zhì），放置。寘力，投入力量。

倍于前也。

夫如是，则君之躁静，为劳逸之本；君之奢俭，为人富贫之源。故一节其情，而下有以获其福；一肆其欲，而下有以罹其殃；一出善言，则天下之心同其善；一违善道，则天下之人共其忧。盖百姓之殃，不在乎鬼神；百姓之福，不在乎天地；在乎君之躁静奢俭而已。是以圣王之修身化下也，宫室有制，服食有度，声色有节，畋游有时；不徇己情，不穷己欲，不殚人财。夫然，故诚发乎心，德形乎身，政加乎人，化达乎天下。以此禁吏，则贪婪之吏不得不廉矣；以此牧人，则贫困之人不得不安矣。困之由，安之术，以臣所见，其在兹乎？

【出处】白居易：《戒奢》，《白居易集》，北京，中华书局，1979。

李觏：论节用

解题

本文主要反映李觏的财政要关注节用这个观点。北宋李觏是范仲淹实行改革的建议者，也是王安石变法的思想前驱。他在给范仲淹的一封书信中，着重谈了统治者需要节用这个问题，强调必须改变"不闻节用以取足，但见广求以供用"的状况。

选文

庆历四年六月四日，应茂才异等科李觏谨西望再拜，奉书参政谏议①明公阁下：觏一二年来，窜遁山谷，窃闻明公归自塞垣、参予朝政，无似之人，辱知最厚，延颈下风，忧喜交战。喜者何谓？冀明公立天下之功。忧者何谓？恐明公失天下之名。夫以明哲之性，树刚中之德，裁量古今，愍恻衰敝，昔者言之而不得行之，诚无可奈何；今在行

---

① 参政谏议，范参政，范仲淹，时任右谏议大夫参知政事。

之之位矣，盖当筑邦家之基，天不足为高，地不足为牢，此所谓冀明公立天下之功也。然塞孟津①者，非捧土可足；治膏肓者，非苦口不宜；遗阙之原，岂是眇小！若曰患更张之难，以因循为便，扬汤止沸，日甚一日，则士林称颂，不复得如司谏待制②时矣，此所谓恐明公失天下之名也。

嗟乎！当今天下可试言之与？儒生之论，但恨不及王道耳，而不知霸也强国也，岂易可及哉？管仲之相齐桓公，是霸也，外攘戎狄，内尊京师，较之于今，何如？商鞅之相秦孝公，是强国也，明法术耕战，国以富而兵以强，较之于今，何如？是天子有帝王之质，而天下无强国之资，为忠为贤，可不深计！

洪范八政，首以食货③，天下之事，未有若斯之急者也。既至穷空，岂无忧患？而不闻节用以取足，但见广求以供用。夫财物不自天降，亦非神化。虽太公复出于齐，桑羊更生于汉④，不损于下而能益上者，未之信也。况今言利之臣乎？农不添田，蚕不加桑，而聚敛之数，岁月增倍。辍衣止食，十室九空。本之既苦，则去而逐末矣，又从而笼其末，不为盗贼，将何适也？况旱灾荐⑤至，众心悲愁，乱患之来，不可不戒。明公何不从容为上言之。

国奢示俭，抑有前闻。动人以行，不烦虚语。必也省宫室之缮完，彻⑥服玩之淫靡，放宫女以从伉俪，罢乐人以归农业。后庭爱幸，使衣无曳地；群下赐予，使赏必当贤。戒逸乐之荡心，慕淳朴之为德，不惟惜费，亦足移风。

至于昭事神祇，尊奉释老，务从中道，无徇末流。郊祀天地，礼之大者，先王立法，实有明文。谓天下之物，无可以称其德，故牲用茧

---

① 孟津，地名，渡口，今河南孟县南。
② 司谏待制，范仲淹曾任右司谏、天章阁待制。
③ 洪范八政，《尚书·周书·洪范》记载的"八政"，列在前两位的"一曰食，二曰货"。
④ 太公，西周姜太公姜尚。桑羊，西汉桑弘羊。
⑤ 荐，通"洊"，屡次，接连。
⑥ 彻，通"撤"。

粟，器尚陶匏，大路越席①，以昭其俭。愚儒在野，不觌大祀，闻之道路，有异于斯，费钜礼烦，愿留意也。寺观所须，未尝尽见，惟前年在京，值修开宝寺耳，观其所用，诚难定数。然以意论之，害亦大矣。且时卖官，虽大理评事，无虑一万缗耳。假如此，寺祗费十万缗，亦当十员京官矣，彼十员京官以常例，任使数年之后，便当临民。以为万户县尹，则十万家之祸，又以为十万户郡守，则百万家之祸矣。若辍一寺之费，而不卖十员京官，是免百万家之祸，佛如有灵，岂不欢喜？一寺尚尔，其他可知。孔子曰："礼与其奢也，宁俭。"矫枉过正，此其时也。设谓复于质略，亏损国容，无以观示于下，则未知瑶台琼室，孰若茅茨土阶之荣也。若以远古之道难为比拟，则近世岂无其事哉？隋之文皇，既可为吾君法矣，唐之杨绾②，亦足作吾相师也。

此事尤浅近，盖在明公术内久矣。然恐富贵娱乐，有以移人，故敢告于左右。嗟乎！人寿几何，时不可失，无嗜眼前之爵禄，而忘身后之刺讥也。觏才不适时，体复多病，非有望于仕进者也。所愿草茅之下，复见太平，瞑目黄泉，蔑③遗恨矣。所著《庆历民言》三十篇，谨录上献，伏惟稍赐观览，干犯钧台，实增惭汗不宣。

【出处】李觏：《寄上范参政书》，《李觏集》，北京，中华书局，1981。

陆楫：驳禁奢

解题

本文主要反映了陆楫对"黜奢崇俭"传统思想表现出的强烈逆反心理。作者陆楫，字思豫，明中叶上海人。陆楫认为奢侈使整个社会、整

---

① 路，通"辂"。大路，帝王用的大车。越席，车上用薄草做席子。
② 文帝，隋文帝。杨绾，唐朝宰相。
③ 蔑，无。

个国家富裕，而节俭则使整个社会、整个国家贫困。这个看法的依据是，家富和国富二者不同，如果整个国家的民风奢侈，那么必然就有了在和奢侈相关的一些行业中提供服务的人，他们通过提供服务而获得利益，这符合孟轲说的"通工易事，羡补不足"经济原则。况且，富裕了，才会有奢侈，即先富后奢；而节俭是出自原本贫困，即先贫后俭。由此看来，禁奢相当于禁利，禁富裕。

选文

论治者屡欲禁奢，以为财节则民可使富也。噫！先正有言：天地生财，只有此数。彼有所损，则此有所益。吾未见奢之足以贫天下也。自一人言之，一人俭则一人或可免于贫；自一家言之，一家俭则一家或可免于贫。至于论天下之势则不然。治天下者将欲使一家一人富乎？抑亦欲均天下而富之乎？

余每博观天下之势，大抵其地奢则其民必易为生，抵其地俭则其民不易为生者也。何者？势使然也。今天下之财，赋在吴、越，吴俗之奢，莫盛于苏、杭之民，有不耕寸土而口食膏粱，不操一杼而身衣文绣者，不知其几。何也？盖俗奢而逐末者众也。只以苏杭之湖山言之，其居人按时而游，游必画舫、肩舆、珍馐、良酝、歌舞而行，可谓奢矣。而不知其舆夫、舟子、歌童舞妓仰湖山而待爨者，不知其几。故曰：彼有所损，则此有所益。若使倾财而委之沟壑，则奢可禁。

不知所谓奢者，不过富商、大贾、富家、巨族自侈其宫室、车马、饮食、衣服之奉而已。彼以粱肉奢，则耕者、疱者分其利；彼以纨绮奢，则鬻者、织者分其利，正孟子所谓"通工易事，羡补不足"者也。上之人胡为而禁之？

若今宁、绍、金、衢之俗最号为俭。俭则宜其民之富也；而彼诸郡之民，至不能自给，半游食于四方。凡以其俗俭而民不能以相济也。

要之，先富而后奢，先贫而后俭，奢俭之风起于俗之贫富。虽圣王复起，欲禁吴、越之奢，难矣。

或曰，不然，苏杭之境为天下南北之要衢，四方辐辏，百货毕集，故其民赖以市易为生，非其俗之奢故也。噫！是有见于市易之利，而不知其所以市易者正起于奢。使其相率而为俭，则逐末者归农矣，宁复以市易相高耶？且自吾海邑①言之。吾邑僻处海滨，四方之舟车不一经其地；谚号为小苏州，游贾之仰给于邑中者，无虑数十万人，特以俗尚奢，其民颇易为生耳。

然则吴越之易为生者，其大要在俗奢；市易之利，特因而济之耳，故不专恃乎此也。长民者因俗以为治，则上不劳而下不扰，于徒禁奢可乎？呜呼！此可与智者道也。

【出处】陆楫：《蒹葭堂杂著摘钞》，见沈节甫：《纪录汇编》，上海，上海商务印书馆，1938。

顾炎武：论限租

解题

本文主要反映顾炎武的削减地租这个观点。作者顾炎武（1613—1682），字宁人，江苏昆山人。顾炎武关于地租问题的观点对清代减租思想的发展有重要影响。

选文

吴中②之民，有田者什一，为人佃作者十九。其亩甚窄，而凡沟渠道路，皆并其税于田之中。岁仅秋禾一熟，一亩之收，不能至三石（凡言"石"者，皆以官斛），少者不过一石有余，而私租之重者至一石二三斗，少亦八九斗。佃人竭一岁之力，粪壅工作，一亩之费可一缗，而

---

① 海邑，上海县。
② 吴中，江苏南部地区。

收成之日，所得不过数斗，至有今日完租而明日乞贷者。故既减粮额，即当禁限私租，上田不过八斗，如此则贫者渐富，而富者亦不至于贫。

【出处】顾炎武：《苏松二府田赋之重》，见黄汝成：《日知录集释》，上海，上海古籍出版社，1985。

刘师培：《悲佃篇》

解题

本文主要反映刘师培对佃农状况的认识。作者刘师培（1884—1919），字申叔，江苏仪征人。刘师培在1907年从回顾租佃制的角度，评论地租问题。我们把其中的有关部分摘录出来。

选文

若井田之制，萌于黄帝之朝，行于洪水既平之后，贡助之法，虽与彻法稍殊，然私田而外，兼有公田，则为夏、殷、周所同。世之论者，均以井田之法为至公，夫徒就井田之法察之，经界则正，井地则均，田有定分，税有常额，推行及民，固无彼此之差矣；然就当时之阶级言之，则有君子、野人之别，以君子治野人，即以野人养君子。试征之周制，周代天子立官，自公卿以至胥徒，约五万九千四百余人，所食之禄，咸取自公田，王畿之内，公田之数约三十二万夫，百亩为夫，每井之中，公田百亩为八家所互耕，是公田亦与禄田无异。故公食四都孤卿食都，中下大夫食县，上士食甸，中士食丘，下士食邑，庶人在官者食井。而王之所食，又十倍于公，侯国以下，虽以次递差，然以禄代耕则同。

夫一夫所耕，仅足自给，而在上之人，罔知稼穑之艰，手足不勋，粟麦不辨，而谷之所入，或相倍蓰，或相十百，或相千万，诚哉，非野人莫养君子矣，其如厉民自养何哉！此许行所由创并耕之说也。盖贵贱之级不除，虽民无贫富之差，不足以禁在上者之不富，不得以此为共财之制也。况当时之令，二十授田，六十还田，而授与之权，复操于王者，如曰地权平均，则当时之众，有其地而无其权；如曰土地国有，则当时之田，属于君，而不属于国。岂非聚亿万之人，为君主一人作农仆耶？《诗》言："雨我公田，遂及我私。"《孟子》言："公事毕然后敢治私事，以别野人。"非专制之朝，安有此失平之言乎？

况佣佃之制，亦始于周……卿以下必有圭田……夫卿大夫士之有圭田，昉于天子诸侯之耕籍，籍田虽曰亲耕，必以庶人终亩，圭田亦然。且终籍田之亩者，既非佣赁，则终圭田之亩者，必系佃人。《左传》成十年言："晋使甸人献麦。"主公田者为甸人。《礼记·王制》郑注云："甸者，治田出谷税之谓也。"盖佃、甸均从田声，古字通用甸为正字，佃乃段文，《周礼·地官》亦有甸师，执统驭甸人之柄，是犹后世屯官督佃人以穑事，故甸得有师，此王朝侯国所特置也，田必有佃，此卿士大夫所通行也，于此而谓周制之公，夫岂然哉？

特三代以后，民无恒产，而贫富之别益严，富者日趋于惰，而责贫者以至勤，日趋于佚，而责贫者以至劳。故秦汉之时，有田之家，役民使耕，约分二类，一曰佣工，佣为游民，自亡其田，役作于人，或兼治田事，则曰佣耕，如陈涉是也。一曰奴仆，奴为贱民，其级犹卑，盖井田制废，田无定分，而租税横增，贫民贷值于富民，势必以身为质，或挟田以往，及偿值未盈，则富民既籍其田，兼役其身，田为富民之田，身为富民之仆。富者奴仆日增，则地力日尽，观秦阳、桥姚之流，均以田畜致巨富，此岂一族之人均勤于力田哉，盖甸作之人众也。……佣工、奴仆，二者不同，佣者取值于富民，虽劳其力，其身尚属自由，佃者失身于富民，既屈其身，且日从事于勤动。然苦则归己，利则属人，其失平则一也。二类而外，乃有佃民，汉代佃民之籍，虽优于奴仆，然所罹之苦与奴仆同。《汉书·食货志》言："豪民侵陵，分田劫假。"贫民耕富人之田，而分其所收，是之谓分；贫人贷富人之田，是之谓假；富人陵平民以夺其税，是之谓劫。……

三国以降，而均田之议萌……至元魏太和时，从李安世之议，诏行均田之制……北齐、隋、唐，均修此制，虽受田多寡，以时为差，或援地而异，然北齐及唐，均一夫百亩，八为露田，及身而还，名曰口分；二为桑田，以贻孙子，名曰永业。律以井田之制，貌近而实殊。……魏齐所行，略符土地国有之说，惟名为以田属之国，实则以田属之君，又与王莽之王田相似，故收天下之闲田，赁民为佃，使民无私田，然民间贫富之差，似较秦汉为稍善，则亦均田之利也。特所颁之田，均属旷土，若贵族豪宗，兼并之产，百倍于民，不闻收为公田，以济黎庶，是则均田之法，仅行于平民，不能推行于巨室。况晋隋之弊，尤属偏私，晋区官品为九等，各以贵贱占田。隋则上至诸王，下迄都督，皆给永业之田，多或百顷。夫民受之田，仅及一顷，而贵者之田，百倍其数，其制已属不均，况彼之所谓王公者，居深宫之中，长阿保之手，奚能躬亲稼事，与田夫野老同苦乐？势必佣民而使芸，佣民使芸，而独享其利，是下有失田之民，而上有攘利之臣也，奚得谓之尽合于公耶？

　　有唐混一寰宇，丁口日滋，官无闲田，不复给授。贫民之家，丁日增而田不益，势必转鬻其田，或兼为富者司力作而均田之法亡。……

　　自宋……以降，而田主佃人，其级日严，而民之为佃者，亦愈众。

　　一曰赐田。蒙古猾夏，掠民为奴，所占之户，以千万计，或擅其赋役，以遂己私，又以江南膏腴之地，分赐臣下。或为官田，或为民产。……蒙古之官，既籍民田为属地，即以农户为属民，私设税敛之官，以便横征之欲，此赐田有佃之征。又《雅克特穆尔①传》言："当文宗时，奏官言松江淀山湖田五百顷当入官粮七千七百石，臣愿增为万石，入官令人佃种，以所得余米赡臣弟萨敦。"夫以五百顷之田，而入官粮万石，则当时官粮正额，亩各二斗，是已十分取二矣。乃官粮而外，复有私租，如彼传所谓余米是，此佃人兼纳官赋私租之证，此佃人所受之苦一也。

---

①　雅克特穆尔，元文宗时的权臣。

一曰官田。唐代官田所收之税,已四倍于民田。至于宋代,奸究之臣,以殖产为务,及罪恶贯盈,则籍没其产为官田。景定四年,刘尧道①诸人奏言,乞依祖宗限田之议,凡两浙官民逾限之田,抽三分之一,买为公田,丞相贾似道主其议,遂于浙西六郡递次施行。夫收官民逾限之田,定为国有,其策亦匪不良,然当时所定之制,凡田亩起租逾石者,予以二百贯之值,然考其所予,不过告牒之虚名,偿值其名,而逼夺其实,以致民怨沸腾。然此特田主受其苦耳,及考尧道等所陈之疏,谓若买一千万亩之田,则岁有六七百万斛之入,岂非一亩之田,岁纳六七斛之谷耶?夫宋初之时,两浙民田,每亩仅纳谷一斗,今依田主私租之额,以纳官租,是田有在官、在民之分,而佃人无复丝毫之益也。况当时之有司,以买田之多寡定黜陟,故一亩之收,虽仅七八斗,谬以岁收一石报闻,由是分外之赔补,又逾于平昔之私租,故民之佃公田者,较佃私田者为尤苦。及蒙古灭宋,遂以宋代之公田,分赐其臣,或占为皇族公卿之采地,是宋代以公田属之国,而蒙古君臣,则以公田为私产,而佃人所纳之粮,一依宋旧,兼立名巧取,以重其租,此佃人所受之苦又一也。

况蒙古之朝,异族横行,公肆攘夺,孱民欲保其身家,不得不依庇豪右,积时既久,掩为家奴。由是佃民奴仆,等量齐观。成宗即位之初,江浙行省诸人奏言:"陛下即位,诏蠲田租十分之三,然江南与江北异,贫者佃富人之田,岁输其租,今所蠲特及田主,其佃民输租如故,则是恩及富室,而不被及于贫民。"又大德八年,诏言:"江南佃户,私租太重,其以十分为率,普减二分,永为定制。"就前说观之,则知官赋虽免,私赋犹征;就后说观之,则知官赋犹轻,私赋倍重。嗟彼佃民,何其遭时之不偶乎!

至于明代,则蒙古病民之政,相沿不革。加以平吴之役,凡张氏②功臣子弟之田,尽行籍没,又恶富民豪并,亦没入其田,由是官田益

---

① 刘尧道,"刘"字误,应为陈尧道,南宋末年人,曾任殿中侍御史。
② 张氏,元末一支起义军首领张士诚,因在与朱元璋的战争中失利而降元,后自立为吴王。

众。而没入之田,一依租额起粮,每亩所纳之谷,多者逾石,少亦不下数斗。杜宗桓①谓,田未灭没之时,小民于土豪处还租,朝往而暮还,后改私租为官粮,乃于各仓送纳,远涉江湖,动经岁月,有二三石纳一石者,有四五石纳一石者,有遇风波盗贼者,以致累年拖欠不足。又据洪熙元年周干②所言,谓吴江、昆山之民田,亩税五升,小民佃种富室田亩出私租一石,后因没入官,依私租减二斗,是十分而取八也。又拨赐公、侯、驸马等项田,每亩旧输租一石,后因事故还官,又如私租例尽取之。夫十分取八,民犹不能堪,况尽取之乎?尽取之,则无以给私家,而必至冻馁,安得不逃亡?由是观之,则明没私田为官田,或依私租旧额起征,或仅减十分之二,而分外之诛求,转甚于私租之旧额,故佃其田者,或因贷钱之故,鬻田富室,然田鬻而租存。宣德五年,杂减官租十分之三,然苏州七县,民田不过十五分之一,余皆官田。民田以五升起科,而官田或以一石起科,虽减十分之三犹为七斗,况钟谓民田一入于官,则一亩之粮,化为十四亩,此佃官田者所由有冻馁之忧也。及嘉靖时,摊官田之租,以入民田,凡官田民田,均依三斗起征(向民田仅纳税五升者,今骤增六倍),虽官佃之困稍抒,然以无涯之税,责迫民田使之代纳,则田主所纳之官租,其额日增,官租既增,为田主者,必取之佃人以为偿,则是民田在江浙者,官税增,而私税亦增,罹其苦者,在佃人而不在田主。试推其致此之由,则以宋、元豪民,以多租逞富,连阡累陌,跨越州郡,既役土民,兼苛税额,宋、元、明官田,仍其旧税,故官田之税增,及以官田之税入民田,则民田之税亦增,虽曰在上者不知薄赋,然非有豪民苛税于前,则官田之税,上无所承,虽暴敛横征,必不若是之重,此则豪民苛税之害,移于官田者也。兼并之民,非民间之一大蠹耶?

试更即明制论之,佃人之众,复有二因:一由分赐庄田,明代开国之初,凡王侯将相皆有钦赐之庄田,贵戚之属,亦有采地,而沐英镇云

---

① 杜宗桓,明前期地方士人,《明史》无传,可能是松江府人,有《上巡抚侍郎周忱书》(正德《松江府志》卷七《田赋中》)。

② 周干,明前期人,曾任广西布政使。

南，所占民田，皆为私有，至勋庄之佃，每亩之佃，输租逾石，此私租日重之原因；一曰投献田产，明代之时，北境之田招民开垦，彼此告讦或投献于王府勋戚，又河南淤地，则奸民指为周王屯场，献王要赏，山东垦田，则奸民指无赋者为闲田，献诸戚畹，盖明代势要之家，鱼肉乡民，或占民产为己有，上下相蒙，民无所控，此富民增田之原因。积此二因，故无田之民益众（见洪武末年虞谦言，今江南贫民无田，往往为徭役所困，请定制僧道之田，人无过十亩，以均平民，此民多无田之证也）。而佃民亦日苦，顾亭林《日知录》言："吴中之民，有田者什一，为人佃作者十九。其亩甚窄，凡沟渠道路，皆并其税于田之中。岁仅秋禾一熟，一亩之收，不能至三石，少者不过一石，而私租之重者至一石二三斗，少亦八九斗。佃人竭一岁之力，粪壅工作，一亩之费可一缗，而收成之日，所得不过数斗，甚至今日完租，而明日乞贷。"就顾氏之说观之，虽所言以吴中为限，然吴中而外，佃民之苦，当亦不亚之吴民，观闽省沙县之佃人，于输租而外，兼有私馈，稍有要请，则田主控之官，致激邓茂七之变，岂非田主倚势凌民，居乡暴横，民不聊生，为之佃者，不得不铤而走险耶？以是知田主之肆虐深矣。

满洲入关，虐民之政，罄竹难书。然最苛之政，则为圈田，既没其田，兼奴其人。由是幽燕之间，旗庄环列。于本非己有之物，久假不归。已为田主，转以汉民为佃人，甚至因田熟而增租，因田荒而易地。而投充之人，复指邻近之地，占为己业，致被占之民，控诉无门。其有田既被圈，耻为房役，则给以硗地，仍以美土起科。时吴、孔、耿、尚①建藩南土，亦行圈田之制，号为勋庄。是向为汉民之佃者，今且转为异族之佃矣，岂不哀哉！

至于近代，不独满人食汉人之粟也，即富人之役佃人，亦与明代无异。居乡之民，虽间有赁田而耕者，然佃民之数，百倍于佣工，田主之于佃人也，以十分取五为恒例。然有分租、包租之不同：分租以粟为差，粟多则税重，粟少则税轻，此以年之丰凶定税额者也；包租以地为

---

① 吴、孔、耿、尚，清初受封的平西王吴三桂、平南王尚可喜、靖南王耿精忠和定南王孔有德。

主,税有定额,较数岁之中以为常,不以凶岁而减,亦不以丰岁而增。分租之法,虽曰苛取,然佃人尚足自赡;包租之法,则一逢凶岁,必至鬻妻子以为偿,龙子①论贡法之弊,略与此符。若田主之遇佃民,惟粤东为差善,江浙之间,亦罕施苛法,至于江淮之北,则田主为一乡之长,而附近居民,宅其宅而田其田,名为佃人,实则童隶之不若,奉彼之命,有若帝天,俯首欠身,莫敢正视,生杀予夺,为所欲为。或视为定分,至于禾谷既熟,按户索租,肆求无艺,以扰其民,若输税逾期,则鞭棰之惨,无异于公庭,甚至夺其田庐,使之不得践彼土,稍拂其意,则讼之于官,官吏畏田主之势,必痛惩其身,或荡产倾家而后止。其田产尤巨者,则田主之下,另有征税之人,佃民于输租田之外,必兼有所酬,则所谓十分取五者,不过田主之正税已耳,征税之人所私取,又必五分而取二,则是农民终岁勤动,仍无以赡其身家也。日人某氏,谓中国北方,隐寓农奴制度,岂不然哉?

嗟呼,土地者,一国之所共有也,一国之地当散之一国之民,今同为一国之民,乃所得之田,有多寡之殊,兼有无田、有田之别,是为地权之失平。劳动之人义务既重,权利转轻,徒手坐食之人,义务既薄,权利转优,而劳动之人,转制于徒手坐食者之下,是为人权之失平。畴昔之人,亦知此制之失公,力筹挽救之策,顾亭林谓当禁限私租,使贫者渐富,然此特妪煦之仁;颜习斋作《存治篇》,谓"天地间田,宜天地间人共享之",若顺彼富民之心,即尽万人之产给一人,亦所不厌,王道之顺人情,必不如此。况一人而数百十顷,或十百人而不一顷,为父母者使一子富而诸子贫可乎?故欲复古井田之法,画田为井,使田有定分。弟子王昆绳②承之,作《平书》以论制田,谓欲制民产,当仿行收田之法,收田之策有六,一曰清官地,二曰辟旷土,三曰收闲田,四曰没贼产,五曰献田,六曰买田。又谓有田者必自耕,毋募人以代耕,自耕者为农,无得更为士、为工、为商,士、工、商不为农,不为农则无田,官无大小,皆不可以有田。军有田亦自耕,又为收田之制,画六

---

① 龙子,《孟子·滕文公上》中引用过他说的话,但其生卒年代及行事不详。
② 王源,字昆绳。

百亩为一晶，中百亩为公田，上下五百亩为私田，十家受之，户分上、中、下，年六十则还田。夫王氏谓非农则无田，其说诚公，然分田以户为本位，不以人口为本位，一户之民，有多寡之殊，而受田之数则无异，名为均贫富，实则生贫富之差；且王氏之说果行，亦不过仅复井田之制耳。

然处今之世，非复行井田即足以跻治也，必尽破贵贱之级，没豪富之田，以土地为国民所共有，斯能真合于至公。若徒破贵贱之级，不能籍豪富之田，异日光复禹域，实行普通撰举①，然以多数之佃民，屈于田主一人之下，佃民之衣食，系于田畴，而田畴予夺之权，又操于田主，及选举届期，佃人欲保其田，势必曲意逢迎，佥以田主应其举，则是有田之户，不啻世袭之议员，而无田之人，虽有选举之名，实则失撰举自由之柄。远溯欧美，近征日本，地主之弊，罔不或同然，似公而实偏，因富而致贵，此其所以与公理相妨也。故豪富之田，不可不籍，然欲籍豪富之田，又必自农人革命始。夫今之田主，均大盗也，始也操蕴利之术，以殖其财，财盈则用以市田，田多则恃以攘利，民受其阨，与暴君同。今也夺其所有，以共之于民，使人人之田，均有定额，此则仁术之至大者也。夫陈涉起于佣耕，刘秀兴于陇亩，邓茂七亦起自佃民，虽所图之业，或成或堕，然足证中国之农夫，非不足以图大举，世有陈涉、刘秀、邓茂七②其人乎，公理之昌，可计日而待矣。

【出处】韦裔（刘师培）：《悲佃篇》，《民报》第十五号（1907年）。

---

① 意思应该是指普遍选举。
② 陈涉，陈胜字涉，秦末率众起义。刘秀，东汉光武帝。邓茂七，明中叶率众起义。

人 口

墨子：论民众寡与蓄私

解题

本文主要反映墨子对增加人口的途径的认识。国君如果希望国家增加人口，有一条途径是国君本身应节制"蓄私"，"宫无拘女，故天下无寡夫。内无拘女，外无寡夫，故天下之民众"。

选文

圣人有传：天地也则曰上下，四时也则曰阴阳，人情也则曰男女，禽兽也则曰牡牝雄雌也。真天壤之情，虽有先王不能更也。虽上世至圣，必蓄私不以伤行，故民无怨。宫无拘女，故天下无寡夫。内无拘女，外无寡夫，故天下之民众。当今之君其蓄私也，大国拘女累千，小国累百，是以天下之男多寡无妻，女多拘无夫，男女失时，故民少。君实欲民之众，而恶其寡，当蓄私不可不节。

【出处】《墨子·辞过》，《四部丛刊正编》子部，台北，台湾商务印书馆，1979。

徐干：《民数》

解题

本文主要反映徐干的人众国兴这个观点。作者徐干（170—217），字伟长，北海郡（今山东昌乐附近）人，汉魏间文学家，建安七子之一。东汉末，世族子弟结党权门，竞相追逐荣名，徐干闭门自守，穷处陋巷，不随流俗，建安初，应曹操召任职。本选文中，"民数"即人口数量，通过户口反映出来。户口完备自然"民数"周详，这被看做"为国之本"。徐干认为，国家的经济发展需要大量人力来从事各项事务，而各项事务又都和人口有关；另外，人口统计在这时也就起了相当大的作用，各项制度实际上也是针对人口来设置的。

选文

治平在庶功兴，庶功兴在事役均，事役均在民数周，民数周为国之本也。故先王周知其万民众寡之数，乃分九职焉。九职既分，则勤劳者可见，怠惰者可闻也；然而事役不均者，未之有也。事役既均，故民尽其心，而人竭其力。然而庶功不兴者，未之有也。庶功既兴，故国家殷富，大小不匮，百姓休和，下无怨疾焉。然而治不平者，未之有也。故曰：水有源，治有本，道者审乎本而已矣。

《周礼》：孟冬司寇献民数于王，王拜而受之，登于天府，内史、司会、冢宰贰。其重之如是也。今之为政者，未知恤已矣。譬由无田而欲树艺也。虽有良农，安所措其强力乎？是以先王制六卿六遂之法，所以维持其民而为之纲目也。使其邻比①相保相爱，刑罚庆赏，相延相及；故出入存亡，臧否顺逆，可得而知矣。如是，奸无所窜，罪人

---

① 邻比，古时地方组织的最小单位，五户为邻，或五家为比，往上是五邻为里，或五比为间。

斯得。

迨及乱君之为政也，户口漏于国版，夫家脱于联伍①。避役者有之，弃捐②者有之，浮食者有之。于是奸心竞生，伪端并作矣。小盗则窃，大则攻劫。严刑峻法，不能救也。

故民数者，庶事之所自出也，莫不取正焉：以分田里③，以令贡赋，以造器用，以制禄食，以起田役，以作军旅；国以之建典，家以之立度，五礼用修，九刑用措者，其惟审民数乎！

【出处】徐干：《中论·民数》，《四部丛刊正编》子部，台北，台湾商务印书馆，1979。

陆贽：论户数税数与考课

解题

本文主要反映陆贽对课吏与户口增加的认识。陆贽认为，把户口增加作为考核官吏的一项内容，这本身并没有问题，但是，考核一定要切合实际，不能"泛循旧辙"，而应当"以实事验之"。特别要注意，户口增加往往是"此州若增客户，彼郡必减居人"，涉及人头税、户税，必然出现"增处邀赏而税数有加，减处惧罪而税数不降"。因此，户口增加与"聚敛"相联系，这种考核办法，有待商榷。

选文

夫廉使奏课，会府考功，但守常规，不稽时变，其所以为长吏之能者，大约在于四科：一曰户口增加，二曰田野垦辟，三曰税钱

---

① 国版，国家的户籍。夫家，男、女。联伍，古时户口编制的名称，五人为伍，十人为联。
② 弃捐，这里指不报户籍。
③ 田里，封地，借指分封时所依据的某地区民数。

长数,四曰征办先期。此四者,诚吏职之所崇,然立法齐人,久无不弊。法之所沮,则人饰巧而苟避其纲;法之所劝,则人兴伪以曲附其文。理之者若不知维御损益之宜,则巧伪萌生,恒因沮劝而滋矣。夫课吏之法所贵户口增加者,岂不以抚字得所人益阜蕃乎?今或诡情以诱其奸浮,苛法以析其亲族,苟益户数,务登赏条。所诱者将议薄征,已遽惊散;所析者不胜重税,又渐流亡。州县破伤,多起于此。长吏相效以为绩,安忍莫惩;齐人相扇以成风,规避转甚。不究实而务增户口,有如是之病焉。所贵田野垦辟者,岂不以训导有术,人皆乐业乎?今或牵率黎氓,播植荒废,约以年限,免其地租。苟农夫不增而垦田欲广,新亩虽辟,旧畲①反芜,人利免租,颇亦从令。年限才满复为污莱,有益烦劳,无增稼穑。不度力而务辟田野,有如是之病焉。所贵税钱长数者,岂不以既庶而富,人可加赋乎?今或重困疲羸,力求附益,捶骨沥髓,驱家取财,苟媚聚敛之司,以为仕进之路,不恤人而务长税数,有如是之病焉。所贵征办先期者,岂不以物力优赡,人皆乐输乎?今或肆毒作威,残人逞欲,事有常限,因而促之不量时宜。唯尚强济,丝不容织,粟不暇舂,矧伊贫虚能不奔迸?不恕物而务先征办,有如是之病焉。然则引人逋逃,蹙人艰窘,唯兹四病,亦有助焉。此由考核不切事情,而泛循旧辙之过也。且夫户口增加,田野垦辟,税钱长数,征办先期,若不以实事验之,则真伪莫得而辨,将验之以实,则租赋须加。所加既出于人,固有受其损者,此州若增客户,彼郡必减居人,增处邀赏而税数有加,减处惧罪而税数不降。倘国家所设考课之法,必欲崇于聚敛,则如斯可矣,将有益乎富俗而务理,岂不刺谬与?

【出处】陆贽:《均节赋税恤百姓六条》,《陆贽集》,中华书局,2006。

① 畲(yú),耕了两年的田。

苏轼：论食者众产者寡

解题

本文主要反映苏轼的人口多并非好事这个观点。作者苏轼（1036—1101），字子瞻，号东坡居士，宋神宗时因反对王安石变法多次贬官，后又因与司马光的政见发生分歧而多次被贬。本选文中，苏轼认为，户口繁盛并非国家富裕强盛的基础，人多并非好事，因为人多并不等于生产者多，只有生产者多才能使社会富裕，而非生产者只能消费财富，不会增加财富。这就是"生之者寡，食之者众"的现象。我们注意到，苏轼说"户口之众"只是"便于徭役而已，国之贫富何与焉"。面对生产者少于消费者的状态，人多只能为官府多提供徭役劳动，而不能增加国家财富。这里，苏轼觉察出劳动有（用今天的话说）生产性劳动与非生产性劳动的区别。问题在于，苏轼还不能理解生产性劳动所获得的是物质产品，非生产性劳动所获得的是劳务产品，而劳务产品同样属于财富。徭役劳动者群体和不参与劳动者群体，二者不可混淆。

选文

古者以民之多寡为国之贫富，故管仲以阴谋倾鲁梁之民，而商鞅亦招三晋之人以并诸侯。当周之盛时，其民物之数登于王府者盖拜而受之。自汉以来，丁口之蕃息与仓廪府库之盛莫如隋，其贡赋输籍之法必有可观者。然学者以其得天下不以道，又不过再世而亡，是以鄙之而无传焉。孔子曰"不以人废言"，而况可以废一代之良法乎？文帝①之初有户三百六十余万，平陈所得又五十万；至大业②之始，不及二十年，而增至八百九十余万者，何也？方是时，布帛之积至于无所容，资储之

---

① 文帝，隋文帝杨坚。
② 大业，隋炀帝（杨广）年号。

在天下者，至不可胜数。及其败亡涂地，而洛口诸仓犹足以致百万之众，其法岂可少哉？

国家承平百年，户口之众有过于隋，然以今之法观之，特便于徭役而已，国之贫富何与焉！非徒无益于富，又且以多为患，生之者寡，食之者众，是以公私枵然而百弊并生。夫立法创制，将以远迹三代①，而曾隋氏之不及，此岂可不论其故哉？

【出处】苏轼：《国学秋试策问二》，《苏东坡集》，上海，上海商务印书馆，1958。

洪亮吉：论人满为患

解题

本文主要反映洪亮吉对人口问题的认识。作者洪亮吉（1746—1809），字稚存，号北江，江苏常州阳湖（今武进县）人，做过学政、国史馆纂修官等。洪亮吉的人口论，被认为在理论上有较高价值。其中指出，人口增加超过粮食产量的增加，到没有土地可供开垦时，就会产生人类生存危机。有两句话在提醒国家的管理层，"天地不能不生人，而天地之所以养人者，原不过此数"，"一人之食以供十人已不足，何况供百人"。也就是说，人口决不能无限制地增加。

选文

人未有不乐为治平之民者也，人未有不乐为治平既久之民者也。治平至百余年可谓久矣。然言其户口，则视三十年以前增五倍焉，视六十年以前增十倍焉，视百年、百数十年以前不啻增二十倍焉。试以一家计之，高曾②之时有屋十间，有田一顷，身一人娶妇后不过二人。以二人

---

① 远迹三代，效法夏、商、周三代。
② 高曾，高祖父、曾祖父。

居屋十间，食田十顷，宽然有余矣。以一人生三计之，至子之世，而父子四人，各娶妇即有八人，八人即不能无佣作之助，是不下十人矣。以十人而居屋十间食田一顷，吾知其居仅仅足，食亦仅仅足也。子又生孙，孙又娶妇，其间有衰老者或有代谢，然已不下二十余人。以二十余人而居屋十间，食田一顷，即量腹而食、度足而居，吾以知其必不敷矣。又自此而曾焉，自此而元①焉，视高曾时口已不下五六十倍，是高曾时为一户者，至曾元时不分至十户不止，其间有户口消落之家，即有丁男繁衍之族，势亦足以相敌。或者曰，高曾之时隙地未尽辟，闲廛②未尽居也，然亦不过增一倍而止矣，或增三倍、五倍而止矣，而户口则增至十倍、二十倍，是田与屋之数常处其不足，而户与口之数常处其有余也。又况有兼并之家一人居百人之屋，一户占百户之田，何怪乎遭风雨霜露饥寒颠踣而死者之比比乎？曰：天地有法乎？曰：水旱疾疫即天地调剂之法也。然民之遭水旱疾疫而不幸者，不过十之一二矣。曰：君相有法乎？曰：使野无闲田，民无剩力，疆土之新辟者移种民以居之，赋税之繁重酌今昔而减之，禁其浮靡，抑其兼并，遇有水旱疾疫则开仓廪悉府库以赈之，如是而已，是亦君相调剂之法也。

　　要之治平之久，天地不能不生人，而天地之所以养人者，原不过此数也。治平之久，君相亦不能使人不生，而君相之所以为民计者亦不过前此数法也。然一家之中有子弟十人，其不率教者常有一二，又况天下之广，其游惰不事者何能一一遵上之约束乎？一人之居以供十人已不足，何况供百人乎？一人之食以供十人已不足，何况供百人乎？此吾所以为治平之民虑也。

【出处】洪亮吉：《治平篇》，《卷施阁集》甲集，台北，文海出版社有限公司，1976。

---

① 元，代"玄"字，玄孙。清康熙名玄烨，此处避讳。
② 闲廛，空闲的房屋。廛，城市平民的房屋。

经济管理

自然资源既是自然地理的一项内容，也是经济资源的一个种类。如果从自然地理的角度讲，自然资源首先是自然属性的，其次是资源。因为，空间占位是天然造就的，不是人类所决定的；成为资源、其中有一部分是人工造就的，并且人类又给它附加以产权。如果从经济资源的角度讲，自然资源首先是资源，其次是自然属性的。因为，一部分自然资源包含了人造因素，实质上就是转化成为生产资料，参与同生产与再生产过程直接相关的资源配置；但其原生的自然属性，也就是天然造就的空间占位，人类永远也无法改变它。

　　供求活动涉及供给和需求两大经济行为。供给即生产，大体上包括投入、生产、产出和推销。需求包括购买和消费，也有人认为，消费本身就包括购买和使用，因此需求即消费。从学术的角度讲，供给和需求总要相交于一点，在这个相交点上，实现了供与求的结合，叫做成交。由于"使用"纯属于个人行为，所以我们所说的供求活动，主要针对生产过程和交易过程，具体应涉及从投入到成交这一过程中的几个必要环节。生产过程和交易过程都需要管理，有政府参与的管理，也有私人参与的管理。政府参与的管理，多为当今通常所说的宏观调控经济政策。私人参与的管理，基本上属于当今通常所说的微观经济领域的管理，或者是企业管理。小农的家庭经济管理，可谓古代社会典型的私人参与的管理。

　　国政概念在这里需要从国家治理的意义上来理解。对于任何一个政府而言，治理国家必须借助与人相联系的几种资源，例如财力资源、军力资源、人口资源等。这些也可以归属非自然资源。我们不妨以财力资源、军力资源、人口资源为参照物，假设国政经济管理主要涉及财政管理、军费管理和户籍管理。国政经济，是指与国家治理有直接关系的经济。因为有"治理"这个概念的存在，所以国政经济与国家经济还是有一定区别的。国政经济的关注点放在与人相联系的几种资源，国家经济的关注点则放在构成国民经济命脉的几种产业。

　　商品经济又是货币经济。政府出面管理货币铸造发行和货币借贷等，是非常重要的经济活动。

自然资源管理

孟子：论井田状况

解题

本文主要反映孟子的井田方案。孟轲最早、而且较详细地提到的井田方案，经常被后人引用，作为土地分配办法的一个依据。实际上，这是井田制的最初设计形式。

选文

使毕战①问井地。孟子曰："子之君将行仁政，选择而使子，子必勉之！夫仁政必自经界始。经界不正，井地不钧，谷禄不平。是故暴君汙吏必慢其经界。经界既正，分田制禄，可坐而定也。夫滕壤地褊小，将为君子焉，将为野人焉。无君子莫治野人，无野人莫养君子。请野九一而助，国中什一使自赋。卿以下，必有圭田②，圭田五十亩，余夫③

---

① 毕战，滕文公的大夫。
② 圭田，授给卿、大夫供祭祀用费的土地。
③ 余夫，长子以外的儿子。

二十五亩。死徙无出乡，乡田同井，出入相友，守望相助，疾病相扶持，则百姓亲睦，方里而井，井九百亩。其中为公田，八家皆私百亩。同养公田，公事毕，然后敢治私事，所以别野人也，此其大略也。若夫润泽之，则在君与子矣。"

【出处】《孟子·滕文公上》，北京，中华书局，1998。

董仲舒：论限田

解题

本文主要反映董仲舒的限民名田这个观点。作者董仲舒（前179—前104），广川人。董仲舒建议"限民名田"，目的是以限田办法抑制土地兼并。

选文

秦……用商鞅之法，改帝王之制，除井田，民得卖买。富者田连阡陌，贫者无立锥之地。又颛川泽之利，管山林之饶，荒淫越制，逾侈以相高。邑有人君之尊，里有公侯之富，小民安得不困。又加月为更卒，已复为正一岁，屯戍一岁，力役三十倍于古。田租口赋盐铁之利，二十倍于古。或耕豪民之田，见税什五。故贫民常衣牛马之衣，而食犬彘之食。重以贪暴之吏，刑戮妄加，民愁亡聊，亡逃山林，转为盗贼，赭衣半道，断狱岁以千万数，汉兴循而未改。古井田法虽难卒行，宜少近古，限民名田以澹不足，塞兼并之路；盐铁皆归于民。去奴婢，除专杀之威。薄赋敛，省徭役，以宽民力，然后可善治也。

【出处】班固：《汉书·食货志》，北京，中华书局，2000。

王莽：王田令

解题

本文主要反映王莽的王田令。王莽（前45—23），字巨君，出身皇亲国戚，废西汉皇帝，称帝并改国号为"新"，建新莽政权。他在位时颁布王田令，把天下私田更名为"王田"。

选文

古者，设庐井①八家，一夫一妇田百亩，什一而税，则国给民富而颂声作。此唐虞之道，三代所遵行也。

秦为无道，厚赋税以自供奉，罢民力以极欲，坏圣制，废井田，是以兼并起，贪鄙生，强者规田②以千数，弱者曾无立锥之居。又置奴婢之市，与牛马同兰，制于民臣，颛断其命。奸虐之人因缘为利，至略卖人妻子，逆天心，誖人伦，缪于"天地之性人为贵"之义③。《书》曰"予则奴戮女"，唯不用命者，然后彼此辜矣④。

汉氏减轻田租，三十而税一，常有更赋，罢癃咸出，而豪民侵陵，分田劫假。厥名三十税一，实什税五也。父子夫妇终年耕芸，所得不足以自存。故富者犬马余粟，骄而为邪；贫者不厌糟糠，穷而为奸。俱陷于辜，刑用不错。

予前在大麓，始令天下公田口井⑤，时则有嘉禾之祥，遭反虏逆贼且止。今更名天下田曰"王田"，奴婢曰"私属"，皆不得买卖。其男口不盈八，而田过一井者，分余田予九族、邻里、乡党。故无田，今当受

---

① 庐井，传说古时井田制，八家共用一井，因此称八家的房舍为庐井。
② 规田，占有田地。
③ 誖，通"悖"。缪，通"谬"。性，指生。
④ 戮，耻辱。彼，通"被"。辜，"罪"的异体字。
⑤ 大麓，借指大司马。口井，按人口计算的田亩。

田者，如制度。敢有非井田圣制，无法惑众者，投诸四裔，以御魑魅，如皇始祖考虞帝故事①。

【出处】班固：《汉书·王莽传》，北京，中华书局，2000。

何休：论井田

解题

本文主要反映何休的反对土地兼并这个观点。作者何休（129—183），东汉著名的今文经学家，曾遭党锢之祸，闭门著书十七年，党禁解除后，出任议郎、谏议大夫等官。何休反对土地兼并，特别推崇采用"井田之法"。

选文

夫饥寒并至，虽尧舜躬化，不能使野无寇盗；贫富兼并，虽皋陶制法，不能使强不凌弱。是故圣人制井田之法而口分之。一夫一妇受田百亩，以养父母妻子。五口为一家。公田十亩，即所谓什一而税也。庐舍二亩半，凡为田一顷十二亩半，八家而九顷，共为一井，故曰井田。庐舍在内，贵人也；公田次之，重公也；私田在外，贱私也。井田之义：一曰无泄地气，二曰无费一家②，三曰同风俗，四曰合巧拙，五曰通财货。因井田以为市，故俗语曰市井。种谷不得种一谷，以备灾害；田中不得有树，以妨五谷。还庐舍种桑荻杂菜③，畜五母鸡、两母豕，瓜果种疆畔，女工蚕织，老者得衣帛焉，得食肉焉，死者得葬焉。多于五口，名曰余夫，余夫以率受田二十五亩。十井共出兵车一乘，司空谨别

---

① 魑（chī）魅（mèi），外寇。皇始祖，唐尧。虞帝，虞舜。
② 无费一家，八家共同负担公田的耕作。
③ 还，同"环"。荻，应为楸，楸木，古时多用于做棺椁。

田之高下善恶，分为三品；上田一岁一垦，中田二岁一垦，下田三岁一垦。肥饶不得独乐，硗埆不得独苦，故三年一换土易居，财均力平，兵车素定，是谓均民力，强国家。

在田曰庐，在邑曰里，一里八十户，八家共一巷。中里为校室，选其耆老有高德者，名曰父老；其有辩护伉健者，为里正。皆受倍田，得乘马。父老比三老孝弟①官属，里正比庶人在官之吏。民春夏出田，秋冬入保城郭。田作之时，春，父老及里正，旦开门，坐塾上，晏出后时者不得出，莫不持樵者不得入。五谷毕入，民皆居宅。里正趋缉绩，男女同巷，相从夜绩，至于夜中。故女功一月得四十五日作，从十月尽正月止。男女有所怨恨，相从而歌，饥者歌其食，劳者歌其事。男年六十、女年五十无子者，官衣食之，使之民间求诗。乡移②于邑，邑移于国，国以闻于天子。故王者不出牖户，尽知天下所苦，不下堂而知四方。十月事讫，父老教于校室。八岁者学小学，十五者学大学，其有秀者，移于乡学，乡学之秀者，移于庠，庠之秀者，移于国学，学于小学。诸侯岁贡小学之秀者于天子，学于大学。其有秀者，名曰造士。行同而能偶，别之以射，然后爵之。士以才能进取，君以考功授官。三年耕，余一年之畜；九年耕，余三年之积；三十年耕，有十年之储。虽遇唐尧之水，殷汤之旱，民无近忧。四海之内，莫不乐其业。故曰：颂声作矣。

【出处】 何休：《春秋公羊经传解诂》，上海，上海商务印书馆，1936。

荀悦：论井田

解题

本文主要反映荀悦的禁止土地买卖这个观点。作者荀悦（148—

---

① 三老、孝弟，都是地方掌管教化的官。
② 移，官府之间往来文书。

209），字仲豫，河南颍阳人，是先秦荀况的后代。荀悦主张禁止土地买卖，以防土地兼并进一步发展。

选文

荀悦曰：古者什一而税，以为天下之中正也。今汉民或百一而税。可谓鲜矣。然豪强富人占田逾侈，输其赋①太半。官收百一之税，民收太半之赋。官家之惠优于三代。豪强之暴酷于亡秦，是上惠不通，威福分于豪强也。今不正其本，而务除租税，适足以资富强。夫土地者，天下之本也。春秋之义，诸侯不得专封，大夫不得专地。今豪民占田，或至数百千顷，富过王侯，是自专封也。买卖由己，是自专地也。孝武时，董仲舒尝言，宜限民占田。至哀帝时，乃限民占田不得过三十顷。虽有其制，卒不得施行，然三十顷有不平矣。

且夫，井田之制，宜于民众之时，地广民稀，勿为可也。然欲废之于寡，立之于众，土地既富列在豪强，卒而规之，并有怨心，则生纷乱，制度难行。由是观之，若高帝初定天下，及光武中兴之后，民人稀少，立之易矣，就未悉备井田之法。宜以口数占田，为立科限，民得耕种，不得买卖，以赡民弱，以防兼并，且为制度张本。不亦宜乎？虽古今异制，损益随时，然纪纲大略，其致一也。本志曰：古者建步立亩。六尺为步，步百为亩，亩百为夫。夫三为屋，屋三为井。井方一里，是为九夫，八家共之。一夫一妇，受私田百亩，公田十亩，是为八百八十亩。余二十亩，以为庐舍。出入相交，守望相接，疾病相救。民受田，上田夫百亩，中田夫二百亩，下田夫三百亩。岁更之，换易其处，其家众男为余夫，亦以口受田如此。士工商家，受田五口，乃当农夫一人。有赋有税，税谓公田什一及工商衡虞之人也。赋谓供车马兵士徒役也。民，年二十受田；六十归田。种谷必杂五种，以备灾害。田中不得有树，以妨五谷。力耕数芸，收获如寇盗之至。还庐种桑，菜茹有畦，瓜瓠果蓏，殖于疆畔，鸡豚狗彘，无失其时，女修蚕织。五十则可以衣

---

① 赋，这里指地主向农民收的地租。

帛，七十可以食肉。五家为比，五比为闾，四闾为族，五族为党，五党为州，五州为乡，万二千五百户。比长位下士，自此已上，稍登一级，至乡为卿矣。于是闾有序，而乡有庠。序以明教，庠以行礼，而视化焉。春令民毕出于野，其诗云："同我妇子，馌彼南亩，田畯①至喜"，冬则毕入于邑，其诗云："嗟我父子，曰：为改岁，入此室处"。春则出民，闾首平旦坐于右塾，比长坐于左塾，毕出而后归。夕亦如之。入者必持薪樵，轻重相分，斑白不提挈。冬则民既入，妇人同巷夜织。女工一月得四十五功。必相从者，所以省费烛火同巧拙而合习俗也。

【出处】 荀悦：《前汉纪·前汉孝文皇帝纪下》，《四部丛刊正编》史部，台北，台湾商务印书馆，1979。

李安世：论均田

解题

本文主要反映李安世的均田观点。作者李安世（442—493），北魏赵郡平棘（今河北赵县南）人。太和九年（485年），李安世给魏孝文帝上奏疏，建议实行均田，被采纳，成为北魏实行均田制的发端。

选文

臣闻量地画野，经国大式；邑地相参，致治之本。井税②之兴，其来日久；田莱之数，制之以限；盖欲使土不旷功，民罔游力。雄擅之家，不独膏腴之美；单陋之夫，亦有顷亩之分；所以恤彼贫微，抑兹贪欲，同富约③之不均，一齐民于编户。

---

① 田畯，管农事的小官。
② 井税，田税。
③ 约，贫困。

窃见州郡之人，或因年俭流移，弃卖田宅，漂居异乡，事涉数世。三长既立，始返旧墟，庐井荒毁，桑榆改植。事已历远，易生假冒。强宗豪族，肆其侵凌，远认魏晋之家①，近引亲旧之验。又年载稍久，乡老所惑，群证虽多，莫可取据。各附亲知，互有长短，两证②徒具，听者犹疑，争讼迁延，连纪不判。良畴委而不开，柔桑枯而不采，侥幸之徒兴，繁多之狱作。欲令家丰岁储，人给资用，其可得乎！

愚谓今虽桑井难复，宜更均量，审其径术，令分艺有准，力业相称，细民获资生之利，豪右靡余地之盈③。则无私之泽，乃播均于兆庶；如阜如山，可有积于比户矣④。又所争之田，宜限年断，事久难明，悉属今主。然后虚妄之民，绝望于觊觎；守分之士，永免于凌夺矣。

【出处】魏收：《魏书·李孝伯传附李安世传》，北京，中华书局，1974。

周朗：驳析产分居

解题

本文主要反映周朗驳斥析产分居这个观点。作者周朗，字义利，汝南安城人，出身贵戚显官家庭。本选文是他的一件奏折，据史料记载："书奏，忤旨，自解去职。"周朗说，析产分居的后果是"危亡不相知，饥寒不相恤"，伤风败俗，直接危及"孝"，必须改正，否则就"没其财"。

选文

昔仲尼有言："治天下若寘诸掌。"岂徒言哉！方策之政，息举在

---

① 远认魏晋之家，将自家的产权一直追溯到曹魏和晋代。
② 两证，争议双方各自的证词。
③ 桑井，井田制。细民，普通百姓。
④ 兆庶，众多的百姓。比户，挨家挨户。

人，盖当世之君不为之耳。况乃运钟浇暮，世膺乱余，重以宫庙遭不更之酷，江服被未有之痛，千里连死，万井共泣。而秦、汉余敝，尚行于今，魏、晋遗谬，犹布于民，是而望国安于今，化崇于古，却行及前之言，积薪待然之譬，臣不知所以方。然陛下既基之以孝，又申之以仁，民所疾苦，敢不略荐。

凡治者何哉？为教而已。今教衰已久，民不知则，又随以刑逐之，岂为政之道欤！欲为教者，宜二十五家选一长，百家置一师，男子十三至十七，皆令学经；十八至二十，尽使修武。训以书记图律，忠孝仁义之礼，廉让勤恭之则；授以兵经战略，军部舟骑之容，挽强击刺之法。官长皆月至学所，以课其能。习经者五年有立，则言之司徒；用武者三年善艺，亦升之司马。若七年而经不明，五年而勇不达，则更求其言政置谋，迹其心术行履，复不足取者，虽公卿子孙，长归农亩，终身不得为吏。其国学则宜详考占数，部定子史，令书不烦行，习无糜力。凡学，虽凶荒不宜废也。

农桑者，实民之命，为国之本，有一不足，则礼节不兴。若重之，宜罢金钱，以谷帛为赏罚。然愚民不达其权，议者好增其异。凡自淮以北，万匹为市；从江以南，千斛为货，亦不患其难也。今且听市至千钱以还者用钱，余皆用绢布及米，其不中度者坐之。如此，则垦田自广，民资必繁，盗铸者罢，人死必息。又田非畤水，皆播麦菽，地堪滋养，悉艺玙麻，荫巷缘藩，必树桑柘，列庭接宇，唯植竹栗。若此令既行，而善其事者，庶民则叙之以爵，有司亦从而加赏。若田在草间，木物不植，则挞之而伐其余树，在所以次坐之。

又取税之法，宜计人为输，不应以赀。云何使富者不尽，贫者不蠋。乃令桑长一尺，围以为价，田进一亩，度以为钱，屋不得瓦，皆责赀实。民以此，树不敢种，土畏妄垦，栋焚榛露，不敢加泥。岂有剥善害民，禁衣恶食，若此苦者。方今若重斯农，则宜务削兹法。

凡为国，不患威之不立，患恩之不下；不患土之不广，患民之不育。自华、夷争杀，戎、夏竞威，破国则积尸竟邑，屠将则覆军满野，海内遗生，盖不余半。重以急政严刑，天灾岁疫，贫者但供吏，死者弗望霆,鳏居有不愿娶,生子每不敢举。又戍淹徭久,妻老嗣绝,及淫奔所孕,皆复不收。是杀人之日有数途,生人之岁无一理,不知复百年间,将尽以草木为世邪?此最是惊心悲魂恸哭太息者。法虽有禁杀子之科,设蚕娶之令,然触刑罪,忍悼痛而为之,岂不有酷甚处邪!今宜家宽其役,户减其税。女子十五不嫁,家人坐之。特雉可以娉妻妾,大布可以事舅姑,若待足而行,则有司加纠。凡宫中女隶,必择不复字者。庶家内役,皆令各有所配。要使天下不得有终独之生,无子之老。所谓十年存育,十年教训,如此,则二十年间,长户胜兵,必数倍矣。

又亡者乱郊,馑人盈甸,皆是不为其存计,而任之迁流,故饥寒一至,慈母不能保其子,欲其不为寇盗,岂可得邪?既御之使然,复止之以杀,彼于有司,何酷至是!且草树既死,皮叶皆枯,是其粱肉尽矣。冰霜已厚,苫盖难资,是其衣裳败矣。比至阳春,生其余几。今自江以南,在所皆穰,有食之处,须官兴役,宜募远近能食五十口一年者,赏爵一级。不过千家,故近食十万口矣。使其受食者,悉令就佃淮南,多其长帅,给其粮种。凡公私游手,岁发佐农,令堤湖尽修,原陆并起。仍量家立社,计地设闾,检其出入,督其游惰。须待大熟,可移之复旧。淮以北悉使南过江,东旅客尽令西归。

故毒之在体,必割其缓处,函、渭灵区,阒为荒窟,伊、洛神基,蔚成茂草,岂可不怀欤?历下、泗间,何足独恋。议者必以为胡衰不足避,而不知我之病甚于胡矣!若谓民之既徙,狄必就之,若其来从,我之愿也。胡若能来,必非其种,不过山东杂汉,则是国家由来所欲覆育。既华得坐实,戎空自远,其为来,利固善也。今空守孤城,徒费财役,亦行见淮北必非境服有矣,不亦重辱丧哉!使虏但发轻骑三千,更互出入,春来犯麦,秋至侵禾,水陆漕输,居然复绝。于贼不劳,而边已困,不至二年,卒散民尽,可蹻足而待也。设使胡灭,则中州必有兴者,决不能有奉土地、率民人以归国家矣。诚如此,则徐、齐终逼,亦不可守。

且夫战守之法,当恃人之不敢攻。顷年兵之所以败,皆反此也。今人知不以羊追狼,蟹捕鼠,而令重车弱卒,与肥马悍胡相逐,其不能济,固宜矣。汉之中年能事胡者,以马多也;胡之后服汉者,亦以马少也。既兵不可去,车骑应蓄。今宜募天下使养马一匹者,蠲一人役。三匹者,除一人为吏。自此以进,阶赏有差,边亭徼驿,一无发动。

又将者,将求其死也。自能执干戈,幸而不亡,筋力尽于戎役,其于望上者,固已深矣。重有澄风扫雾之勤,驱波涤尘之力,此所自矜,尤复为甚。近所功赏,人知其浓,然似颇谬虚实,怨怒实众。垂臂而反唇者,往往为部,耦语而呼望者,处处成群。凡武人意气,特易崩沮,设一旦有变,则向之怨者皆为敌也。今宜国财与之共竭,府粟与之同罄,去者应遣,浓加宠爵,发所在禄之,将秩未充,余费宜阙,他事负辇,长不应与,唯可教以搜狩之礼,习以钲鼓之节。若假勇以进,务黜其身。老至而罢,赏延于嗣。

又缘淮城垒,皆宜兴复,使烽鼓相达,兵食相连。若边民请师,皆宜莫许。远夷贡至,止于报答,语以国家之未暇,示以何事而非君。须内教既立,徐料寇形,办骑卒四十万,而国中不扰,取谷支二十岁,而远邑不惊,然后越淮穷河,跨陇出漠,亦何适而不可。

又教之不敦,一至于是。今士大夫以下,父母在而兄弟异计,十家而七矣。庶人父子殊产,亦八家而五矣。凡甚者,乃危亡不相知,饥寒不相恤,又嫉谤谗害,其间不可称数。宜明其禁,以革其风,先有善于家者,即务其赏;自今不改,则没其财。

又三年之丧,天下之达丧,以其哀并衷出,故制同外兴;日久均痛,故愈迟齐典。汉氏节其臣则可矣,薄其子则乱也。云何使衰苴之容尽,鸣号之音息。夫佩玉启跣,深情弗忍,冕珠视朝,不亦甚乎!凡法有变于古而刻于情,则莫能顺焉。至乎败于礼而安于身,必遽而奉之,何乃厚于恶,薄于善欤!今陛下以大孝始基,宜反斯谬。

且朝享临御,当近自身始,妃主典制,宜渐加矫正。凡举天下以奉一君,何患不给。或帝有集阜①之陋,后有帛布之鄙,亦无取焉。且一体炫金,不及百两,一岁美衣,不过数袭,而必收宝连椟,集服累笥,目岂常视,身未时亲,是为椟带宝,笥着衣,空散国家之财,徒奔天下

---

① 阜,即"皂",役。

之货。而主以此惰礼，妃以此傲家，是何糜蠹之剧，惑鄙之甚！逮至婢竖，皆无定科，一婢之身，重婢以使，一竖之家，列竖以役。瓦金皮绣，浆酒藿肉者，故不可称纪。至有列軿以游邀，饰兵以驱叱，不亦重甚哉！若禁行赐薄，不容致此。且细作始并，以为俭节，而市造华怪，即传于民。如此，则迂也，非罢也。凡天下得治者以实，而治天下者常虚，民之耳目，既不可诳，治之盈耗，立亦随之。故凡厥庶民，制度日侈，商贩之室，饰等王侯，佣卖之身，制均妃后。凡一袖之大，足断为两，一裾之长，可分为二；见车马不辨贵贱，视冠服不知尊卑。尚方今造一物，小民明已睟晼。宫中朝制一衣，庶家晚已裁学。侈丽之原，实先宫闱。又妃主所赐，不限高卑，自今以去，宜为节目。金魄翟玉，锦绣縠罗，奇色异章，小民既不得服，在上亦不得赐。若工人复造奇伎淫器，则皆焚之，而重其罪。

又置官者，将以燮天平气，赞地成功，防奸御难，治烦理剧，使官称事立，人称官置，无空树散位，繁进冗人。今高卑贸实，大小反称，名之不定，是谓官邪。而世废姬公之制，俗传秦人之法，恶明君之典，好暗主之事，其憎圣爱愚，何其甚矣。今则宜先省事，从而并官，置位以周典为式，变名以适时为用，秦、汉末制，何足取也。当使德厚者位尊，位尊者禄重；能薄者官贱，官贱者秩轻。缨冕绂佩，称官以服；车骑容卫，当职以施。

又寄土州郡，宜通废罢，旧地民户，应更置立。岂吴邦而有徐邑，扬境而宅兖民，上淆辰纪，下乱畿甸。其地如朱方者，不宜置州，土如江都者，应更建邑。

又民少者易理，君近者易归，凡吏皆宜每详其能，每厚其秩，为县不得复用恩家之贫，为郡不得复选势族之老。

又王侯识未堪务，不应强仕，须合冠而启封，能政而议爵。且帝子未官，人谁谓贱。但宜详置宾友，选择正人，亦何必列长史、参军、别驾、从事，然后为贵哉！又世有先后，业有难易，明帝能令其儿不匹光武之子，马贵人能使其家不比阴后之族。盛矣哉，此于后世不可忘也。至当舆抑碎首之忿，陛殿延辟戟之威，此亦复不可忘也。

内外之政，实不可杂。若妃主为人请官者，其人宜终身不得为官；若请罪者，亦终身不得赦罪。

凡天下所须者才，而才诚难知也。有深居而言寡，则蕴学而无由知；有卑处而事隔，则怀奇而无由进。或复见忌于亲故，或亦遭谮于贵党，其欲致车右而动御席，语天下而辨治乱，焉可得哉！漫言举贤，则斯人固未得矣。宜使世之所称通经达史、辨词精数、吏能将谋、偏术小道者，使猎缨危膝，博求其用。制内外官与官之远近及仕之类，令各以所能而造其室，降情以诱之，卑身以安之。然后察其擢唇吻，树颊胲，动精神，发意气，语之所至，意之所执，不过数四间，不亦尽可知哉！若忠孝廉清之比，强正惇柔之伦，难以检格立，不可须臾定。宜使乡部求其行，守宰察其能，竟皆见之于选贵，呈之于相主，然后处其职宜，定其位用。如此，故应愚鄙尽捐，贤明悉举矣。又俗好以毁沉人，不知察其所以致毁；以誉进人，不知测其所以致誉。毁徒皆鄙，则宜擢其毁者；誉党悉庸，则宜退其誉者。如此，则毁誉不妄，善恶分矣。又既谓之才，则不宜以阶级限，不应以年齿齐。凡贵者好疑人少，不知其少于人矣。老者亦轻人少，不知其不及少矣。

自释氏流教，其来有源，渊检精测，固非深矣。舒引容润，既亦广矣。然习慧者日替其修，束诫者月繁其过，遂至靡散锦帛，侈饰车从。复假精医术，托杂卜数，延妹满室，置酒浃堂，寄夫托妻者不无，杀子乞儿者继有。而犹倚灵假像，背亲傲君，欺费疾老，震损宫邑，是乃外刑之所不容戮，内教之所不悔罪，而横天地之间，莫不纠察。人不得然，岂其鬼欤！今宜申严佛律，禅重国令，其疵恶显著者，悉皆罢遣，余则随其艺行，各为之条，使禅义经诵，人能其一，食不过蔬，衣不出布。若应更度者，则令先习义行，本其神心，必能草腐人天，竦精以往者，虽侯王家子，亦不宜拘。

凡鬼道惑众，妖巫破俗，触木而言怪者不可数，寓采而称神者非可算。其原本是乱男女，合饮食，因之而以祈祝，从之而以报请，是乱不诛，为害未息。凡一苑始立，一神初兴，淫风辄以之而甚。今修堤以北，置园百里，峻山以右，居灵十房，靡财败俗，其可称限。又针药之术,世寡复修,诊脉之伎,人鲜能达。民因是益征于鬼,遂弃于医,重令耗惑不反,死夭复半。今太医宜男女习教,在所应遣吏受业。如此,故当愈于媚神之愚,征正朕理之敝矣。

凡无世不有言事,未时不有令下,然而升平不至,昏危是继,何哉?盖设令之本非实也。又病言不出于谋臣,事不便于贵党,轻者抵訾呵骇,重者死压穷摈,故西京有方调之诛,东郡有党锢之戮。陛下若欲申常令,循末典,则群臣在焉;若欲改旧章,兴王道,则微臣存矣。敢昧死以陈,唯陛下察之。

【出处】沈约:《宋书·周朗传》,北京,中华书局,1974。

叶适:论抑兼并

解题

本文主要反映叶适的抑兼并决非复井田这个观点。作者叶适(1150—1223),字正则,温州永嘉(今浙江永嘉县)人,官至吏部侍郎。在本选文中,叶适提出,"抑兼并"并非必须"复井田","俗吏"的主张未必要符合"儒者"的学说,"俗吏见近事,儒者好远谋",应当"因时施智,观世立法",与时俱进,"古井田终不可行"。

选文

今之言爱民者,臣知其说矣。俗吏见近事,儒者好远谋,故小者欲抑夺兼并之家以宽细民,而大者则欲复古井田之制,使其民皆得其利。夫抑兼并之术,吏之强敏有必行之于州县者矣。而井田之制,百年之间,士方且相与按图而画之,转以相授而自嫌其迂,未敢有以告于上者,虽告以莫之听也。夫二说者,其为论虽可通,而皆非有益于当世,为治之道终不在此。

且不得天下之田尽在官，则不可以井；而臣以为虽得天下之田在官，文、武周公复出而治天下，亦不必为井。何者？其为法琐细繁密，非今天下所能为。昔者自黄帝至于成周，天子所治者皆是一国之地，是以尺寸步亩可历见于乡遂之中，而置官师①，役民夫，正疆界，治沟洫，终岁辛苦，以井田为事；而诸侯亦各自治其国，百世不移，故井田之法可颁于天下。然江、汉以南，潍、淄以东，其不能为者不强使也。今天下为一国，虽有郡县吏，皆总于上，率二、三岁为一代，其间大吏有不能一岁、半岁而代去者。是将使谁为之乎？就使为之，非少假十数岁不能定也；此十数岁之内，天下将不暇畎乎？井田之制虽先废于商鞅，而后诸侯亡，封建②绝，然封建既绝，井田虽在，亦不得而独存矣。故井田、封建，相待而行者也。

失畎遂沟洫，环田而为之，间田而疏之，要以为人力备尽，望之而可观，而得粟之多寡则无异于后世耳。大陂长堰，因山为源，钟③固流潦，视时决之，法简而易周，力少而用博。使后世之治无愧于三代，则为田之利，使民自养于中，亦独何异于古！故后世之所以为不如三代者，罪在于不能使天下无贫耳，不在乎田之必为井不为井也。夫已远者不追，已废者难因。今故堰遗陂，在百年之外，潴防众流，即之渺然，弥漫千顷者，如其湮污绝灭尚不可求，而况井田远在数千岁之上！今其阡陌连亘，墟聚迁改，盖欲求商鞅之所变且不可得矣。孔、孟生衰周之时，井田虽不治，而其大约具在，故勤勤以经界为意，叹息先王之良法，废慢于暴君污吏之手。后之儒者，乃欲以其耳目所不闻不见之遗言，顾从而效之，亦咨嗟叹息以为不可废，岂不难乎！

井田既然矣。今俗吏欲抑兼并，破富人以扶贫弱者，意则善矣。此可随时施之于其所治耳，非上之所恃以为治也。夫州县狱讼繁多，终日之力不能胜，大半为富人役耳；是以吏不胜忿，常欲起而诛之。县官不

---

① 官师，百官。
② 封建，指分封制。
③ 钟，石头。

幸而失养民之权，转归于富人，其积非一世也。小民之无田者，假田于富人；得田而无以为耕，借资于富人；岁时有急，求于富人；其甚者，庸作奴婢，归于富人；游手末作，俳优伎艺，传食于富人；而又上当官输，杂出无数，吏常有非时之责无以应上命，常取具于富人。然则富人者，州县之本，上下之所赖也。富人为天子养小民，又供上用，虽厚取赢以自封殖①，计其勤劳亦略相当矣。乃其豪暴过甚兼取无已者，吏当教戒之；不可教戒，随事而治之，使之自改则止矣，不宜豫置疾恶于其心，苟欲以立威取名也。夫人主既未能自养小民，而吏先以破坏富人为事，徒使其客主相怨，有不安之心，此非善为治者也。

故臣以为儒者复井田之学可罢，而俗吏抑兼并富人之意可损。因时施智，观世立法。诚使制度定于上，十年之后，无甚富甚贫之民，兼并不抑而自已，使天下速得生养之利，此天子与其群臣当汲汲为之。不然，古井田终不可行，今之制度又不复立，虚谈相眩，上下乖忤，俗吏以卑为实，儒者以高为名，天下何从而治哉！

【出处】叶适：《民事》，《叶适集》，北京，中华书局，1961。

邱浚：论"丁田相当"均田

解题

本文主要反映邱浚的耕者应有其田这个观点。这是邱浚对井田制以及土地占有问题的评论，从中反映出朱熹以前的学者对"开阡陌"的"开"是理解为建造，这说明在很长一段时间内，人们对商鞅变法所包含的农地制度改革并没有真正搞清楚。邱浚指出，废井田导致"耕者未必有其田"，而今天也许"井田之制不可猝复"，但是，如果耕者能够"有其田"，那么就会"兼并之患日以渐销"。

---

① 封殖，聚敛货财。

选文

臣按可耕之地为井……臣按秦废井田，开阡陌。说者皆谓开为开建之开，惟朱熹则以为开除之开焉。夫自秦用商鞅废井田开阡陌之后，民田不复授之于官，随其所在，皆为庶人所擅，有赀者可以买，有势者可以占，有力者可以垦，有田者未必耕。而耕者未必有其田。官取其什一，私取其大半，世之儒者每叹世主不能复三代之法以制其民，而使豪强坐擅兼并之利。其言曰："仁政必自经界始。"贫富不均，教养无法，虽欲言治，皆苟而已。世之病难行者，未始不以亟夺富人之田为辞。然兹法之行，说之者众，苟处之有术，期以数年，不刑一人而可复。所病者，特上之未行耳。呜呼，为此说者，可谓正矣，其于古今事宜，容有未尽焉者。臣考井田之制，始于九夫之井，而井方一里，终于四县之都，而都广一同，其地万井而方百里。百里之间为浍者一，为洫者百，为沟者万，积而至于万夫。其间又有为路者一，为道者九，为涂者八，为畛者千，为径者万。苏洵谓欲复井田，非塞溪壑、平涧谷、夷丘陵、破坟墓、徙城郭、易疆陇，不可为也。纵使尽得平原旷野，而遂规画于其中，亦当驱天下之人，竭天下之粮，穷数百年，专力于此不治他事而后可。叶适亦谓今天下为一国。虽有郡县吏，皆总于上，率数岁一代，是将使谁为之乎？就使为之，非少假十数岁不能定也。此十数岁之内，天下将不暇耕乎？由是观之，则井田已废千余年矣，决无可复之理。说者虽谓国初人寡之时可以为之，然承平日久，生齿日繁之后，亦终归于驱废。不若随时制宜，使合于人情，宜于土俗，而不失先王之意。如朱熹所云者，斯可矣，正不必拘拘于古之遗制也。然则张载之言非欤。曰，载固言处之有术，所谓术者，必有一种要妙之法，其言隐而未发。惜哉！臣不敢臆想为之说也。

臣按井田既废之后，田不在官而在民，是以贫富不均。一时识治礼者，咸慨古法之善，而卒无可复之理，于是有限田之议、均田之制、口分世业之法①。然皆议之而不果行，行之而不能久。何也？其为法虽各

---

① 口分世业之法，唐代均田制中的口分田和永业田。

有可取，然不免拂人情而不宜于土俗，可以暂而不可以常也，终莫若听民自便之为得也。必不得已，创为之制，必也因其已然之俗，而立为未然之限，不追咎其既往，而惟限制其将来，庶几可乎。臣请断以一年为限。如自今年正月以前，其民家所有之田，虽多至百顷，官府亦不之问。惟自今年正月以后，一丁惟许占用一顷。于是以丁配田，因而定为差役之法。丁多田少者，许买足其数。丁田相当，则不许再买，买者没入之。其丁少田多者，在吾未立限之前，不复追咎。自立限以后，惟许其鬻卖。有增买者，并削其所有。以田一顷，配丁一人，当一夫差役。其田多丁少之家，以田配丁，足数之外，以田二顷，视人一丁，当一夫差役，量出雇役之钱。田少丁多之家，以丁配田。足数之外，以人二丁，视田一顷，当一夫差役，量应力役之征。若乃田多人少之处，每丁或余三五十亩，或至一二顷。人多田少之处，每丁或止四五十亩、七八十亩，随其多寡，尽其数以分配之。此外又因而为仕宦优免之法，因官品崇卑，量为优免，惟不配丁，纳粮如故，其人已死，优及子孙，以寓世禄之意。立为一定之限，以为一代之制，名曰"配丁之法"，既不夺民之所有，则有田者，惟恐子孙不多，而无匿丁不报者矣；不惟民有常产，而无甚贫甚富之不均，而官之差役亦有验丁验粮之可据矣。行之数十年，官有限制，富者不复买田，兴废无常，而富室不可鬻产，田直日贱，而民产日均。虽井田之制不可猝复，而兼并之患日以渐销矣。臣愚偶有所见，不知可否，敢以为献，惟圣明下其议于有司，俾究竟以闻。

【出处】 邱浚：《论制民之产》，《大学衍义补》，《钦定四库全书》子部"儒家类"，台北，台湾商务印书馆，1986。

张居正：论清隐占均田赋

解题

本文主要反映张居正对经济改革与抑兼并的认识。作者张居正

(1525—1582)，字叔大，号太岳，湖广江陵（今湖北江陵）人。张居正当政期间，对经济进行了一些改革，譬如清丈土地、推行一条鞭法等，使当时明政府的财政状况有了一定的改善，史称张居正改革。本文表明张居正对抑制土地兼并的态度，他的实际行动，出发点是为了国家的利益，其结果，一方面增加了财政收入，另一方面，在一定程度上抑制了兼并活动对社会经济发展的破坏作用，减少了普通纳税人（主要指自耕农和一般地主）的负担，对社会经济的发展还是有一定好处的。

选文

　　来翰①谓苏松田赋不均，侵欺拖欠云云，读之使人扼腕。公以大智大勇，诚心任事，当英主综核之始，不于此时剔刷宿敝，为国家建经久之策，更待何人。诸凡谤议，皆所不恤，即仆近日举措，亦有议其操切者，然仆筹之审矣。孔子为政，先言足食，管子霸佐，亦言礼义生于富足。自嘉靖以来，当国者政以贿成，吏胺民膏以媚权门。而继秉国者，又务一切姑息之政，为逋负渊薮②，以成兼并之私。私家日富，公室日贫。国匮民穷，病实在此。仆窃以为贿政之弊易治也，姑息之弊难治也。何也，政之贿，惟惩贪而已。至于姑息之政，倚法为私，割上肥己。即如公言，"豪家田至七万顷，粮至二万，又不以时纳"。夫古者大国公田三万亩，而今且百倍于古大国之数，能几万顷而国不贫？故仆今约己敦素，杜绝贿门，痛惩贪墨，所以救贿政之弊也；查刷宿弊，清理逋欠，严治侵渔揽纳之奸，所以砭姑息之政也。上损则下益，私门闭则公室强。故惩贪吏者，所以足民也，理逋负者，所以足国也。官民两足，上下俱益。所以壮根本之图，建安攘之策，倡节俭之风，兴礼义之教，明天子垂拱③而御之。假令仲尼为相，由、求④佐之，恐亦无以逾

---

① 翰，书信。
② 逋负渊薮，逃避纳税的人的藏匿、庇护所。
③ 垂拱，古时形容无为而治。
④ 由、求，孔子的学生仲由、冉求。

此矣。今议者率曰吹求太急,民且逃亡为乱,凡此皆奸人鼓说以摇上,可以惑愚闇①之人,不可以欺明达之士也。夫民之亡且乱者,咸以贪吏剥下,而上不加恤,豪强兼并,而民贫失所故也。今为侵欺隐占者,权豪也,非细民也。而吾法之所施者,奸人也,非良民也。清隐占则小民免包赔之累,而得守其本业;惩贪墨则闾阎无剥削之扰,而得以安其田里。如是,民且将尸而祝之,何以逃亡为?公博综载籍,究观古今治乱兴亡之故,曾有官清民安,田赋均平,而致乱者乎?故凡为此言者,皆奸人鼓说以摇上者也。愿公坚持初意,毋惑流言。异时宰相不为国家忠虑,徇情容私,甚者挈千万金入其室,即为人穿鼻②矣。今主上幼冲,仆以一身当天下之重,不难破家以利国,陨首以求济,岂区区浮议可得而摇夺者乎?公第任法行之,有敢挠公法,伤任事之臣者,国典具存,必不容贷。所示江海条件,俱当事理。疏至,即属所司履行。

【出处】张居正:《答应天巡抚宋阳山论均粮足民》,《张太岳集》,上海,上海古籍出版社,1984。

王夫之:论井田

解题

本文主要反映王夫之的井田是征税不是分田这个观点。作者王夫之(1619—1692),字而农,号姜斋,又号船山,湖南衡阳人。王夫之对孟子的井田方案有不同理解,认为这说的是征税制度,而不是分田于民问题,即"取民之制非授民"。井田是以地制夫,以夫计赋役。后世采用的办法是以夫制地,以地计赋役,"民不耕则赋役不及"。"井田取民之制","取民之制必当因版籍以定户口,即户口以制税粮"。其特点是"夫则有制矣,田则无制也"。很明显,王夫之主张按丁计税,反对按亩

---

① 闇,"暗"的异体字。
② 穿鼻,当政者被行贿者摆布。

计税。土地是自然存在，"因资以养焉，有其力者治其地，故改姓受命，而民自有其恒畴，不待王者之授之"。现在我们有一个疑问，改姓受命在这里是指改朝换代吗？答案如果为肯定，那么"有其力者治其地"就不能解释为"耕者有其田"。否则，改姓受命就需要解释为土地买卖情况下的田易其主，即相当于"资者有其田"。撇开究竟是有所有权还是有使用权这个问题不谈，在王夫之看来，耕地自然就应当是私人化的，因为"不待王者之授之"。

选文

孟子言井田之略，皆谓取民之制，非授民也，天下受治于王者，故王者臣天下之人而效职焉。若土，则非王者之所得私也。天地之间有土，而人生其上，因资以养焉，有其力者治其地，故改姓受命，而民自有其恒畴，不待王者之授之。唯人非王者不治，则宜以其力养君子。

井田之一夫百亩，盖言百亩而一夫也。夫既定而田从之，田有分而赋随之。其始也以地制夫。而夫定，其后则唯以夫计赋役，而不更求之地。所以百姓不乱，而民勤于耕。

后世之法，始也以夫制地，其后求之地，而不求之夫，民不耕则赋役不及，而人且以农为戒，不驱而折入于权势奸诡之家而不已。此井田取民之制，所以为圣王之良法，后世莫能及焉。夫则有制矣，田则无制也。上地不易①，百亩而一夫；中地一易，二百亩而一夫；下地再易，三百亩而一夫。田之易不易，非为法禁民，使旷而不耕也，亦言赋役之递除耳。再易者，百亩三岁而一征也；一易者，间岁而一征也。上地百亩而一夫；中地二百亩而一夫；下地三百亩而一夫。三代率因夏禹之则壤，为一定之夫家，而田之或熟或莱或有广斥，皆不复问，其弃本逐末，一夫之赋自若。民乃谨守先畴，而不敢废。故《春秋》讥初税亩舍版籍之夫，而据见在垦田之亩以税也；讥作邱甲用田赋者。先王之制，五百七十六夫而出长毂一乘，至此，则核实四邱之田为一甸，其后并以

---

① 易，耕地的轮种。

井邑邱甸为不实，而据见在之田亩，合并畸零①以起赋，舍人而从土，鲁之所以日敝也。然则取民之制必当以版籍以定户口，即户口以制税粮。虽时有登降②，而抛荒卤莽，投卖强豪，逃匿隐漏之弊，民自不敢自贻以害，得井田之意而通之，不必问三代之成法，而可以百世而无敝也。

【出处】王夫之：《噩梦》，《船山全书》，长沙，岳麓书社，1988。

黄宗羲：《田制》

解题

本文主要反映黄宗羲的屯田等同井田这个观点。作者黄宗羲(1610—1695)，字太冲，晚年自号梨洲先生，浙江余姚人。黄宗羲回顾了前人对井田问题的看法，又从屯田推论"井田之必可复"，因为屯田如井田。

选文

自井田之废，董仲舒有限民名田之议，师丹、孔光因之，令民名田无过三十顷，期尽三年而犯者没入之。其意虽善，然古之圣君，方授田以养民，今民所自有之田，乃复以法夺之，授田之政未成而夺田之事先见，所谓行一不义而不可为也。

或者谓夺富民之田则生乱，欲复井田者，乘大乱之后，土旷人稀而后可，故汉高祖之灭秦，光武之乘汉，可为而不为为足惜。夫先王之制井田，所以遂民之生，使其繁庶也。今幸民之杀戮，为其可以便吾事，将使田既井而后，人民繁庶，或不能于吾制无龃龉，岂反谓之不幸与？

---

① 畸零，不够整数的零星田地。
② 登降，农业年景的丰歉。

后儒言井田必不可复者，莫详于苏洵；言井田必可复者，莫切于胡翰、方孝孺。洵以川路、浍道、洫涂、沟畛，遂径之制，非穷数百年之力不可。夫诚授民以田，有道路可通，有水利可修，亦何必拘泥其制度疆界之末乎！凡苏洵之所忧者，皆非为井田者之所急也。胡翰、方孝孺但言其可复，其所以复之之法亦不能详。余盖于卫所之屯田，而知所以复井田者亦不外于是矣。世儒于屯田则言可行，于井田则言不可行，是不知二五之为十也。

每军拨田五十亩，古之百亩也，非即周时一夫授田百亩乎？五十亩科正粮十二石，听本军支用，余粮十二石，给本卫官军俸粮，是实征十二石也。每亩二斗四升，亦即周之乡遂用贡法①也。天下屯田见额六十四万四千二百四十三顷，以万历六年实在田土七百一万三千九百七十六顷二十八亩律之，屯田居其十分之一也，授田之法未行者，特九分耳。由一以推之九，似亦未为难行。况田有官民，官田者，非民所得而自有者也。

州县之内，官田又居其十分之三。以实在田土均之，人户一千六十二万一千四百三十六，每户授田五十亩，尚余田一万七千三十二万五千八百二十八亩，以听富民之所占，则天下之田自无不足，又何必限田、均田之纷纷，而徒为困苦富民之事乎！故吾于屯田之行，而知井田之必可复也。

难者曰：屯田既如井田，则屯田之军日宜繁庶，何以复有销耗也？曰：此其说有四：屯田非土著之民，虽授之田，不足以挽其乡土之思，一也。又令少壮者守城，老弱者屯种，夫屯种而任之老弱，则所获几何，且彼见不屯者之未尝不得食也，亦何为而任其劳苦乎？二也。古者什而税一，今每亩二斗四升，计一亩之入不过一石，则是什税二有半矣，三也。又征收主自武人，而郡县不与，则凡刻剥其军者何所不为，四也。而又何怪乎其销耗与！

【出处】黄宗羲：《田制》，《明夷待访录》，北京，中华书局，1985。

---

① 贡法，什一税制。

颜元:《井田》

解题

本文主要反映颜元对夺富民田的认识。作者颜元（1635—1704），字易直，又字浑然，号习斋，博野（今河北博野县）人。本选文是颜李学派论土地问题的代表作之一。颜元围绕着井田问题来发表个人见解，在强烈反对土地兼并的同时，主张必须均田。他提出"天地间田，宜天地间人共享之"这一观点，还将"夺富民田"的设想作为一种因素渗入其中。

选文

或问于思古人①曰：井田之不宜于世也久矣，子之存治尚何执乎？

曰：噫！此千余载民之所以不被王泽也。言夫不宜者，类谓亟②夺富民田；或谓人众而地寡耳，岂不思天地间田，宜天地间人共享之，若顺彼富民之心，即尽万人之产而给一人，所不厌也。王道之顺人情固如是乎？况一人而数十百顷，或数十百人而不一顷。为父母者，使一子富而诸子贫，可乎？又或者谓画田生乱。无论至公服人，情自辑③也，即以势论之，国朝之圈占几半京辅，谁与为乱者？

且古之民四④，而农以一养其三；今之民十，而农以一养其九，未闻坠粟于天，食土于地，而民亦不饥死，岂尽人耕之而反不足乎？虽使人余于田，即减顷而十，减十而亩，吾知其工粪倍精，用自饶也；况今荒废至十之二三，垦而井之，移流离无告之民，给牛种而耕焉，田自更余耳。故吾每取一县，约其田丁，知相称也。尝妄为图以明之。所虑者

---

① 思古人，这是作者虚拟的人物，用来借其口抒发自己的观点。
② 亟，急。
③ 辑，安定。自辑，自然安定。
④ 古之民四，指士、农、工、商。

沟洫之制、经界之法不获尽传。北地土散，恒恐损沟，高低圹邑，不便均画，然因时而措，触类而通，在乎人耳。

沟无定而主乎水，可沟则沟，不可则否。井无定而主乎地，可井则井，不可则均。至阡陌庐舍古虽有之，今但可植分草以代阡陌，为窝铺以代庐舍，横各井一路，以便田车，中十井一房，以待田畯①，可也。有圣君者出，推此意而行之，搜先儒之格议，尽当代之人谋，加严乎经界之际，垂意于厘成之时。意斯日也，孟子所谓百姓亲睦，咸于此征焉。游顽有归而土爱心臧②，不安本分者无之，为盗贼者无之，为乞丐者无之，以富凌贫者无之。学校未兴，已养而兼教矣，休哉荡荡乎！故吾谓教以济养，养之行教，教者养也，养者教也，非是谓与③！

【出处】 颜元：《四存篇·井田》，《颜元集》，北京，中华书局，1987。

李塨：《均田》

解题

本文主要反映李塨的停分佃户这个观点和他对均田与有恒产的认识。作者李塨（1659—1733），字刚主，保定蠡县（今河北蠡县）人，师从颜元，所论与颜氏学说被并称为"颜李之学"。李塨提到颜元对地租份额的看法，"停分佃户"指农产品在地主和佃农之间对半分配。李塨认为，只有"均田"才能"人人有恒产"，不过要想通过"夺富与贫"来实现均田，还是有很大难度的。他建议，先以限田达到基本上均田，如"一夫不得过五十亩"，然后按这个标准来衡量，土地超过这个标准的，可以把多余的土地卖出去，但规定了"多者许卖不许买"。李塨还提到颜元的

---

① 田畯（jùn），农官。
② 游顽，游民。臧（zāng），善，好。
③ 与，同"欤"。

"佃户分种"方案,佃户租种三十年后"地全归佃户"。

选文

田有水可蓄泄者,则沟洫井之;无水而人民新造,地足分者,则均之,一家八口百亩。中人左右足各一跬,与两肱舒直等,五尺也,为一步,步百为亩。如不得均,则限之,一夫不得过五十亩。多者许卖不许买。宅亦有限。

非均田则贫富不均,不能人人有恒产。均田第一仁政也。但今世夺富与贫殊为艰难。

颜先生①有佃户分种之说,今思之甚妙。如一富家有田十顷,为之留一顷,而令九家佃种九顷,耕牛子种佃户自备,无者领于官,秋收还。秋熟以四十亩粮交地主,而以十亩代地主纳官,纳官者即古什一之征也。地主用五十亩,则今日停分佃户②也,而佃户自收五十亩。过三十年为一世,地主之享地利终其身亦可已矣,则地全归佃户。若三十年以前地主、佃户情愿买卖者听之。若地主子弟众,情愿力农者,三顷两顷可以听其自种,但不得多雇佣以占地利。

每一佃户,必一家有三四人可以自力耕锄,方算一家。无者,或两家、三家共作一家。地不足者,一家五十亩亦可。无地可分者,移之荒处。

【出处】 李塨:《拟太平策·均田》,见徐世昌等:《颜李丛书》,四存学会出版,1923。

王源:《制田》

解题

本文主要反映王源的务农才能有田这个观点。作者王源(1648—

---

① 颜先生,作者的老师颜元。
② 停分佃户,产品在地主和佃农之间对半分配。

1710），字昆绳，直隶大兴（今北京大兴）人。王源认为，土地兼并造成耕者无田，主张必须用法令来规定"有田者必自耕"，"不为农则无田"，"惟农为有田"。有田不耕的人，可以把田捐献给官府，得到一定的官职，也可以把田卖给官府，得到一笔酬金，还可以把田卖给农民，但非农民不允许买。

选文

《平书》曰，孟子以制民恒产为王政之本，然则民产不制，纵有善治，皆无本之政也。譬诸室基固者，即壁楹有损，不倾。基不固，虽极雕绘之观，一遭风雨立覆矣。三代以下百姓未尝无治安之时，乃多不过数十年，少则数年，即不得其所者，本不立也。然自秦开阡陌，尽天下皆私田，人君何由制民之产，以立王政之本哉！汉限田矣，限之一时，不能限之百年也；魏均田矣，均之一时，不能均之后世也。尤不可者，夺民田以入官，本欲养之，乃先夺其所以自养，凡有田者能不怨咨骇扰，致离叛之忧乎？坐视之既不忍，欲养民又无策，仁者将何道以处此？曰：吾有收田之策六，行于草昧初造，固甚易，即底定之后亦无不可行，盖诱之以术，不劫之以威；需之以久，不求之以速。一曰清官地。如卫田、学田之原在官者，清之使无隐。一曰辟旷土。凡地之在官而污莱者开之，不弃之无用。一曰收闲田。兵燹之余，民户流亡而田无主者收之，有归者分田与之，不必没其全业。一曰没贼产。凡贼臣豪右田连阡陌者，没之入官。四策行，田可得什二三矣。其二策，一曰献田；一曰买田。明告天下以制民恒产之意。

谓民之不得其养者，以无立锥之地，所以无立锥之地者，以豪强之兼并。今立之法，有田者必自耕，毋募人以代耕。自耕者为农，无得更为士、为商、为工。士士矣，商商矣，工工矣，不为农，不为农则无田，士商工且无田，况官乎？官无大小，皆不可以有田，惟农为有田耳。天下之不为农而有田者，愿献于官，则极以爵禄，愿卖于官，酬以资。愿卖于农者听，但农之外无得买。而农之自业，一夫勿得过百亩，则田之不归于官者，不仅十之一哉！且夫井田可以行乎？曰师其意，不必师其法。井田之法方，方则利平壤，不利曲狭；利于整，不利于散，弃地多，概用之，恐不便。有井有不井，法不一，不一则乱，请仿牧田之法，为畾田①。六百亩为一畾，长六十亩广十亩。法用纵横之，则原隰曲狭无不宜，中百亩为公田，上下五百亩为私田，十家受之各五十亩，地分上中下，户亦分上中下。受各以其等，年六十则还田。每畾立一表，书十夫姓名其上，田可指而数，农可呼而按也。取之用助法，编之用保甲，畾百为一乡，乡畯督之，县丞总之，县令稽之，勉其勤，警其惰，征其租，勿扰也。畾一亭，乡一舍。丞畯令所止憩也。其树艺用代田法。通六十亩犁之，陇与甽间广各二尺，甽深一尺，谷种其中粪之，土积于陇，苗出，渐下培之，平地而止，根尺余，风旱无畏也，获可倍。种有法，耕有法，耘有法，获又倍。于是犁其陇，粪暴之数次，明年则起其土为甽，而以今年之甽为陇，陇甽代，是以五十亩为二十五亩，而获数倍，人力厚，地力有余也。其沟洫则一畾横计七十五丈，甽陇各一百八十七，共得七十四丈八尺，余二尺于两旁为路，合邻畾则路二尺以为界，畾两端为沟，广二尺，深一尺五寸，涝可泄，旱则水可车而入，邻畾共之也。畾鳞次，百畾外洫环之，广六尺，深四尺，通于浍；浍广八尺，深六尺，上下通于川；此水道也，不在畾田内。官道，广八尺，通车马。旁为沟，广二尺，深四五尺，通水，水涝道而不没，种树道旁以为荫，而田路曲折达于官道者二尺而已。若赋税，惟取之公田，每顷约收百石。今之中县田率数万顷，以最下计之，田约一万二千顷，公田可得二千顷，岁可入谷二十万石，为米十二万石，县用约三万石，存三万，以四万入之郡，郡入约二十余万石，用约万余石，存五万，以十五万入之州藩，州藩入约七八十万，用约十万，入京二三十万，存之四十万以备凶荒之用。赈济之资、军旅之费、宗室及虚衔官之禄，京师岁入约六七百万，用约二三百万，余皆太仓之积矣。况上县之

---

① 牧田、畾田，都是类似井田的田制。区别在于，牧田的纵、横不为方，畾田则纵、横为方。反映出作者向往的是井田制。

田或十倍于下县，大亩或十倍于小亩，计其所入，且十数倍于此，而粟可胜食乎！

凡私田俱无租，但户纳绢三尺，绵一两或布六尺、麻二两，丁岁役之三日，如唐庸调制，此官田也。

其未归于官而农自种者为民田。民田赋税徭役悉如今，不增亦不减，其重自倍于官田。彼见官田也如彼，民田如此，何苦不归之官，而更受之于官乎。如此，则天下之田尽归诸官无疑矣。至于果园菜圃之在官者，募民种之而收其半；在民者，计亩取其什一而已。噫！以二千年不可复之法，一旦而复之，使民之恒产立而王政有其本。于是通商贾以资之，修武备以强之，兴礼乐以化之，丰亨豫大，天地位而万物育焉矣。

【出处】王源：《平书·制田》，见李塨：《平书订》，北京，中华书局，1986。

《天朝田亩制度》

解题

本文主要反映太平天国领导人的公田同耕这个观点。《天朝田亩制度》是太平天国在1853年定都南京后所颁布的一个施政纲领，它的内容涉及政治、经济、军事、文化各个方面，而其中心和基础则是土地制度问题。从经济的角度看，它提出了一个涉及土地国有、按绝对平均主义原则分配土地和安排人们的物质生活、按耕织结合的小农经济结构组织社会生产等的方案，希望通过这一方案来建立一个"有田同耕，有饭同食，有衣同穿，有钱同使"，即没有私有、没有剥削的社会，实现"无处不均匀，无人不饱暖"的理想。客观地讲，这个理想化的产物，带有明显的空想性。后来的实际情况告诉我们，太平天国政权虽然一再颁印这一文件，但始终未曾实行。

选文

凡一军：典分田二，典刑法二，典钱谷二，典入二，典出二，俱一正一副，即以师帅、旅帅兼摄。当其任者掌其事，不当其事者亦赞其事。凡一军一切生死黜陟等事，军帅详监军，监军详钦命总制，钦命总制次详将军、侍卫、指挥、检点、丞相，丞相禀军师，军师奏天王。天王降旨，军师遵行。功勋等臣世食天禄，其后来归从者，每年每家设一人为伍卒，有警则首领统之为兵，杀敌捕贼，无事则首领督之为农，耕田奉尚。

凡田分九等：其田一亩，早晚二季可出一千二百斤者为尚尚①田，可出一千一百斤者为尚中田，可出一千斤者为尚下田，可出九百斤者为中尚田，可出八百斤者为中中田，可出七百斤者为中下田，可出六百斤者为下尚田，可出五百斤者为下中田，可出四百斤者为下下田。尚尚田一亩当尚中田一亩一分，当中下田一亩七分五厘，当下尚田二亩，当下中田二亩四分，当下下田三亩。

凡分田，照人口，不论男女，算其家人口多寡，人多则分多，人寡则分寡，杂以九等。如一家六人分三人好田，分三人丑田，好丑各一半。凡天下田，天下人同耕，此处不足，则迁彼处，彼处不足，则迁此处。凡天下田，丰荒相通，此处荒则移彼丰处，以赈此荒处，彼处荒则移此丰处，以赈彼荒处。务使天下共享天父上主皇上帝大福，有田同耕，有饭同食，有衣同穿，有钱同使，无处不均匀，无人不饱暖也。

凡男妇，每一人自十六岁以尚，受田多逾十五岁以下一半。如十六岁以尚分尚尚田一亩，则十五岁以下减其半，分尚尚田五分；又如十六岁以尚分下下田三亩，则十五岁以下减其半分下下田一亩五分。

凡天下，树墙下以桑。凡妇蚕绩缝衣裳。凡天下，每家五母鸡，二母彘，无失其时。凡当收成时，两司马督伍长，除足其二十五家每人所食可接新谷外，余则归国库。凡麦、豆、苎麻、布帛、鸡、犬各物及银

---

① 尚，由于太平天国信拜上帝教，所以在一切文件中"上"字按规定都要写成"尚"字。尚，即上。尚尚，即上上。

钱亦然。盖天下皆是天父上主皇上帝一大家，天下人人不受私物，物归上主，则主有所运用，天下大家处处平均，人人饱暖矣。此乃天父上主皇上帝特命太平真主救世旨意也。但两司马存其钱谷数于簿，上其数于典钱谷及典出入。

凡二十五家中，设国库一，礼拜堂一，两司马居之。凡二十五家中所有婚娶弥月喜事，俱用国库，但有限式，不得多用一钱，如一家有婚娶弥月事给钱一千，谷一百斤，通天下皆一式，总要用之有节，以备兵荒。凡天下婚姻不论财。凡二十五家中陶冶木石等匠俱用伍长及伍卒为之，农隙治事。凡两司马办其二十五家婚娶吉喜等事，总是祭告天父上主皇上帝，一切旧时歪例尽除。其二十五家中童子俱日至礼拜堂，两司马教读《旧遗诏圣书》、《新遗诏圣书》及《真命诏旨书》焉。凡礼拜日，伍长各率男妇至礼拜堂，分别男行女行，讲听道理，颂赞祭奠天父上主皇上帝焉。

凡二十五家中力农者有赏，惰农者有罚。……

【出处】 罗尔纲：《太平天国文选》，上海，上海人民出版社，1956。

供求活动管理

《吕氏春秋》：《任地》、《上农》

解题

本文主要反映《吕氏春秋》对农事农时的认识。吕不韦（？—前235），河南濮阳人，大商人出身。秦庄襄王时任相国，秦始皇年少即位，吕不韦继续任相国，并以"仲父"身份代为摄政。吕不韦组织其门客集体编著了《吕氏春秋》。这部政论集，主要推崇道家的清静无为、儒家的修齐治平，反对墨家的非乐非攻、法家的严刑峻法、名家的诡辩苛察。不过，这和商鞅变法以来秦国崇尚法治、反对礼治的传统，明显发生冲突，这也是吕不韦与秦始皇之间的根本分歧。

选文

后稷曰：子能以窒为突乎？子能藏其恶而揖之以阴乎？子能使土靖而甽浴①之乎？子能使保湿安地而处乎？子能使藁蘬夷毋淫乎？子能使

---

① 甽浴，后稷始创的"甽田"法。

子之野尽为冷风①乎？子能使藁数节而茎坚乎？子能使穗大而坚均乎？子能使粟圆而薄糠乎？子能使米多沃而食之强乎？无之若何？

凡耕之大方，力者欲柔，柔者欲力；息者欲劳，劳者欲息；棘者欲肥，肥者欲棘；急者欲缓，缓者欲急；湿者欲燥，燥者欲湿。

上田弃亩，下田弃甽，五耕五耨②，必审以尽。其深殖之度，阴土必得，大草不生，又无螟蜮。今兹美禾，来兹美麦。是以六尺之耜，所以成亩也；其博八寸，所以成甽也。耨柄尺，此其度也；其耨六寸，所以间稼也。地可使肥，又可使棘。人耕必以泽，使苗坚而地隙；人耨必以旱，使地肥而土缓。

草端大月，冬至后五旬七日，菖始生。菖者，百草之先生者也。于是始耕。孟夏之昔，杀三叶而获大麦。日至，苦菜死而资生，而树麋与菽，此告民地宝尽死。凡草生，藏日中出；狶首生，而麦无叶，而从事于蓄藏，此告民究也。

五时③，见生而树生，见死而获死，天有时，地有财，不与民谋。有年瘗土，无年瘗土。无失民时，无使之怠，下知贫富，利器皆时至而作，渴时而止。是以老弱之力可尽起，其用日半，其功可使倍。不知事者，时未至而逆之，时既往而慕之，当时而薄之；使其民而郄之，民既郄，乃以良时慕，此从事之下也。操事则苦，不知高下，民乃偷处，种稑禾不为稑，种重禾不为重④，是以粟少而失功。

【出处】《吕氏春秋·任地》，北京，中华书局，1991。

解题

本文主要反映《吕氏春秋》对重视农业的认识。重视农业，话好说，但究竟怎样做才能体现出对农业的重视，《吕氏春秋》在这方面提

---

① 冷风，借指气候得到调节，使之有利于作物生长。
② 五，表示多次。
③ 五时，按春夏秋冬应为四时。
④ 稑（lù），又作"穋"，晚种早熟。重（tóng），又作"穜"，早种晚熟。

供了一定的思路。

选文

古先圣王之所以导其民者，先务于农；民农，非徒为地利也，贵其志也。民农则朴，朴则易用，易用则边境安，主位尊。民农则重，重则少私义，少私义则公法立，力专一。民农则其产复，其产复则重徙，重徙则死其处，而无二虑。

舍本而事末，则不令，不令则不可以守，不可以战。民舍本而事末，则其产约，其产约则轻迁徙，轻迁徙则国家有患，皆有远志，无有居心。民舍本而事末，则好智，好智则多诈，多诈则巧法令，以是为非，以非为是。

后稷所以务耕织者，以为本教也。是故天子亲率诸侯耕帝籍田，大夫、士皆有功业。是故当时①之务，农不见于国，以教民尊地产也。是故后妃率九嫔蚕于郊，桑于公田。是以春秋冬夏皆有麻枲丝茧之功，以力妇教也。是故丈夫不织而衣，妇人不耕而食，男女贸功以长生。此圣人之制也。故敬时爱日，非老不休，非疾不息，非死不舍。

上田夫食九人，下田夫食五人，可以益，不可以损。一人治之，十人食之，六畜皆在其中矣。此大任地之道也。

故当时之务，不兴土功，不作师徒，庶人不冠弁、娶妻、嫁女、享祀，不酒醴聚众。农不上闻，不敢私籍于庸，为害于时也。

然后制野禁，苟非同姓，男不出御，女不外嫁，以安农也。野禁有五：地未辟易，不操麻，不出粪。齿年未长，不敢为园囿；量力不足，不敢渠地而耕；农不敢行贾，不敢为异事。为害于时也。

然后制四时之禁：山不敢伐材下木；泽人不敢灰僇②；缳网罝罦不敢出于门；罛罟不敢入于渊；泽非舟虞不敢缘名。为害其时也。

---

① 当时，惊蛰之时。
② 四时，四季。泽字后的"人"为多余字。僇，通"戮"。泽，沼泽，烧毁的是其中的苇草。

若民不力田，墨乃家畜，国家难治，三疑乃极①。是谓背本反则，失毁其国。凡民自七尺以上，属诸三官②。农攻粟，工攻器，贾攻货。

时事不共，是谓大凶。夺之以土功，是谓稽；不绝忧唯，必丧其秕③。夺之以水事，是谓瀹；丧以继乐，四邻来虐。夺之以兵事，是谓厉；祸因胥岁，不举铚艾。数夺民时，大饥乃来。野有寝耒，或谈或歌；旦则有昏，丧粟甚多。皆知其末，莫知其本，真不敏也。

【出处】《吕氏春秋·上农》，北京，中华书局，1991。

司马迁：论自主经营

解题

本文主要反映司马迁的生产应因势利导这个观点。生产应当自然地进行，人为所要做的只能是因势利导。司马迁认识到这个问题，指出"各任其能，竭其力，以得所欲"，"各劝其业，乐其事"，所有这些，实际上都是"若水之趋下，日夜无休时，不召而自来，不求而民出之"。

选文

夫山西饶材、竹、谷、纑、旄、玉石；山东多鱼、盐、漆、丝、声色；江南出柟、梓、姜、桂、金、锡、连、丹沙、犀、玳瑁、珠玑、齿革；龙门、碣石北多马、牛、羊、旃裘、筋角；铜、铁则千里往往山出棋置：此其大较也。皆中国人民所喜好，谣俗被服饮食奉生送死之具也。故待农而食之，虞④而出之，工而成之，商而通之。此宁有政教发征期会哉？人各任其能，竭其力，以得所欲。故物贱之征贵，贵之征

---

① 墨，饥饿和犯罪。畜，通"蓄"。三，联系下文，指农、工、商。
② 三官，管农之官、管工之官、管商之官。
③ 秕，通"秕"。
④ 虞，除农业之外，主要利用大自然造福人类的林、牧、渔、矿等行业，都属于"虞"的范围。

贱，各劝其业，乐其事，若水之趋下，日夜无休时，不召而自来，不求而民出之。岂非道之所符，而自然之验邪？

……故太公望封于营丘，地舄卤，人民寡，于是太公劝其女功，极技巧，通鱼盐，则人物归之，襁至而辐凑。故齐冠带衣履天下，海岱之间敛袂而往朝焉。其后齐中衰，管子修之，设轻重九府，则桓公以霸，九合诸侯，一匡天下；而管氏亦有三归，位在陪臣，富于列国之君。是以齐富强至于威、宣也。

故曰："仓廪实而知礼节，衣食足而知荣辱。"礼生于有而废于无。故君子富，好行其德；小人富，以适其力。渊深而鱼生之，山深而兽往之，人富而仁义附焉。富者得埶益彰，失埶则客无所之，以而不乐。夷狄益甚。谚曰："千金之子，不死于市。"此非空言也。故曰："天下熙熙，皆为利来；天下壤壤，皆为利往。"夫千乘之王，万家之侯，百室之君，尚犹患贫，而况匹夫编户之民乎！

…………

凡编户之民，富相什则卑下之，伯则畏惮之，千则役，万则仆，物之理也。夫用贫求富，农不如工，工不如商，刺绣文不如倚市门，此言末业，贫者之资也。通邑大都，酤一岁千酿，醯酱千瓨，浆千甔，屠牛羊彘千皮，贩谷粜千钟，薪千车，船长千丈，木千章，竹竿万个，其轺车百乘，牛车千两，木器髹者千枚，铜器千钧，素木铁器若卮茜千石，马蹄躈千，牛千足，羊彘千双，僮手指千，筋角丹沙千斤，其帛絮细布千钧，文采千匹，榻布皮革千石，漆千斗，蘖曲盐豉千苔，鲐千斤，鲰千石，鲍千钧，枣栗千石者三之，狐鼦裘千皮，羔羊裘千石，旃席千具，佗果菜千钟，子贷金钱千贯，节驵会，贪贾三之，廉贾五之，此亦比千乘之家，其大率也。佗杂业不中什二，则非吾财也。

…………

由是观之，富无经业，则货无常主，能者辐凑，不肖者瓦解。千金之家比一都之君，巨万者乃与王者同乐。岂所谓"素封"者邪？非也？

货殖之利，工商是营。废居善积，倚市邪赢。白圭富国，计然强兵。倮参朝请，女筑怀清。素封千户，卓郑齐名。

【出处】司马迁:《史记·货殖列传》,北京,中华书局,2000。

王符:《爱日》

解题

本文主要反映王符对劳动时间的认识。作者王符（85—162），字节信，安定临泾（今甘肃镇原）人。他特别关注劳动时间，主张要珍惜劳动时间，认为劳动时间是人们进行劳动、增殖粮食的基础，也是国家得以存在、人们赖以生存的先决条件。人们进行劳动的时间愈多，社会财富也愈多，人们就会富足。"富足生于宽暇，贫穷起于无日。"当然，要想有较多的劳动时间，做到"日舒以长"，就必须国家政治清明，与民休息，减轻赋税和徭役。

选文

国之所以为国者，以有民也；民之所以为民者，以有谷也；谷之所以丰殖者，以有人功也；功之所以能建者，以日力①也。治国之日舒以长，故其民闲暇而力有余。乱国之日促以短，故其民困务而力不足。所谓治国之日舒以长者，非谓羲和而令安行也，又非能增分度而益漏刻也②。乃君明察而百官治，下循正而得其所，则民安静而力有余，故视日长也。所谓乱国之日促以短者，非谓羲和而令疾驱也，又非能减分度而损漏刻也。乃君不明，则百官乱而奸宄兴，法令鬻而役赋繁，则希民困于吏政，仕者穷于典礼，冤民□③狱乃得直，烈士交私乃见保，奸臣肆心于上，乱化流行于下，君子载质④而车驰，细民怀财而趋走，故视日短也。诗云：王事靡监，不遑将父。言在古闲暇而得行孝，今迫促不

---

① 日力，劳动日。
② 羲和，传说尧时主管时间次序的官。分度、漏刻，都是古时度量时间的单位。
③ 空格的字，据推测是"鬻"。
④ 质，通"贽"。

得养也。

孔子称庶则富之,既富则教之。是故礼义生于富足,盗窃起于贫穷;富足生于宽暇,贫穷起于无日。圣人深知力者乃民之本也,而国之基,故务省役而为民爱日。是以尧勅羲和,钦若昊天,敬授民时,邵伯讼不忍烦民,听断棠下,能兴时雍,而致刑错。今则不然,万官挠民,令长自衒。百姓废农桑而趋府庭者,非朝晡不得通,非意气不得见,讼不讼,辄连月日,举室释作,以相瞻视。辞人之家,辄请邻里,应对送饷,比事讫竟,亡一岁功,则天下独有受其饥者矣。而品人俗士之司典者,曾不觉也。郡县既加冤枉,州司不治,令破家活,远诣公府。公府不能照察真伪,则但欲罢之以久困之资。故猥说一科令,此注①百日,乃为移书,其不满百日,辄更造数,甚违邵伯讼棠之义。此所谓"诵诗三百,授之以政,不达,虽多亦奚以为者也"。孔子曰:听讼吾犹人也。从此观之,中材以上,皆议曲直之辨,刑法之理可,乡亭部吏,足以断决,使无怨言。然所以不者,盖有故焉。

《传》曰:恶直丑正,实繁有徒。夫直者贞正而不挠志,无恩于吏;怨家务②主者,结以货财,故乡亭与之,为排直家,后反复时,吏坐之,故共枉之于庭。以赢民与豪吏讼,其势不如也,是故县与部并。后有反复,长吏坐之,故举县排之于郡。以一人与一县讼,其势不如也。故郡与县并,后有反复,太守坐之,故举郡排之于州。以一人与一郡讼,其势不如也。故州与郡并,而不肯治,故乃远诣公府尔。公府不能察,而苟欲以钱刀课之,则贫弱少货者,终无以旷旬满祈。豪富饶钱者,取客使往,可盈千日,非徒百也。治讼若此为务,助豪猾而镇贫弱也,何冤之能治?非独乡部辞讼也,武官断狱,亦皆始见枉于小吏,终重冤于大臣,怨故未雠,辄逢赦令,不得复治。正士怀冤结而不得信,猾吏崇奸宄而不痛坐,郡县所以易侵小民,而天下所以多饥穷也。

除上天感动,降灾伤谷,但以人功见事言之,今自三府以下,至于县道乡亭,及从事督邮,有典之司,民废农桑而守之辞讼告诉,及以官

---

① 注,为"满"之误。
② 务,应为"赂"。

事应对吏者，一人之，日废十万人，人复下计之，一人有事，二人获①饷，是为日三十万人离其业也。以中农率之，则是岁三百万口受其饥也。然则盗贼何从消？太平何从作？孝明皇帝尝问今旦何得无上书者？左右对曰：反支②故。帝曰：民既废农，远来诣阙，而复使避反支，是则又奇其日而冤之也。乃敕公车受章，无避反支。上明圣主为民爱日如此，而有司轻夺民时如彼。盖所谓有君无臣，有主无佐，元首聪明，股肱怠惰者也。诗曰："国既卒斩，何用不监。"伤三公居人尊位，食人重禄，而曾不肯察民之尽瘁也。孔子病夫"未之得也，患不得之，既得之，患失之"者。今公卿始起州郡而致宰相，此其聪明智虑，未必闇也。患其苟先私计而后公义尔。诗云：莫肯念乱，谁无父母。今民力不暇，谷何以生？百姓不足，君孰与足。嗟哉！可无思乎？

【出处】 王符：《潜夫论·爱日》，《四部丛刊正编》子部，台北，台湾商务印书馆，1979。

贾思勰：论农事

解题

本文主要反映贾思勰对农业生产的认识。作者贾思勰，北魏时期农学家，益都（今山东寿光）人，生活于公元 5 世纪末到 6 世纪中叶，曾任高阳太守。他的经济思想主要反映在《齐民要术》一书中，本文涉及：第一，强调农业在封建社会经济中的重要作用；第二，指出改革生产工具和推广先进的生产经验，是促进农业生产发展的重要措施；第三，强调在发展农业生产中发挥人的主观能动作用。

---

① 获，应为护的繁体"護"。
② 支，即地支。反支，是古时迷信说法的"反支日"。以每月初一为准，不同月份有不同的反支日。在反支日，不讲刑执法。地支为子、丑、寅、卯、辰、巳、午、未、申、酉、戌、亥。例如，戌亥是月初一，则一日反支；申酉是月初一，则二日反支；以此类推。

选文

盖神农为耒耜，以利天下。尧命四子①，敬授民时。舜名后稷，食为政首。禹制土田，万国作乂。殷周之盛，《诗》、《书》所述。要在安民，富而教之。

猗顿，鲁穷士，问陶朱公富，问术焉。告知曰："欲速富，畜五牸。"乃畜牛羊，子息万计。

九真、庐江，不知牛耕，每致困乏。任延、王景乃令铸作田器，教之垦辟，岁岁开广，百姓充给。

敦煌不晓作耧犁，及种，人牛功力既费，而收谷更少。皇甫隆乃教作耧犁，所省庸力过半，得谷加五。又敦煌俗，妇女作裙，孪缩如羊肠，用布一匹。隆又禁改之，所省复不赀。

茨充为桂阳令，俗不种桑，无蚕、织、丝、麻之利，类皆以麻枲头贮衣。民惰窳，少粗履，足多剖裂出血，盛冬皆然火燎炙。充教民益种桑柘柘，养蚕织履，复令种纻麻。数年之间，大赖其利，衣履温暖。今江南知桑蚕织履，皆充之教也。

五原土宜麻枲，而俗不知织绩。民冬月无衣，种细草卧其中，见吏则衣草而出。崔寔为作纺绩织纴之具以教，民得以免寒苦，安在不教乎！

黄霸为颍川，使邮亭、乡官皆畜鸡、豚②，以赡鳏寡贫穷者，及务耕桑、节用、殖财、种树。鳏寡孤独有死无以葬者，乡部③书言，霸具为区处，某所大木，可以为棺；某亭豚子，可以祭。吏往皆如言。

龚遂为渤海，劝民务农桑。令口④种一树榆、百本薤、五十本葱、一畦韭，家二母彘、五母鸡。民有带持刀剑者，使卖剑买牛，卖刀买犊，曰："何为带牛佩犊？"春夏不得不趣田亩，秋冬课收敛，益蓄果实

---

① 四子，羲叔、羲仲、和叔、和仲四人。他们是尧时掌管时令的官员。
② 邮亭，古时驿站的前身，出现在秦汉时，五里置一邮，十里置一亭，这些馆舍负责供应过往信使和官吏的食宿。乡官，两汉时乡官的治事所在地也称乡官。
③ 乡部，乡官。
④ 口，一口人。

麦芡。吏使民皆富实。

召信臣为南阳，好为民兴利，务在富之，躬劝耕农，出入阡陌，止舍离乡亭①，稀有安居。时行视郡中水泉，开通沟渎，起水门提阏凡数十处，以广灌溉。民得其利，蓄积有余。禁止嫁娶送终奢靡，务出入俭约。郡中莫不耕稼力田，吏民亲爱信臣，号曰"召父"。

僮仲为不其令，率民养一猪，雌鸟四头，以供祭祀，死买棺木。

颜裴为京兆，乃令整阡陌，树桑果，又课以闲月取材，使得转相教匠作车。又课民无牛者，令畜猪，投贵时卖，以买牛。始者民以为烦，一二年间家有丁车大牛，整顿丰足。

王丹家累千金，好施与，周人之急。每岁时农收后，察其强力收多者，辄历载酒肴，从而劳之，便于田头树下，饮食劝勉之，因留其余肴而去。其惰孏者，独不见劳，各自耻不能致丹，其后无不力田者。聚落以至殷富。

杜畿为河东，课民畜牸牛、草马，下逮鸡豚，皆有章程，家家丰实。

此等皆好为烦扰而轻费损哉！盖以庸人之性，率之则自力，纵之则惰窳耳。故仲长子曰："丛林之下，为仓庾之坻；鱼鳖之堀，为耕稼之场者，此君长所用心也。是以太公封，而斥卤播嘉谷；郑白成，而关中无饥年。盖食鱼鳖，而薮泽之形可见；观草木，而肥硗之势可知。"又曰："稼穑不修，桑果不茂，畜产不肥，鞭之可也；柂②落不完，垣墙不牢，扫除不净，笞之可也。"此督课之方也。且天子亲耕，皇后亲蚕，况夫田父，而怀窳惰乎？

李衡于武陵龙阳汛州上作宅，种甘橘千树。临死，敕儿曰："吾州里有千头木奴③，不责汝衣食，岁上一匹绢，亦可足用矣。"吴末，甘橘成，岁得绢数千匹。恒，称太史公，所谓"江陵千树橘，与千户侯等"者也。樊重，欲作器物，先种梓、漆，时人嗤之；然积以岁月，皆得其

---

① 乡亭，对乡官和邮亭这两种住所的合称。
② 柂即柂，后者同"篱"。
③ 木奴，将柑橘树比喻为木头奴仆。

用，向之笑者，咸求假焉。此种植之不可已已也。谚曰："一年之计，莫如树谷；十年之计，莫如树木。"此之谓也。

《书》曰："稼穑之艰难。"《孝经》曰："用天之道，因地之利。"《论语》曰："百姓不足，君孰与足?"汉文帝曰："朕为天下守财矣，安敢妄用哉!"孔子曰："居家理，故治可移于官。"然则家犹国，国犹家，是以家贫思良妻，国乱思良相，其义一也。

夫财货之生，既艰难矣，用之又无节；凡人之性，好懒惰矣，率之又不笃；加以政令失所，水旱为灾，一谷不登，胔腐相继，古今同患，所不能止也，嗟乎！且饥者有过甚之愿，渴者有兼量之情。既饱而后轻食，既暖而后轻衣。或由年谷丰稔而忽于蓄积，或由布帛优赡而轻于施与；穷窘之来，所由有渐。故《管子》曰："桀有天下，而用不足；汤有七十二里，而用有余，天非独为汤雨菽粟也。"盖言用之以节。仲长子曰："鲍鱼之肆，不自以气为臭；四夷之人，不自以食为异，生习使之然也。居积习之中，见生然之事，夫孰自知非者也?"斯何异蓼中之虫，而不知蓝之甘乎?

今采捃经传，爰及歌谣，询之老成，验之行事。起自耕农，终于醯醢，资生之业，靡不毕书。号曰《齐民要术》。凡九十二篇，分为十卷。卷首，皆有目录，于文虽烦，寻览差易。其有五谷果蓏，非中国所殖者，存其名目而已；种莳之法，盖无闻焉。舍本逐末，贤哲所非，日富岁贫，饥寒之渐，故商贾之事，阙而不录。花草之流，可以悦目，徒有春花而无秋实，匹诸浮伪，盖不足存。

鄙意晓示家童，未敢闻之有识。故丁宁周至，言提其耳，每事指斥，不尚浮辞，览者无或哂焉。

【出处】贾思勰：《齐民要术·序》，北京，中华书局，1985。

国政经济管理

《论语》：论富民富国

解题

本文主要反映儒家对百姓财用充足的认识。国家财用充足的前提是百姓财用充足。这反映出，在富国和富民的关系问题上，儒家主张先富民后富国的思维模式。

选文

哀公问于有若曰："年饥，用不足，如之何？"有若对曰："盍彻①乎？"曰："二②，吾犹不足，如之何其彻也？"对曰："百姓足，君孰与不足？百姓不足，君孰与足？"

【出处】《论语·颜渊》，《四部丛刊正编》经部，台北，台湾商务印书馆，1979。

---

① 彻，西周实行的彻法，为什一税。
② 二，这里指十抽二的税率。

管子：《国蓄》、《牧民》

解题

　　这里的两段选文，主要反映管仲对政策具有决定性作用的认识。管仲（？—前645），也叫管敬仲，名夷吾，今安徽颖上人。齐桓公任命管仲为卿，尊称"仲父"。在齐国进行了较有成效的改革，史称"管仲治齐"。他认为："予之在君，夺之在君，贫之在君，富之在君。"北宋李觏认为，这个论点的实质是"帷上所裁择"（《李觏集·富国策第二》）。我们把它称为管子的政策决定论。

选文

　　先王知其然，故塞民之养①，隘其利途，故予之在君，夺之在君，贫之在君，富之在君，故民之戴上如日月，亲君若父母。

【出处】《管子·国蓄》，《四部丛刊正编》子部，台北，台湾商务印书馆，1979。

选文

　　古者以珠玉为上币，黄金为中币，刀布为下币。管仲曰：夫三币，握之则非有补于暖也，舍之则非有损于饱也。先王以守财物，以御人事，而平天下也。是以命之曰衡②。衡者，使物一高一下，不得有常。故予之在君，夺之在君，贫之在君，富之在君。是以人戴君如日月，亲君如父母，用此术也。是为人主之权。

---

① 养，多余。
② 衡，在这里，守财物的守，御人事的御，平天下的平，都与衡有关。

【出处】刘昫：《旧唐书·食货上》，北京，中华书局，2000。

解题

本文主要反映管仲对治国的标准的认识。"牧民"指治理国家、号令人民。君主的准则，治理国家不能偏私偏爱，圣明的君主，"御民"、"导民"、"召民"要开诚布公。"为长"的标准是"知时"，"为政"的标准是"无私"，"为君"的标准是"审于时"、"察于用"、"能备官"。

选文

以家为乡，乡不可为也；以乡为国，国不可为也；以国为天下，天下不可为也①。以家为家，以乡为乡，以国为国，以天下为天下。毋曰不同姓，远者不听；毋曰不同乡，远者不行；毋曰不同国，远者不从。如地如天，何私何亲？如月如日，唯君之节。

御民之辔，在上之所贵；导民之门，在上之所先；召民之路，在上之所好恶。故君求之则臣得之，君嗜之则臣食之，君好之则臣服之，君恶之则臣匿之。毋蔽汝恶，毋异汝度，贤者将不汝助。言室满室，言堂满堂，是谓圣王。

城郭沟渠，不足以固守；兵甲强力，不足以应敌；薄地多财，不足以有众。唯有道者能备患于未形也，故祸不萌。天下不患无臣，患无君以使之；天下不患无财，患无人以分之。故知时者可立以为长，无私者可置以为政，审于时而察于用而能备官者，可奉以为君也。缓者后于事，吝于财者失所亲，信小人者失士。

【出处】《管子·牧民》，《四部丛刊正编》子部，台北，台湾商务印书馆，1979。

---

① 为，治理。以家（乡、国）为乡（国、天下），指以一家（乡、国）的利益为标准来治理一个乡（国、天下）。

解题

本文主要反映管仲的以发展生产达到民富这个观点。在《管子》的时论中,实现"衣食足"、"民富"的主要途径是发展农业生产。同时还指出,民富的一个重要条件是"顺民心",使民"各为其所长";"量民力","不求不可得者","量民力则事无不成"。

选文

凡有地牧民者,务在四时,守在仓廪。国多财则远者来,地辟举则民留处,仓廪实则知礼节,衣食足则知荣辱,上服度则六亲固,四维①张则君令行。故省刑之要,在禁文巧;守国之度,在饰四维;训民之经,在明鬼神、祇山川、敬宗庙、恭祖旧②。

不务天时则财不生,不务地利则仓廪不盈。野芜旷则民乃菅,上无量则民乃妄,文巧不禁则民乃淫,不障两原③则刑乃繁。不明鬼神则陋民不悟,不祇山川则威令不闻,不敬宗庙则民乃上校,不恭祖旧则孝悌不备。四维不张,国乃灭亡。

国有四维,一维绝则倾,二维绝则危,三维绝则覆,四维绝则灭。倾可正也,危可安也,覆可起也,灭不可复错也。何谓四维?一曰礼,二曰义,三曰廉,四曰耻。礼不逾节,义不自进,廉不蔽恶,耻不从枉。故不逾节则上位安,不自进则民无巧诈,不蔽恶则行自全,不从枉则邪事不生。

政之所行,在顺民心;政之所废,在逆民心。民恶忧劳,我佚乐之;民恶贫贱,我富贵之;民恶危坠,我存安之;民恶灭绝,我生育之。能佚乐之,则民为之忧劳;能富贵之,则民为之贫贱;能存安之,则民为之危坠;能生育之,则民为之灭绝。故刑罚不足以畏其意,杀戮

---

① 四维,治理国家的礼、义、廉、耻四个纲领。
② 祖旧,宗亲老臣。
③ 两原,指以上所说的"上无量"和"文巧不禁"。因为"菅"还不至于触犯刑法,而"妄"、"淫"会触犯刑法。

不足以服其心。故刑罚繁而意不恐，则令不行矣；杀戮众而心不服，则上位危矣。故从其四欲，则远者自亲；行其四恶①，则近者叛之，故知予之为取者，政之宝也。

措国于不倾之地，积于不涸之仓，藏于不竭之府，下令于流水之原，使民于不争之官②；明必死之路，开必得之门，不为不可成，不求不可得，不处不可久，不行不可复。措国于不倾之地者，授有德也；积于不涸之仓者，务五谷也；藏于不竭之府者，养桑麻、育六畜也；下令于流水之原者，令顺民心也；使民于不争之官者，使各为其所长也。明必死之路者，严刑罚也；开必得之门者，信庆赏也；不为不可成者，量民力也；不求不可得者，不强民以其所恶也；不处不可久者，不偷取一世也；不行不可复者，不欺其民也；故授有德则国安，务五谷则食足，养桑麻、育六畜则民富，令顺民心则威令行，使民各为其所长则用备，严刑罚则民远邪，信庆赏则民轻难，量民力则事无不成，不强民以其所恶则诈伪不生，不偷取一时则民无怨心，不欺其民则下亲其上。

【出处】《管子·牧民》，《四部丛刊正编》子部，台北，台湾商务印书馆，1979。

孟子：论税率

解题

这里的三段选文，主要反映孟轲对税制和税率的认识。孟轲提到夏、商、周的税制分别叫做贡、助、彻，但税率是相同的，即都为十分之一这个比率，所谓什一税。此外，孟轲还以什一税作为一个基本尺度，评论关于降低税率等相关问题。

---

① 四欲，四种欲望，指上述"佚乐"、"富贵"、"存安"和"生育"。四恶，四种为人们所厌恶的事情，指上述"忧劳"、"贫贱"、"危坠"和"灭绝"。
② 官，职能，引申为职业、行业。

选文

夏后氏五十而贡，殷人七十而助，周人百亩而彻，其实皆什一也。彻者，彻也；助者，藉①也。龙子曰："治地莫善于助，莫不善于贡。"贡者，校数岁之中以为常。乐岁，粒米狼戾，多取之而不为虐，则寡取之；凶年，粪其田而不足，则必取盈焉。为民父母，使民盼盼然，将终岁勤动，不得以养其父母，又称贷而益之，使老稚转乎沟壑，恶在其为民父母也？夫世禄，滕固行之矣。《诗》云："雨我公田，遂及我私。"惟助为有公田。由此观之，虽周亦助也。

【出处】《孟子·滕文公上》，北京，中华书局，1998。

选文

戴盈之曰："什一，去关市之征，今兹未能，请轻之，以待来年然后已，何如？"

孟子曰："今有人日攘②其邻之鸡者，或告之曰：'是非君子之道。'曰：'请损之，月攘一鸡，以待来年然后已。'如知其非义，斯速已矣，何待来年？"

【出处】《孟子·滕文公下》，北京，中华书局，1998。

选文

白圭曰："吾欲二十而取一，何如？"

孟子曰："子之道，貉③道也。万室之国，一人陶，则可乎？"

曰："不可，器不足用也。"

---

① 藉，借其力以助耕公田。
② 攘，偷盗。
③ 貉，古同貊（mò），我国古代东北方的一个少数民族。

曰:"夫貉,五谷不生,惟黍生之;无城郭、宫室、宗庙、祭祀之礼,无诸侯币帛饔飧,无百官有司,故二十取一而足也。今居中国,去人伦,无君子,如之何其可也?陶以寡,且不可以为国,况无君子乎?欲轻之于尧舜之道者,大貉小貉也;欲重之于尧舜之道者,大桀小桀也。"

【出处】《孟子·告子下》,北京,中华书局,1998。

解题

本文主要反映孟轲的以减轻赋税达到民富这个观点。民富大致有两条途径。一是农民自身要勤劳,"易其田畴"(锄草),田为谷田,以粮食作物满足吃的需求;畴为麻田,以经济作物满足穿的需求。二是政府税收要适度,"薄其税敛"。同时又指出,富裕还和节俭有关,即消费物品要适度,"食之以时,用之以礼,财不可胜用",按时令饮食[①],按礼节开支,钱财才能用不完,才能保持富裕。而民富的一个基本条件是,粮食"如水火","民非水火不生活",也就是民活,百姓能够生存下去。

选文

易其田畴[②],薄其税敛,民可使富也。食之以时,用之以礼,财不可胜用也。民非水火不生活,昏暮叩人之门户求水火,无弗与者,至足矣。圣人治天下,使有菽粟如水火。菽粟如水火而民焉有不仁者乎?

【出处】《孟子·尽心上》,北京,中华书局,1998。

---

① 类似于农村通常所说的"闲时吃稀,忙时吃干"。
② 田畴,谷田为田,麻田为畴。

韩非子：论经济政策

🌥 解题

本文主要反映韩非的反对削富济贫这个观点。韩非反对"征敛富人布施贫家"，认为这就是削富济贫。在韩非看来，削富济贫实际上是"夺力俭而与侈惰"，也可以说是"索民之疾作而节用"，会带来不良后果。

🌥 选文

今世之学士语治者多曰："与贫穷地以实无资。"今夫与人相若也，无丰年旁入之利而独以完给者，非力则俭也。与人相若也，无饥馑疾疚祸罪之殃独以贫穷者，非侈则惰也。侈而惰者贫，而力而俭者富。今上征敛于富人以布施于贫家，是夺力俭而与侈惰也。而欲索民之疾作而节用，不可得也。

【出处】《韩非子·显学》，《四部丛刊正编》子部，台北，台湾商务印书馆，1979。

🌥 解题

本文主要反映韩非对扶植农业的认识。韩非认为，在农业问题上，政府必须除掉"五种蛀虫"，并对专心从事耕战的农民进行扶植。

🌥 选文

乱国之俗，其学者则称先王之道，以籍仁义，盛容服而饰辩说，以疑当世之法而贰人主之心。其言古者，为设①诈称，借于外力，以成其私而遗社稷之利。其带剑者，聚徒属，立节操，以显其名而犯五官之禁②。其患御者，积于私门，尽货赂而用重人之谒③，退汗马之劳。其工商之民，修治苦窳之器，聚弗靡之财，蓄积待时而侔农夫之利④。此五者，邦之蠹也。人主不除此五蠹之民，不养耿介之士，则海内虽有破亡之国，削灭之朝，亦勿怪矣。

【出处】《韩非子·五蠹》，《四部丛刊正编》子部，台北，台湾商务印书馆，1979。

解题

本文主要反映韩非对经济政策与民意的认识。从文中体现出韩非的一个比较独特的观点，即经济政策不能被民所左右，"民智之不足用"。在韩非看来，以"得民之心"为先决条件来制定、实施经济政策，等同于"欲得民之心而可以为治，则是伊尹、管仲无所用也，将听民而已"。也就是说，如果一味地要"得民之心"，那么像管仲这样的管理经济的特殊人才也就没有用了。实际上"民智"不过是"婴儿之心"，民智未开，所以"为政而期适民"明显是一种失误。

选文

今不知治者必曰："得民之心。"欲得民之心而可以为治，则是伊尹、管仲无所用也，将听民而已矣。民智之不可用，犹婴儿之心也。夫婴儿不剔首则腹痛，不揃痤则寖益。剔首、揃痤必一人抱之，慈母治

---

① 为设，应是"伪设"，编造事实。
② 带剑者，游侠。五官之禁，朝廷的法令。
③ 患御者，依附权贵而逃避兵役的人。重人，有权势的人。
④ 弗靡，应是"沸靡"，奢侈。侔，同"牟"。

之，然犹啼呼不止，婴儿子不知犯其所小苦，致其所大利也。今上急耕田垦草以厚民产也，而以上为酷；修刑重罚以为禁邪也，而以上为严；征赋钱粟以实仓库，且以救饥馑、备军旅也，而以上为贪；境内必知介而无私解，并力疾斗所以禽虏也，而以上为暴。此四者所以治安也，而民不知悦也。夫求圣通之士者，为民知①之不足师用。昔禹决江浚河，而民聚瓦石②；子产开亩树桑，郑人谤訾。禹立天下，子产存郑，皆以受谤，夫民智之不足用亦明矣。故举士而求贤智，为政而期适民，皆乱之端，未可与为治也。

【出处】《韩非子·显学》，《四部丛刊正编》子部，台北，台湾商务印书馆，1979。

司马迁：商鞅变法

解题

本文通过论述商鞅变法，揭示了产业之间的关系。从中也可以了解，法家以农为本、以商为末，商鞅的重本抑末具有代表性。引起我们关注的问题还有，赵良指出了商鞅变法的不足，但商鞅"不师赵良之言"。

选文

孝公既用卫鞅，鞅欲变法，恐天下议己。卫鞅曰："疑行无名，疑事无功。且夫有高人之行者，固见非于世；有独知之虑者，必见敖③于民。愚者暗于成事，知者见于未萌。民不可与虑始而可与乐成。论至德

---

① 知，同"智"。
② 民聚瓦石，意思是百姓准备用一些瓦石投掷禹。
③ 敖，同"謷"（áo）。

者不和于俗，成大功者不谋于众。是以圣人苟可以强国，不法其故；苟可以利民，不循其礼。"孝公曰："善。"甘龙曰："不然。圣人不易民①而教，知者不变法而治。因民而教，不劳而成功；缘法而治者，吏习而民安之。"卫鞅曰："龙之所言，世俗之言也。常人安于故俗，学者溺于所闻。以此两者居官守法可也，非所与论于法之外也。三代不同礼而王，五伯②不同法而霸。智者作法，愚者制焉；贤者更礼，不肖者拘焉。"杜挚曰："利不百，不变法；功不十，不易器。法古无过，循礼无邪。"卫鞅曰："治世不一道，便国不法古。故汤武不循古而王，夏殷不易礼而亡。反古者不可非，而循礼者不足多。"孝公曰："善。"以卫鞅为左庶长，卒定变法之令。

令民为什伍，而相牧司连坐。不告奸者腰斩，告奸者与斩敌首同赏，匿奸者与降敌同罚。民有二男以上不分异者，倍其赋。有军功者，各以率受上爵；为私斗者，各以轻重被刑大小。僇力本业，耕织致粟帛多者，复其身。事末利及怠而贫者，举以为收孥。宗室非有军功论，不得为属籍③。明尊卑爵秩等级，各以差次名田宅，臣妾衣服以家次。有功者显荣，无功者虽富无所芬华。

令既具，未布，恐民之不信，已乃立三丈之木于国都市南门，募民有能徙置北门者予十金。民怪之，莫敢徙。复曰"能徙者予五十金"。有一人徙之，辄予五十金，以明不欺。卒下令。

令行于民朞年，秦民之国都言初令之不便者以千数。于是太子犯法。卫鞅曰："法之不行，自上犯之。"将法太子。太子，君嗣也，不可施刑，刑其傅公子虔，黥其师公孙贾。明日，秦人皆趋令。行之十年，秦民大说，道不拾遗，山无盗贼，家给人足。民勇于公战，怯于私斗，乡邑大治。秦民初言令不便者有来言令便者，卫鞅曰"此皆乱化之民也"，尽迁之于边城。其后民莫敢议令。

于是以鞅为大良造。将兵围魏安邑，降之。居三年，作为筑冀阙宫

---

① 易民，变更民俗。
② 五伯，春秋时期的五霸。
③ 属籍，宗室贵族的名册。

庭于咸阳，秦自雍徙都之。而令民父子兄弟同室内息者为禁。而集小(都)乡邑聚为县，置令、丞，凡三十一县。为田开阡陌封疆，而赋税平。平斗桶权衡丈尺。行之四年，公子虔复犯约，劓之。居五年，秦人富强，天子致胙①于孝公，诸侯毕贺。

其明年，齐败魏兵于马陵，虏其太子申，杀将军庞涓。其明年，卫鞅说孝公曰："秦之与魏，譬若人之有腹心疾，非魏并秦，秦即并魏。何者？魏居领阨之西，都安邑，与秦界河而独擅山东之利。利则西侵秦，病则东收地。今以君之贤圣，国赖以盛。而魏往年大破于齐，诸侯畔之，可因此时伐魏。魏不支秦，必东徙。东徙，秦据河山之固，东乡以制诸侯，此帝王之业也。"孝公以为然，使卫鞅将而伐魏。魏使公子卬将而击之。军既相距，卫鞅遗魏将公子卬书曰："吾始与公子卬，今俱为两国将，不忍相攻，可与公子面相见，盟，乐饮而罢兵，以安秦魏。"魏公子卬以为然。会盟已，饮，而卫鞅伏甲士而袭虏魏公子卬，因攻其军，尽破之以归秦。魏惠王兵数破于齐秦，国内空，日以削，恐，乃使使割河西之地献于秦以和。而魏遂去安邑，徙都大梁。梁惠王曰："寡人恨不用公叔座之言也。"卫鞅既破魏还，秦封之于商十五邑，号为商君。

商君相秦十年，宗室贵戚多怨望者。赵良见商君。商君曰："鞅之得见也，从孟兰皋，今鞅请得交，可乎？"赵良曰："仆弗敢愿也。孔丘有言曰：'推贤而戴者进，聚不肖而王者退。'仆不肖，故不敢受命。仆闻之曰：'非其位而居之曰贪位，非其名而有之曰贪名。'仆听君之义，则恐仆贪位贪名也。故不敢闻命。"商君曰："子不说吾治秦与？"赵良曰："反听之谓聪，内视之谓明，自胜之谓强。虞舜有言曰：'自卑也尚矣。'君不若道虞舜之道，无为问仆矣。"商君曰："始秦戎翟之教，父子无别，同室而居。今我更制其教，而为其男女之别，大筑冀阙，营如鲁卫矣。子观我治秦也，孰与五羖大夫②贤？"赵良曰："千羊之皮，不如一狐之腋；千人之诺诺，不如一士之谔谔。武

---

① 致胙（zuò），赐予祭祀的肉。这是周天子尊显诸侯的特典。
② 五羖（gǔ）大夫，秦穆公的贤相百里奚。

王谔谔以昌，殷纣墨墨以亡。君若不非武王乎，则仆请终日正言而无诛，可乎？"商君曰："语有之矣，貌言华也，至言实也，苦言药也，甘言疾也。夫子果肯终日正言，鞅之药也。鞅将事子，子又何辞焉！"赵良曰："夫五羖大夫，荆之鄙人也。闻秦缪公之贤而愿望见，行而无资，自粥①于秦客，被褐食牛。期年，缪公知之，举之牛口之下，而加之百姓之上，秦国莫敢望焉。相秦六七年，而东伐郑，三置晋国之君，一救荆国之祸。发教封内，而巴人致贡；施德诸侯，而八戎来服。由余闻之，款关请见。五羖大夫之相秦也，劳不坐乘，暑不张盖，行于国中，不从车乘，不操干戈，功名藏于府库，德行施于后世。五羖大夫死，秦国男女流涕，童子不歌谣，舂者不相杵。此五羖大夫之德也。今君之见秦王也，因嬖人景监以为主，非所以为名也。相秦不以百姓为事，而大筑冀阙，非所以为功也。刑黥太子之师傅，残伤民以峻刑，是积怨畜祸也。教之化民也深于命，民之效上也捷于令。今君又左建外易②，非所以为教也。君又南面而称寡人，日绳秦之贵公子。《诗》曰：'相鼠有体，人而无礼，人而无礼，何不遄死。'以诗观之，非所以为寿也。公子虔杜门不出已八年矣，君又杀祝欢而黥公孙贾。《诗》曰：'得人者兴，失人者崩。'此数事者，非所以得人也。君之出也，后车十数，从车载甲，多力而骈胁者为骖乘，持矛而操闟戟者旁车而趋。此一物不具，君固不出。《书》曰：'恃德者昌，恃力者亡。'君之危若朝露，尚将欲延年益寿乎？则何不归十五都，灌园于鄙，劝秦王显岩穴之士③，养老存孤，敬父兄，序有功，尊有德，可以少安。君尚将贪商于之富，宠秦国之教，畜百姓之怨，秦王一旦捐宾客而不立朝，秦国之所以收君者，岂其微哉？亡可翘足而待。"商君弗从。

【出处】 司马迁：《史记·商君列传》，北京，中华书局，2000。

---

① 粥，同"鬻"。
② 左，失正叫做左。外，失中叫做外。左建外易，所建立和所变革的都违背事理。
③ 岩穴之士，隐居山林的贤人。

桓宽：农商政策

解题

这里的五篇选文，主要反映盐铁会议上官府专营与反官府专营的争论。作者桓宽，字次公，西汉汝南（今河南上蔡西南）人，生卒年不详。他以文学闻名于西汉，专门研究《春秋公年传》，汉宣帝（前73—前49年）时官任庐江太守丞。古代历史上就国家重大经济政策公开进行辩论的并不多，因此，桓宽编著的《盐铁论》很有代表性。全书共六十篇，第一至第四十一篇相当于会议发言纪要，第四十二至五十九篇为双方对"未尽事项"的余论，第六十篇是作者的后序。由于涉及产业结构、财政税收、铸造钱币等多个领域的事情，我们选择的各篇，也出自书中不同篇章。这里选录的是首篇《本议》，以及《禁耕》、《水旱》、《力耕》、《通有》等篇。

选文

惟始元六年，有诏书使丞相、御史与所举贤良、文学语。问民间所疾苦。

文学对曰："窃闻治人之道，防淫佚之原，广道德之端，抑末利而开仁义，毋示以利，然后教化可兴，而风俗可移也。今郡国有盐铁、酒榷、均输，与民争利。散敦厚之朴，成贪鄙之化。是以百姓就本者寡，趋末者众。夫文繁则质衰，末盛则本亏。末修则民淫，本修则民悫。民悫则财用足，民侈则饥寒生。愿罢盐铁、酒榷、均输，所以进本退末，广利农业，便也。"

大夫曰："匈奴背叛不臣，数为寇暴于边鄙。备之则劳中国之士，不备则侵盗不止。先帝哀边人之久患，苦为虏所系获也，故修障塞，饬烽燧，屯戍以备之。边用度不足，故兴盐铁，设酒榷，置均输，蓄货长财，以佐助边费。今议者欲罢之，内空府库之藏，外乏执备之用，使备塞乘城之士饥寒于边，将何以赡之？罢之，不便也。"

文学曰："孔子曰：'有国有家者，不患贫而患不均，不患寡而患不安。'故天子不言多少，诸侯不言利害，大夫不言得丧。畜仁义以风之，广德行以怀之。是以近者亲附而远者悦服。故善克者不战，善战者不师，善师者不阵。修之于庙堂，而折冲旋师。王者行仁政，无敌于天下，恶用费哉？"

大夫曰："匈奴桀黠，擅恣入塞，犯厉中国，杀伐郡县朔方都尉，甚悖逆不轨，宜诛讨之日久矣。陛下垂大惠，哀元元之未赡，不忍暴士大夫于原野①。纵无被坚执锐者北面复匈奴之志，又欲罢盐铁、均输，扰边用，损武略，无忧边之心，于其义未便也。"

文学曰："古者，贵以德而贱用兵。孔子曰：'远人不服，则修文德以来之。既来之，则安之。'今废道德而任兵革，兴师而伐之，屯戍而备之，暴兵露师以支久长，转输粮食无已，使边境之士饥寒于外，百姓劳苦于内。立盐铁，始张利官②以给之，非长策也。故以罢之为便也。"

大夫曰："古之立国家者，开本末之途，通有无之用，市朝以一其求，致士民，聚万货，农商工师各得所欲，交易而退。《易》曰：'通其变，使民不倦。'故工不出，则农用乏；商不出，则宝货绝。农用乏，则谷不殖；宝货绝，则财用匮。故盐铁、均输，所以通委财而调缓急。罢之，不便也。"

文学曰："夫导民以德，则民归厚；示民以利，则民俗薄。俗薄则背义而趋利，趋利则百姓交于道而接于市。老子曰：'贫国若有余。'非多财也，嗜欲众而民躁也。是以王者崇本退末，以礼义防民欲，实菽粟货财。市、商不通无用之物，工不作无用之器。故商所以通郁滞，工所以备器械，非治国之本务也。"

大夫曰："《管子》云：'国有沃野之饶而民不足于食者，器械不备也。有山海之货而民不足于财者，商工不备也。'陇、蜀之丹漆旄羽，

---

① 暴（pù），同"曝"。士大夫，这里指将士。
② 利官，主管专利事业的官员，如盐官、铁官等。

荆、扬之皮革骨象，江南之楠梓竹箭，燕、齐之鱼盐旃裘，兖、豫之漆丝絺纻，养生送终之具也，待商而通，待工而成。故圣人作为舟楫之用，以通川谷，服牛驾马，以达陵陆；致远穷深，所以交庶物而便百姓。是以先帝建铁官以赡农用，开均输以足民财；盐铁、均输，万民所载仰而取给者，罢之，不便也。"

文学曰："国有沃野之饶而民不足于食者，工商盛而本业荒也。有山海之货而民不足于财者，不务民用而淫巧众也。故川源不能实漏卮，山海不能赡溪壑。是以盘庚萃居，舜藏黄金，高帝禁商贾不得仕宦，所以遏贪鄙之俗而醇至诚之风也。排困市井，防塞利门，而民犹为非也，况上之为利乎？《传》曰：'诸侯好利则大夫鄙，大夫鄙则士贪，士贪则庶人盗。'是开利孔为民罪梯也。"

大夫曰："往者郡国诸侯各以其物贡输，往来烦难，物多苦恶，或不偿其费。故郡置输官以相给运，而便远方之贡，故曰均输。开委府于京师，以笼货物。贱即买，贵则卖。是以县官不失实，商贾无所贸利，故曰平准。平准则民不失职，均输则民齐劳逸。故平准、均输，所以平万物而便百姓，非开利孔而为民罪梯者也。"

文学曰："古者之赋税于民也，因其所工，不求所拙。农人纳其获，女工效其功。今释其所有，责其所无，百姓贱卖货物以便上求①。间者，郡国或令民作布絮，吏恣留难，与之为市。吏之所入，非独齐、阿之缣，蜀、汉之布也，亦民间之所为耳。行奸卖平，农民重苦，女工再税，未见输之均也。县官猥发，阖门擅市，则万物并收。万物并收，则物腾跃。腾跃，则商贾侔利。自市，则吏容奸②。豪吏富商积货储物以待其急，轻贾奸吏收贱以取贵，未见准之平也。盖古之均输，所以齐劳逸而便贡输，非以为利而贾万物也。"

【出处】 桓宽：《盐铁论·本议》，《四部丛刊正编》子部，台北，台湾商务印书馆，1979。

---

① 上求，官府的索求。
② 自市，官府自己经营买卖。吏容奸，官吏同奸商相互勾结。

选文

大夫曰:"家人有宝器,尚函匣而藏之,况人主之山海乎?夫权利之处,必在深山穷泽之中,非豪民不能通其利。异时,盐铁未笼,布衣有朐邴①,人君有吴王,皆盐铁初议也。吴王专山泽之饶,薄赋其民,赈赡穷乏,以成私威。私威积而逆节之心作。夫不蚤绝其源而忧其末,若决吕梁,沛然,其所伤必多矣。太公曰:'一家害百家,百家害诸侯,诸侯害天下,王法禁之。'今放民于权利,罢盐铁以资暴强,遂其贪心,众邪群聚,私门成党,则强御日以不制,而并兼之徒奸形成矣。"

文学曰:"民人藏于家,诸侯藏于国,天子藏于海内。故民人以垣墙为藏闭,天子以四海为匣匮。天子适诸侯,升自阼阶,诸侯纳管键,执策而听命②,示莫为主也。是以王者不畜聚,下藏于民,远浮利,务民之义;义礼立,则民化上。若是,虽汤、武生存于世,无所容其虑。工商之事,欧冶之任③,何奸之能成?三桓专鲁,六卿分晋,不以盐铁。故权利深者,不在山海,在朝廷;一家害百家,在萧墙,而不在朐邴也。"

大夫曰:"山海有禁而民不倾;贵贱有平而民不疑。县官设衡立准,人从所欲,虽使五尺童子适市,莫之能欺。今罢去之,则豪民擅其用而专其利。决市闾巷,高下在口吻,贵贱无常,端坐则民豪,是以养强抑弱而藏于跖④也。强养弱抑,则齐民消;若众秽之盛而害五谷。一家害百家,不在朐邴,如何也?"

文学曰:"山海者,财用之宝路也。铁器者,农夫之死士也。死士用,则仇雠灭,仇雠灭,则田野辟,田野辟而五谷熟。宝路开,则百姓赡而民用给,民用给则国富。国富而教之以礼,则行道有让,而工商不

---

① 笼,垄断。朐(qú),地名,临朐,在山东中部。邴(bǐng),姓氏,春秋战国时因冶铁致富。
② 阼(zuò)阶,东阶,古代宾主相见,宾客从西阶上,主人站在东阶迎接。天子到诸侯那里从东阶上,表示自己是主人而不是诸侯的宾客。策,同"册",刻写有封爵任命的竹简,叫做策命。
③ 欧冶,人名,春秋时人,善冶铜铸剑。欧冶之任,这里指从事采矿冶铁业。
④ 跖(zhí),柳下跖,亦即所谓"盗跖",这里借指豪民。

相豫，人怀敦朴以相接，而莫相利。夫秦、楚、燕、齐，土力不同，刚柔异势，巨小之用，居句之宜，党殊俗易，各有所便。县官笼而一之，则铁器失其宜，而农民失其便。器用不便，则农夫罢于野而草莱不辟。草莱不辟，则民困乏。故盐冶之处，大校皆依山川，近铁炭，其势咸远而作剧。郡中卒践更者，多不勘①，责取庸代。县邑或以户口赋铁，而贱平其准。良家以道次发僦运盐、铁，烦费，百姓病苦之。愚窃见一官②之伤千里，未睹其在朐邴也。"

【出处】 桓宽：《盐铁论·禁耕》，《四部丛刊正编》子部，台北，台湾商务印书馆，1979。

选文

大夫曰："禹、汤圣主，后稷、伊尹贤相也，而有水旱之灾。水旱，天之所为，饥穰，阴阳之运也，非人力故。太岁之数在阳为旱，在阴为水。六岁一饥，十二岁一荒。天道然，殆非独有司之罪也。"

贤良曰："古者政有德，则阴阳调，星辰理，风雨时。故行修于内，声闻于外，为善于下，福应于天。周公在上而天下太平，国无天伤，岁无荒年。当此之时，雨不破块，风不鸣条，旬而一雨，雨必以夜。无丘陵高下皆熟。《诗》曰：'有渰萋萋，兴雨祁祁。'今不省其所以然，而曰'阴阳之运也'，非所闻也。孟子曰：'野有饿莩，不知收也，狗彘食人食，不知检也，为民父母，民饥而死，则曰，非我也，岁也，何异乎以刃杀之，则曰，非我也，兵也？'方今之务，在除饥寒之患，罢盐铁，退权利，分土地，趣本业，养桑麻，尽地力也。寡功节用，则民自富。如是则水旱不能忧，凶年不能累也。"

大夫曰："议者贵其辞约而指明，可于众人之听，不至繁文稠辞多言，害有司化俗之计。而家人语陶朱为生，本末异径，一家数事，而治

---

① 卒，服徭役叫做卒。践更，纳钱雇人代役，叫做践更。勘，同"堪"。
② 一官，指盐官、铁官、均输官等。

生之道乃备。今县官铸农器，使民务本，不营于末，则无饥寒之累。盐铁何害而罢？"

贤良曰："农，天下之大业也；铁器，民之大用也。器用便利，则用力少而得作多，农夫乐事劝功。用不具，则田畴荒，谷不殖，用力鲜，功自半。器便与不便，其功相什而倍也。县官鼓铸铁器，大抵多为大器，务应员程，不给民用。民用钝弊，割草不痛。是以农夫作剧，得获者少，百姓苦之矣。"

大夫曰："卒徒工匠以县官日作公事，财用饶，器用备。家人合会，褊于日而勤于用，铁力不销炼，坚柔不和。故有司请总盐铁，一其用，平其贾，以便百姓公私。虽虞、夏之为治，不易于此。吏明其教，工致其事，则刚柔和，器用便。此则百姓何苦，而农夫何疾？"

贤良曰："故民得占租①、鼓铸、煮盐之时，盐与五谷同贾，器和利而中用。今县官作铁器，多苦恶，用费不省，卒徒烦而力作不尽。家人相一，父子戮力，各务为善器。器不善者不集，农事急，挽运衍之阡陌之间，民相与市买，得以财货五谷新币易货；或时贳民，不弃作业。置田器各得欲。更繇省约。县官以徒复作，缮治道桥诸发，民便之。今总其原，壹其贾，器多坚硁，善恶无所择。吏数不在，器难得。家人不能多储，多储则镇生。弃膏腴之日，远市田器，则后良时。盐铁贾贵，百姓不便。贫民或木耕手耨，土耰淡食。铁官卖器不售，或颇赋与民。卒徒作不中呈，时命助之。发征无限，更繇以均剧，故百姓疾苦之。古者千室之邑，百乘之家，陶冶工商，四民之求足以相更。故农民不离畦亩，而足乎田器；工人不斩伐而足乎材木，陶冶不耕田而足乎粟米。百姓各得其便，而上无事焉。是以王者务本不作末，去炫耀，除雕琢，湛民以礼，示民以朴。是以百姓务本而不营于末。"

【出处】 桓宽：《盐铁论·水旱》，《四部丛刊正编》子部，台北，台湾商务印书馆，1979。

---

① 占租，经营卖酒业。

选文

大夫曰:"王者塞天财,禁关市,执准守时,以轻重①御民。丰年岁登,则储积以备乏绝;凶年恶岁,则行币物,流有余而调不足也。昔禹水汤旱,百姓匮乏,或相假以接衣食。禹以历山之金,汤以庄山之铜,铸币以赡其民,而天下称仁。往者财用不足,战士或不得禄,而山东被灾,齐赵大饥,赖均输之畜,仓廪之积,战士以奉,饥民以赈。故均输之物,府库之财,非所以贾万民而专奉兵师之用,亦所以赈困乏而备水旱之灾也。"

文学曰:"古者十一而税,泽梁以时入而无禁,黎民咸被南亩而不失其务。故三年耕而余一年之蓄,九年耕有三年之蓄。此禹汤所以备水旱而安百姓也。草莱不辟,田畴不治,虽擅山海之财,通百末之利,犹不能赡也。是以古者尚力务本而种树繁,躬耕趣时而衣食足,虽累凶年而人不病也。故衣食者民之本,稼穑者民之务也。二者修,则国富而民安也。《诗》曰:'百室盈止,妇子宁止'也。"

大夫曰:"圣贤治家非一室,富国非一道。昔管仲以权谲霸,而纪氏以强本亡。使治家养生必于农,则舜不甄陶而伊尹不为庖。故善为国者,天下之下我高,天下之轻我重。以末易其本,以虚荡其实。今山泽之财,均输之藏,所以御轻重而役诸侯也。汝汉之金,纤微之贡,所以诱外国而钓胡羌之宝也。夫中国一端②之缦,得匈奴累金之物,而损敌国之用。是以骡驴馲驼衔尾入塞,驒騠騵马尽为我畜,鼲䶖狐貉采旃文罽充于内府,而璧玉珊瑚瑠璃咸为国之宝。是则外国之物内流,而利不外泄也。异物内流则国用饶,利不外泄则民用给矣。"

文学曰:"古者,商通物而不豫,工致牢而不伪。故君子耕稼田渔,其实一也。商则长诈,工则饰骂,内怀觊觎而心不怍,是以薄夫欺而敦夫薄。昔桀女乐充宫室,文绣衣裳,故伊尹高逝游薄③,而女乐终废其国。今骡驴之用不中牛马之功,鼲貂旃罽不益锦绨之实。美玉珊瑚出于

---

① 轻重,国家的宏观调控政策。
② 端,古代量布帛长度的计量尺度,古尺二丈或一丈八尺为一端。
③ 薄,即亳(bó),商汤的都城。

昆山，珠玑犀象出于桂林，此距汉万有余里。计耕桑之功，资财之费，是一物而售百倍其价，一揖而中万钟①之粟也。夫上好珍怪则淫服下流，贵远方之物则货财外充。是以王者不珍无用以节其民，不爱奇货以富其国。故理民之道在于节用尚本，分土井田而已。"

大夫曰："自京师东西南北，历山川，经郡国，诸殷富大都，无非街衢五通，商贾之所臻，万物之所殖者。故圣人因天时，智者因地财，上士取诸人，中士劳其形。长沮桀溺无百金之积，跖硚之徒无猗顿之富，宛周齐鲁商徧天下②。故乃商贾之富，或累万金，追利乘羡之所致也。富国何必用本农，足民何必井田也？"

文学曰："洪水滔天而有禹之绩，河水泛滥而有宣房之功。商纣暴虐而有孟津之谋，天下烦扰而有乘羡之富。夫上古至治，民朴而贵本，安愉而寡求。当此之时，道路罕行，市朝生草。故耕不强者无以充虚，织不强者无以掩形。虽有凑会之要，陶宛之术，无所施其巧。自古及今，不施而得报，不劳而有功者，未之有也。"

【出处】桓宽：《盐铁论·力耕》，《四部丛刊正编》子部，台北，台湾商务印书馆，1979。

选文

大夫曰："燕之涿蓟，赵之邯郸，魏之温轵，韩之荥阳，齐之临淄，楚之宛陈，郑之阳翟，二周之三川，富冠海内，皆为天下名都。非有助之耕其野而田其地者也，居五诸之衢，跨街冲之路也。故物丰者民衍，宅近市者家富。富在术数，不在劳身；利在势居，不在力耕也。"

文学曰："荆阳，南有桂林之饶，内有江湖之利，左陵阳之金，右蜀汉之材，伐木而树谷，燔菜而播粟，火耕而水耨，地广而饶财；然后驚窳偷生，好衣甘食。虽白屋草庐，歌讴鼓琴，日给月单③，朝歌暮

---

① 钟，度量单位，春秋时齐国是一钟等于六百四十升。
② 长沮、桀溺、跖、硚、猗顿，各为人名。徧，同"遍"。
③ 日给月单，白天有吃的，晚上就没有了。

戚。赵中山带大河,纂四通神衢,当天下之蹊。商贾错于路,诸侯交于道。然民淫好末,侈靡而不务本。田畴不修,男女矜饰。家无斗筲,鸣琴在室。是以楚赵之民,均贫而寡富。宋卫韩梁好本稼穑,编户齐民,无不家衍人给。故利在自惜,不在势居街衢;富在俭力趣时,不在岁司羽鸠也。"

大夫曰:"五行,东方木,而丹章有金铜之山;南方火,而交趾有大海之川;西方金,而蜀陇有名材之林;北方水,而幽都有积沙之地。此天地所以均有无而通万物也。今吴越之竹,隋唐之材,不可胜用,而曹卫梁宋采棺转尸①;江湖之鱼,莱黄之鲐,不可胜食,而邹鲁周韩藜藿蔬食。天地之利无不赡,而山海之货无不富也,然百姓匮乏,财用不足,多寡不调,而天下财不散也。"

文学曰:"古者采椽不斫,茅茨不翦,衣布褐,饭土硎,铸金为钼,埏埴为器,工不造奇巧,世不宝不可衣之物。各安其居,乐其俗,甘其食,便其器。是以远方之物不交,而昆山之玉不至。今世俗坏而竞于淫靡,女极纤微,工极技巧,雕素朴而尚珍怪,钻山石而求金银,没深渊求珠玑,设机陷求犀象,张网罗求翡翠,求蛮貊之物以眩中国,徙邛筰之货致之东海,交万里之财,旷日费功,无益于用。是以褐夫匹妇劳罢力屈,而衣食不足也。故王者禁溢利,节漏费。溢利禁则反本,漏费节则民用给。是以生无乏资,死无转尸也。"

大夫曰:"古者宫室有度,舆服以庸;采椽茅茨,非先生之制也。君子节奢刺俭,俭则固。昔孙叔敖相楚,妻不衣帛,马不秣粟。孔子曰:'不可,大俭极下②。'此《蟋蟀》所为作也。《管子》曰:'不饰宫室则材木不可胜用,不充庖厨则禽兽不损其寿。无末利则本业无所出,无黼黻则女工不施。'故工商梓匠,邦国之用、器械之备也,自古有之,非独此。弦高贩牛于周,五羖赁车入秦,公输子以规矩,欧冶以镕铸。百工居肆,以致其事;农商交易,以利本末。山居泽处,蓬蒿墝埆,财

---

① 采,柞木,质次,多作柴烧,不宜做其他器具。采棺,用柞木做棺材。转尸,弃尸,人死后没有棺材收敛。

② 大俭极下,过于节俭就变成低下了。

物流通，有以均之。是以多者不独衍，少者不独馑。若各居其处，食其食，则是橘柚不鬻，朐卤之盐不出，旃罽不市，而吴唐之材不用也。"

文学曰："孟子云：'不违农时，谷不可胜食。蚕麻以时，布帛不可胜衣也。斧斤以时入，材木不可胜用。田渔以时，鱼肉不可胜食。'若则饰宫室，增台榭，梓匠斫巨为小，以圆为方，上成云气，下成山林，则材木不足用也。男子去本为末，雕文刻镂以象禽兽，穷物究变，则谷不足食也。妇女饰微治细以成文章，极伎尽巧，则丝布不足衣也。庖宰烹杀胎卵，煎炙齐和，穷极五味，则鱼肉不足食也。当今世，非患禽兽不损，材木不胜，患僭侈之无穷也；非患无旃罽橘柚，患无狭庐糟糠也。"

【出处】桓宽：《盐铁论·通有》，《四部丛刊正编》子部，台北，台湾商务印书馆，1979。

王莽：六管政策

解题

本文主要反映王莽亲自主持推行的"六管"政策。所谓"六管"，包括盐、铁、酒三项，自然资源一项，货币一项，贷款、市场一项。

选文

夫盐，食肴之将；酒，百药之长，嘉会之好；铁，田农之本；名山大泽，饶衍之臧；五均赊贷，百姓所取平，卬以给澹；铁布铜冶①，通行有无，备民用也。此六者，非编户齐民所能家作，必卬于市，虽贵数倍，不得不买。豪民富贾，即要贫弱，先圣知其然也。故斡之。每一斡为设科条防禁，犯者罪至死。

【出处】班固：《汉书·食货志》，北京，中华书局，2000。

---

① 臧，同"藏"。卬，通"仰"。澹（shàn），通"赡"。铁布铜冶，泛指钱币。

傅玄：《安民》、《检商贾》、《平赋役》

解题

本文主要反映傅玄的民富要各有其职这个观点。作者傅玄（217—278），北地尼阳（今陕西耀县东南）人，在曹魏、西晋都曾任过官职。他认为，国家安定必须百姓安定，百姓安定必须民富，民富必须民各有其职，各专其事。

选文

民富则安，贫则危。明主之治也，分其业而一其事；业分则不相乱，事一则各尽其力，而不相乱，则民必安矣。重亲民之吏，而不数迁；重则乐其职，不数迁则志不流于他官；乐其职，而志不流于他官，则尽心恤其下；尽心以恤其下，则民必安矣。附法以宽民者赏，克法以要名者诛。宽民者赏，则法不亏于下，克民者诛，而名不乱于上，则民必安矣。量时而置官，则吏省而民供。吏省则精；精则当才而不遗力，民则供顺；供顺则思义而不背上。上爱其下，下乐其上，则民必安矣。笃乡闾之教，则民存知相恤，而亡知相救。存相恤而亡相救，则邻居相恃，怀土而无迁志。邻居相恃，怀土无迁志，则民必安矣。度时宜而立制，量民力以役赋，役赋有常，上无横求，则事事有储，而并兼之隙塞。事有储并兼之隙塞，则民必安矣。图远必验之近，兴事必度之民，知稼穑之艰难，重用其民如保赤子，则民必安矣。

职业无分，事务不一，职荒事废，相督不已，若是者民危。亲民之吏不重，有资者无劳而数迁，竞营私以害公，饰虚以求进；仕官如寄，视用其民如用路人，若是者民危。以法宽民者不赏，克民为能者必进，下力尽矣。而用之不已，若是者民危。吏多而民不能供，上下不相乐，若是者民危。乡闾无教，存不相恤，而亡不相救，若是者民危。不度时而立制，不量民而役赋无常，横求相仍，弱穷迫不堪其命，若是者民危。视远而忘近，兴事不度于民，不知稼穑艰难而转用之，如是者民危。安民而上危，民危而上安者，未之有也。《虞书》曰："安民则惠，黎民怀之。"其为治之要乎！

今之刺史古之牧伯也，今之郡县古之诸侯也。州总其统，郡举其纲，县理其目，各职守不得相干，治之经也。夫弹枉正邪，纠其不法，击一以警百者，刺史之职也。比物较成①，考定能否，均其劳役，同其得失，有大不可而后举之者，太守之职也。亲民授业，平理百事，猛以威吏，宽以容民者，令长之职也。然则令长者，最亲民之吏，百姓之命也。国以民为本，亲民之吏不可以不留意也。

【出处】傅玄：《安民》，见严可均：《全上古三代秦汉三国六朝文》，北京，中华书局，1958。

解题

本文主要反映傅玄对重农抑商的认识。傅玄主张对商人的经营活动应当进行检查和区分，认为重农抑商的抑商观点不可一概而论："急商而缓农，贵本而贱末"有其一定道理，因为商人唯利是图，易生奸诈，所以必须加以限制；但也应看到，经营人们日常用品的商业，起着"通有无而壹四海之财"的作用，是社会经济生活不可缺少的行业，因此"其业不可废"。

选文

夫商贾者，所以伸盈虚而获天地之利，通有无而壹四海之财，其人可甚贱，而其业不可废。盖众利之所充，而积伪之所生，不可不审察也。古者民朴而化淳，上少欲而下鲜伪，衣足以暖身，食足以充口，器

---

① 比物较成，比较举措的得失成败。

足以给用，居足以避风雨；养以大道，而民乐其生，敦以大质，而下无逸心。日中为市，民交易而退，各得其所，盖化淳也。

暨周世殷盛，承变极文，而重为之防。国有定制，下供常事，役赋有恒，而业不废，君臣相与，一体上下，譬之形影，官恕民忠，而恩侔父子。上不征非常之物，下不供非常之求，君不索无用之宝，民不鬻无用之货。自公侯至于皂隶仆妾，尊卑殊礼，贵贱异等。万机运于上，百事动于下，而六合晏如者，分数定也①。

夫神农正其纲，先之以无欲，而咸安其道。周综其目，一之以中典，而民不越法。及秦乱四民而废常贱，竞逐末利而弃本业，苟合一切之风起矣。于是士树奸于朝，贾穷伪于市，臣挟邪以罔其君，子怀利以诈其父。一人唱欲而亿兆和，上逞无厌之欲，下充无极之求；都有专市之贾，邑有倾世之商；商贾富乎公室，农夫伏于陇亩而堕沟壑。上愈增无常之好以征下，下穷死而不知所归。

哀夫！且末流滥溢而本源竭，纤靡盈市而谷帛罄，其势然也。古者言非典义，学士不以经心；事非田桑，农夫不以乱业；器非时用，工人不以措手；物非世资，商贾不以适市。士思其训，农思其务，工思其用，贾思其常，是以上用足，而下不匮。故一野不如一市，一市不如一朝，一朝不如一用，一用不如上息欲，上息欲而下返真矣。不息欲于上，而欲求下之安静，此犹纵火焚林，而索原野之不雕废，难矣！

故明君止欲而宽下，急商而缓农，贵本而贱末。朝无蔽贤之臣，市无专利之贾，国无擅山泽之民。一臣蔽贤，则上下之道壅；商贾专利，则四方之资困；民擅山泽，则兼并之路开。而上以无常役，下赋一物，非民所生，而请于商贾，则民财暴贱；民财暴贱，而非常暴贵；非常暴贵，则本竭而末盈。末盈本竭而国富民安，未之有也。

【出处】傅玄：《检商贾》，见严可均：《全上古三代秦汉三国六朝文》，北京，中华书局，1958。

---

① 六合，天、地与四方，泛指天下。分，名分。数，礼数。

解题

本文主要反映傅玄对赋役政策三条原则的认识。傅玄通过考证分析，概括出赋役政策的三条原则。按照他的观点，三条原则中很重要的一点是，应根据当时的需要，确定赋役的轻重。

选文

昔先王之兴役赋，所以安上济下，尽利用之宜，是故随时质文不过其节。计民丰约而平均之，使力足以供事，财足以周用，乃立一定之制，以为常典。甸都有常分，诸侯有常职焉①。万国致其贡，器用殊其物，上不兴非常之赋，下不进非常之贡，上下同心以奉常教②。民虽输力致财，而莫怨其上者，所务公而制有常也。

战国之际，弃德任威，竞相吞代，而天下之民困矣。秦并海内，遂灭先王之制，行其暴政，内造阿房之宫，继以骊山之役，外筑长城之限，重以百越之戍；赋过大半，倾天下之财，不足以盈其欲；役及闾左③，竭天下之力，不足以周其事。于是蓄怨积愤，同声而起，陈涉、项梁之畴，奋剑大呼，而天下之民响应以从之，骊山之基未闭，而敌国已收其图籍矣。

昔者东野毕御，尽其马之力，而颜回知其必败，况御天下而可尽人之力也哉！夫用人之力，岁不过三日者，谓治平无事之世，故周之典制载焉。若黄帝之时，外有赤帝、蚩尤之难，内设舟车门卫甲兵之奋，六兴大役，再兴天诛。居无安处，即天下之民亦不得不劳也，劳而不怨，用之至平也。禹凿龙门，辟伊阙，筑九山，涤百川，过门不入，薄饮食，卑宫室，以率先天下，天下乐尽其力，而不敢辞劳者，俭而有节，所趣公也。

故世有事，即役烦而赋重，世无事，即役简而赋轻。则奉上之礼宜崇，国家之制宜备，此周公所以定六典④也。役烦赋重，即上宜损制以

---

① 常分，向国家缴纳赋税和出徭役都有正常的规定。常职，有正常的进贡。
② 常教，长期不变的政教。
③ 闾左，秦代凡富强人家住在闾右，贫弱人家住在闾左，按常规闾左人家不负担劳役和兵役。役及闾左，指秦始皇却征发闾左人家服役。
④ 六典，治典、礼典、教典、政典、刑典、事典。

恤其下，事宜从省以致其用，此黄帝夏禹之所以成其功也。后之为政，思黄帝之至平，夏禹之积俭，周制之有常，随时益损而息耗之，庶几虽劳而不怨矣。

【出处】 傅玄：《平赋役》，见严可均：《全上古三代秦汉三国六朝文》，北京，中华书局，1958。

诸葛亮：治农重储之道

解题

本文主要反映诸葛亮的鼓励农耕这个观点。作者诸葛亮（181—234），字孔明，东汉琅琊阳都（今山东沂南县）人。他为政治蜀期间，鼓励农耕（"劝农业"），不夺农时，轻徭薄赋。民要教化，吏要整治。国家富强，百姓安居，天下太平。鼓励"躬耕"，抑制"末作"。为政讲求质朴，为民节省用度，储积以备来日所需。

选文

治人之道，谓道之风化①，陈示所以也。故经云："陈之以德义而民与行，示之以好恶而民知禁。"……故治人犹如养苗，先去其秽。故国之将兴，而伐于国；国之将衰，而伐于山②。明君之治，务知人之所患皂服之吏，小国之臣。故曰：皂服无所不克③，莫知其极；克食于民，而人有饥乏之变，则生乱逆。唯劝农业，无夺其时，唯薄赋敛，无尽民财。如此，富国安家，不亦宜乎？

夫有国有家者，不患贫而患不安。故唐、虞之政，利人相逢，用天之

---

① 道，第一个"道"字，指办法，原则。第二个"道"字，同"导"。
② 伐于山，滥伐和肆取山泽之利。
③ 克，通"刻"。

时，分地之利，以豫凶年，秋有余粮，以给不足，天下通财，路不拾遗，民无去就。故五霸之世，不足者奉于有余。故今诸侯好利，利兴民争，灾害并起，强弱相侵，躬耕者少，末作者多，民如浮云，手足不安。经云："不贵难得之货，使民不为盗；不贵无用之物，使民心不乱。"各理其职，是以圣人之政治也。古者齐景公之时，病民下奢侈，不遂礼制。周、秦之宜，去文就质，而劝民之有利也。夫作无用之器，聚无益之货，金银璧玉，珠玑翡翠，奇珍异宝，远方所出，此非庶人之所用也。锦绣纂组，绮罗绫縠，玄黄衣帛，此非庶人之所服也。雕文刻镂，伎作之巧，难成之功，妨害农事，辎軿出入，袍裘索襗，此非庶人之所饰也。重门画兽，萧墙数仞，冢墓过度，竭财高尚，此非庶人之所居也。经云："庶人之所好者，唯躬耕勤苦，谨身节用，以养父母。"制之以财，用之以礼，丰年不奢，凶年不俭，素有蓄积，以储其后，此治人之道，不亦合于四时之气乎？

【出处】诸葛亮：《便宜十六策·治人》，《诸葛亮集》，北京，中华书局，1960。

仲长统：政务十六项

解题

本文主要反映仲长统对土地国有基础上均田的认识。仲长统（179—220），字公理，山阳高平（今山东微山县）人。他概括出政务十六项，主张将荒田收归国有，作为官田，分配给无地农民。通常认为，这是北魏均田思想的前奏。

选文

制国以分人，立政以分事①……明版籍以相数阅，审什伍以相连

---

① 分人，分派人。分事，分派事。

持,限夫田以断并兼,定五刑以救死亡,益君长以兴政理,急农桑以丰委积,去末作以一本业,敦教学以移情性,表德行以厉风俗①,覆才艺以叙官宜,简精悍以习师田,修武器以存守战,严禁令以防僭差,信赏罚以验惩劝,纠游戏以杜奸邪,察苛刻以绝烦暴。审此十六者以为政务,操之有常,课之有限,安宁勿懈墯,有事不迫遽,圣人复起,不能易也。

向者,天下户过千万,除其老弱,但户一丁壮,则千万人也。遗漏既多,又蛮夷戎狄居汉地者尚不在焉。丁壮十人之中,必有堪为其什伍之长。推什长已上,则百万人也。又十取之,则佐史之才已上十万人也。又十取之,则可使在政理之位者万人也。以筋力用者谓之人,人求丁壮,以才智用者谓之士,士贵耆老。充此制以用天下之人,犹将有储,何嫌乎不足也?故物有不求,未有无物之岁也;士有不用,未有少士之世也。夫如此,而后可以用天性,究人理,兴顿废,属断绝,网罗遗漏,拱枑天人矣。

或曰:"善为政者,欲除烦去苛,并官省职,为之以无为,事之以无事,何子言之云云也?"曰:"若是,三代不足摹,圣人未可师也。"君子用法制而至于化,小人用法制而至于乱,均是一法制也,或以之化,或以之乱,行之不同也。苟使豺狼牧羊豚,盗跖主征税,国家昏乱,吏人放肆,则恶复论损益之间哉?夫人待君子然后化理,国待蓄积乃无忧患。君子非自农桑以求衣食者也,蓄积非横赋敛以取优饶者也。奉禄诚厚则割剥贸易之罪乃可绝也,蓄积诚多则兵寇水旱之灾不足苦也。故由其道而得之,民不以为奢;由其道而取之,民不以为劳。天灾流行,开仓库以禀贷,不亦仁乎?衣食有余,损靡丽以散施,不亦义乎?彼君子居位为士民之长,固宜重肉累帛②,朱轮驷马。今反谓薄屋者为高,藿食者为清,既失天地之性,又开虚伪之名,使小智居大位,庶绩不咸熙,未必不由此也。得拘挈而失才能,非立功之实也。以廉举而以贪去,非士君子之志也。夫选用必取善士。善士富者少而贫者多,

---

① 夫田,一夫百亩之田。厉,同"励"。
② 重肉累帛,双份肉菜,双层帛。

禄不足以供养，安能不少营私门乎？从而罪之，是设机置阱以待天下之君子也。盗贼凶荒，九州代作，饥馑暴至，军旅卒发，横税弱人，割夺吏禄，所恃者寡，所取者猥，万里悬乏，首尾不救，徭役并起，农桑失业，兆民呼嗟于昊天，贫穷转死于沟壑矣。

今通肥饶之率，计稼穑之入，令亩收三斛，斛取一斗，未为甚多。一岁之间，则有数年之储，虽兴非法之役，恣奢侈之欲，广爱幸之赐，犹未能尽也。不循古法，规为轻税，及至一方有警，一面被灾，未逮三年，校计骞矩，坐视战士之蔬食，立望饿殍之满道，如之何为君行此政也？二十税一，名之曰貊，况三十税一乎？夫薄吏禄以丰军用，缘于秦征诸侯，续以四夷，汉承其业，遂不改更，危国乱家，此之由也。今田无常主，民无常居，吏食日禀，班禄未定。可为法制，画一定科，租税十一，更赋如旧。今者土广民稀，中地未垦。虽然，犹当限以大家，勿令过制。其地有草者，尽曰官田，力堪农事，乃听受之。若听其自取，后必为奸也。

【出处】 范晔：《后汉书·王充王符仲长统列传》，北京，中华书局，2000。

刘晏：论理财

解题

本文主要反映刘晏对理财博弈的认识。刘晏的理财政绩，在历史上被传为佳话。他在经济实践中总结出一个诀窍，国家先让人民得利，然后国家也就能够得利。用我们今天的话来说，叫做"双赢"。

选文

刘晏，字士安，曹州南华人。玄宗封泰山，晏始八岁，献颂行在，帝奇其幼，命宰相张说试之。说曰："国瑞也。"即授太子正字。公卿邀请旁午①，号神童，名震一时。

天宝中，累调夏令，未尝督赋，而输无逾期。举贤良方正，补温令，所至有惠利可纪，民皆刻石以传。再迁侍御史。禄山乱，避地襄阳。永王璘署晏右职，固辞。移书房琯②，论封建与古异，"今诸王出深宫，一旦望桓、文功，不可致"。诏拜度支郎中，兼侍御史，领江淮租庸事。晏至吴郡而璘反，乃与采访使李希言谋拒之。希言假晏守余杭，会战不利，走依晏。晏为陈可守计，因发义兵坚壁。会王败，欲转略州县，闻晏有备，遂自晋陵西走。终不言功。召拜彭原太守，徙陇、华二州刺史，迁河南尹。时史朝义盗东都，乃治长水。进户部侍郎，兼御史中丞、度支铸钱盐铁等使。京兆尹郑叔清、李齐物坐残挚罢，诏晏兼京兆尹。总大体不苛，号称职。会司农卿严庄下狱，已而释，诬劾晏漏禁中语，宰相萧华亦忌之，贬通州刺史。

代宗立，复为京兆尹、户部侍郎，领度支、盐铁、转运、铸钱、租庸使。晏以户部让颜真卿，改国子祭酒。又以京兆让严武，即拜吏部尚书、同中书门下平章事，使如故。坐与程元振善，罢为太子宾客。俄进御史大夫，领东都、河南、江淮转运、租庸、盐铁、常平使。

时大兵后，京师米斗千钱，禁膳不兼时，甸农捃穗以输。晏乃自按行，浮淮、泗，达于汴，入于河。右循底柱、硖石，观三门遗迹；至河阴、巩、洛，见宇文恺梁公堰，厮河为通济渠，视李杰新堤，尽得其病利。然畏为人牵制，乃移书于宰相元载，以为："大抵运之利与害各有四：京师三辅，苦税入之重，淮、湖粟至，可减徭赋半，为一利；东都雕破，百户无一存，若漕路流通，则聚落邑廛渐可还定，为二利；诸将有不廷③，戎房有侵盗，闻我贡输错入，军食丰衍，可以震耀夷夏，为三利；若舟车既通，百货杂集，航海梯峤，可追贞观、永徽之盛，为四利。起宜阳、熊耳，虎牢、成皋五百里，见户才千余，居无尺椽，爨无

---

① 旁午，纵横，这里指交互频繁。
② 房琯（guǎn），唐玄宗时宰相。
③ 不廷，不服从朝廷。

盛烟，兽游鬼哭，而使转车挽漕，功且难就，为一病；河、汴自寇难以来，不复穿治，崩岸灭木，所在廞淤，涉泗千里，如罔水行舟，为二病；东垣、底柱，渑池、北河之间六百里，戍逻久绝，夺攘奸宄，夹河为薮，为三病；淮阴去蒲坂，亘三千里，屯壁相望，中军皆鼎司元侯，每言衣无纩，食半菽，挽漕所至，辄留以馈军，非单车使者折简书所能制，为四病。"载方内擅朝权，既得书，即尽以漕事委晏，故晏得尽其才。岁输始至，天子大悦，遣卫士以鼓吹迓东渭桥，驰使劳曰："卿，朕酂侯也。"凡岁致四十万斛，自是关中虽水旱，物不翔贵矣。

再迁吏部尚书，又兼益湖南、荆南、山南东道转运、常平、铸钱使，与第五琦分领天下金谷。又知吏部三铨事，推处最殿分明，下皆慑伏。元载得罪，诏晏鞫之。晏畏载党盛，不敢独讯，更敕李涵等五人与晏杂治。王缙得免死，晏请之也。

常衮执政，忌晏有公望，乃言晏旧德，当师长百僚，用为左仆射，实欲夺其权。帝以计务方治，诏以仆射领使如旧。

初，晏分置诸道租庸使，慎简台阁士专之。时经费不充，停天下摄官①，独租庸得补署，积数百人，皆新进锐敏，尽当时之选，趣督倚办，故能成功。虽权贵干请，欲假职仕者，晏厚以禀入奉之，然未尝使亲事，是以人人劝职。尝言："士有爵禄，则名重于利；吏无荣进，则利重于名。"故检劾出纳，一委士人，吏惟奉行文书而已。所任者，虽数千里外，奉教令如目前，颦伸谐戏不敢隐。惟晏能行之，它人不能也。代宗尝命考所部官吏善恶，刺史有罪者，五品以上辄系劾，六品以下杖然后奏。

李灵耀反，河南节帅或不奉法，擅征赋，州县益削。晏常以羡补乏，人不加调，而所入自如。

第五琦始榷盐佐军兴，晏代之，法益密，利无遗入。初，岁收缗钱六十万，末乃什之，计岁入千二百万，而榷居太半，民不告勤。京师盐暴贵，诏取三万斛以赡关中，自扬州四旬至都，人以为神。至湖峤荒险

---

① 摄官，兼职。

处,所出货皆贱弱,不偿所转,晏悉储淮、楚间,贸铜易薪,岁铸缗钱十余万。其措置纤悉如此。诸道巡院,皆募驶足,置驿相望,四方货殖低昂及它利害,虽甚远,不数日即知,是能权万货重轻,使天下无甚贵贱而物常平,自言如见钱流地上。每朝谒,马上以鞭算①。质明视事,至夜分止,虽休澣不废。事无闲剧,即日剖决无留。所居修行里,粗朴庳陋,饮食俭狭,室无媵婢。然任职久,势轧宰相,要官华使多出其门。自江淮茗橘珍甘,常与本道分贡,竞欲先至,虽封山断道,以禁前发,晏厚赀致之,常冠诸府,由是媢怨益多。馈谢四方有名士无不至,其有口舌者,率以利啖之,使不得有所訾短。故议者颇言晏任数固恩。大历时政因循,军国皆仰晏,未尝检质。德宗立,言者屡请罢转运使,晏亦固辞,不许。又加关内河东三川转运、盐铁及诸道青苗使。

始,杨炎为吏部侍郎,晏为尚书,盛气不相下。晏治元载罪,而炎坐贬。及炎执政,衔宿怒,将为载报仇。先是,帝居东宫,代宗宠独孤妃,而爱其子韩王。宦人刘清潭与嬖幸请立妃为后,且言王数有符异,以摇东宫。时妄言晏与谋。至是,炎见帝流涕曰:"赖祖宗神灵,先帝与陛下不为贼臣所间,不然,刘晏、黎干摇动社稷,凶谋果矣。今干伏辜而晏在,臣位宰相,不能正其罪,法当死。"崔佑甫曰:"陛下已廓然大赦,不当究飞语,致人于罪。"朱泚、崔宁力相解释,宁尤切至。炎怒,斥宁于外,遂罢晏使。坐新故所交簿物抗谬,贬忠州刺史,中官护送。炎必欲傅其罪,知庾准与晏素憾,乃擢为荆南节度使。准即奏晏与朱泚书,语言怨望,又搜卒,擅取官物,胁诏使,谋作乱。炎证成之。

建中元年七月,诏中人赐晏死,年六十五。后十九日,赐死诏书乃下,且暴其罪。家属徙岭表,坐累者数十人,天下以为冤。时炎兼删定使,议籍没,众论不可,乃止。然已命簿录其家,唯杂书两乘,米麦数斛,人服其廉。淄青节度使李正己表诛晏太暴,不加验实,先诛后诏,天下骇惋,请还其妻子。不报。兴元初,帝浸寤,乃许归葬。贞元五

---

① 鞭算,用鞭子算账。

年，遂擢晏子执经为太常博士，宗经秘书郎。执经还官，求追命，有诏赠郑州刺史，又加司徒。

晏殁二十年，而韩洄、元琇、裴腆、李衡、包佶、卢征、李若初继掌财利，皆晏所辟用，有名于时。

晏既被诬，而旧吏推明其功。陈谏以为管、萧之亚，着论纪其详，大略以"开元、天宝间天下户千万，至德后残于大兵，饥疫相仍，十耗其九，至晏充使，户不二百万。晏通计天下经费，谨察州县灾害，蠲除振救，不使流离死亡。初，州县取富人督漕挽，谓之'船头'；主邮递，谓之'捉驿'；税外横取，谓之'白着'。人不堪命，皆去为盗贼。上元、宝应间，如袁晁、陈庄、方清、许钦等乱江淮，十余年乃定。晏始以官船漕，而吏主驿事，罢无名之敛，正盐官法，以禅用度。起广德二年，尽建中元年，黜陟使实天下户，收三百余万。王者爱人，不在赐与，当使之耕耘织纴，常岁平敛之，荒年蠲救之，大率岁增十之一。而晏尤能时其缓急而先后之。每州县荒歉有端，则计官所赢，先令曰：'蠲某物，贷某户。'民未及困，而奏报已行矣。议者或讥晏不直赈救，而多贱出以济民者，则又不然。善治病者，不使至危急；善救灾者，勿使至赈给。故赈给少则不足活人，活人多则阙国用，国用阙则复重敛矣；又赈给近侥幸，吏下为奸，强得之多，弱得之少，虽刀锯在前不可禁。以为二害灾沴之乡①，所乏粮耳，它产尚在，贱以出之，易其杂货，因人之力，转于丰处，或官自用，则国计不乏；多出菽粟，恣之粜运，散入村间，下户力农，不能诣市，转相沾逮，自免阻饥，不待令驱。以为二胜②。晏又以常平法，丰则贵取，饥则贱与，率诸州米尝储三百万斛。岂所谓有功于国者邪！"

【出处】 欧阳修、宋祁：《新唐书·刘晏传》，北京，中华书局，2000。

---

① 二害灾沴，水旱灾。
② 二胜，战胜水旱灾。

杨炎：论两税法

解题

本文主要反映杨炎的量出制入这个观点。杨炎（727—781），字公南，陕西凤翔人。杨炎奏请实行两税法，在财政上的一个显著特点是，提出了"量出制入"的财政原则，以此代替传统的"量入为出"的财政原则。实行两税法，使杨炎成为和刘晏并称的唐代两大理财家。

选文

凡百役之费，一钱之敛，先度其数而赋予人，量出以制入。户无主客，以见居为簿；人无丁中，以贫富为差。不居处而行商者，在所州县税三十之一，度所取与居者均，使无侥利。居人之税，秋夏两征之，俗有不便者正之。其租庸杂徭悉省，而丁额不废，申报出入如旧式。其田亩之税，率以大历十四年垦田之数为准而均征之。夏税无过六月，秋税无过十一月。逾岁之后，有户增而税减者，及人散而失均者，进退长吏，而以尚书度支总统焉。

【出处】沈昫：《旧唐书·杨炎传》，北京，中华书局，2000。

陆贽：驳两税法

解题

这里的四篇选文，主要反映陆贽的反对两税法这个观点。陆贽是两税法实行后第一个写文章全面反对两税法的人。其中，特别反对"量出以制入"，坚持"量入以为出"，说"圣王立程，量入为出，虽遇灾难下无困穷。理化既衰则乃反是，量出为入，不恤所无"。还谈到为增加税收而开垦田地的弊病；农业税不因垦田或废耕而改变；以"赋人取财"来"资国"，应当把重点放在"暇力"、"余财"上，以"有度"、"得时"为原则；赋税决不可以"征收迫促"。

选文

国朝著令赋役之法有三，一曰：租；二曰：调；三曰：庸。古者一井之地，九夫共之，公田在中，藉而不税；私田不善则非吏，公田不善则非民。事颇纤微难于防检，春秋之际已不能行。故国家袭其要而去其烦，丁男一人授田百亩，但岁纳租税二石而已，言以公田假人而收其租入，故谓之租。古者任土之宜以奠赋法。国家就因往制简而一之：每丁各随乡土所出，岁输若绢、若绫、若絁，共二丈，绵三两。其无蚕桑之处则输布二丈五尺，麻三斤，以其据丁户调而取之，故谓之调。古者用人之力，岁不过三日，后代多事其增十之。国家斟酌物宜立为中制，每丁一岁定役二旬，若不役则收其庸，日准三尺以其出绢而当庸直，故谓之庸。此三道者，皆宗本前哲之规模，参考历代之利害，其取法也远，其立意也深，其敛财也均，其域人也固，其裁规也简，其备虑也周。有田则有租，有家则有调，有身则有庸。天下为家，法制均一，虽欲转徙，莫容其奸。故人无摇心，而事有定制。以之厚生，则不堤防而家业可久；以之成务则不较阅，而众寡可知；以之为理则法不烦，而教化行；以之成赋则下不困而上用足。三代创制，百王是程，虽维御损益之术小殊，而其义则一也。

天宝季岁，羯胡乱华，海内波摇，兆庶云扰，版图隳于避地，赋法坏于奉军。建中之初，再造百度，执事者知弊之宜革，而所作兼失其源；知简之可从，而所操不得其要。旧患虽减，新沴复滋，救疲成痿，展转增剧。凡欲拯其积弊，须穷致弊之由，时弊则但理其时，法弊则全革其法，而又揆新校旧，虑远图难。规略未详悉，固不果行；利害非相悬，固不苟变。所为必当，其悔乃亡。若好革而不知原始要终，斯皆以弊易弊者也。至如赋役旧法，乃是圣祖典章，行之百年，人以为便。兵兴之后，供亿不恒，乘急诛求，渐隳经制，此所谓时之弊，非法弊也。时有弊而未理，法无弊而已更，扫庸调之成规，创两税之新制，立意且爽，弥纶又疎，竭耗编甿，日日滋甚。夫作法裕于人，未有不得人者也；作法裕于财，未有不失人者也。陛下初膺宝位，思致理平，诞发德音，哀痛流弊，念征役之烦重，悯烝黎之困穷，分命使臣，扬惠化诚，宜损上益下，啬用节财，窒侈欲以荡其贪风，息冗费以纾其厚敛。而乃搜摘郡邑，劾验簿书，每州各取大历中一年。科率钱谷数最多者，便为两税定额。此乃采非法之权令，以为经制；总无名之暴赋，以立恒规。是务取财，岂云恤隐。作法而不以裕人拯病为本，得非立意且爽者乎？夫财之所生，必因人力，工而能勤则丰富，拙而兼惰则窭空。是以先王之制赋入也，必以丁夫为本，无求于力。分之外无贷于力，分之内故不以务稼增其税，不以辍稼减其租，则播种多；不以殖产厚其征，不以流寓免其调，则地利固；不以饬励重其役，不以寡怠蠲其庸，则功力勤。如是然后能使人安其居，尽其力，相观而化，时靡遁心，虽有惰游不率之人，亦已惩矣。两税之立则异于斯，唯以资产为宗，不以丁身为本。资产少者则其税少，资产多者则其税多，曾不悟资产之中事情不一：有藏于襟怀囊篋，物虽贵而人莫能窥；有积于场圃屯仓，直虽轻而众以为富；有流通蓄息之货，数虽寡而计日收赢；有庐舍器用之资，价虽高而终岁无利。如此之比，其流实繁，一概计估算缗，宜其失平长伪。由是务轻费而乐转徙者，恒脱于徭税，敦本业而树居产者，每困于征求。此乃诱之为奸，驱之避役。力用不得不弛，风俗不得不讹，闾井不得不残，赋入不得不阙。复以创制之首，不务齐平，但令本道本州各依旧额征税。军兴已久，事例不常，供应有烦简之殊，牧守有能否之异，所在强赋轻重相悬。既成新规，须惩积弊，化之所在，足使无偏，减重分轻，是将均济。而乃急于聚敛，惧或蠲除，不量物力所堪，唯以旧额为准。旧重之处，流亡益多；旧轻之乡，归附益众。有流亡，则已重者摊征转重；有归附，则已轻者散出转轻。高下相倾，势何能止？又以谋始之际，不立科条，分遣使臣，凡十余辈，专行其意，各制一隅。遂使人殊见道异法，低昂不类，缓急不伦。逮至复命于朝，竟无类会裁处，其于踳①驳胡可胜言！利害相形，事尤非便，作法而不以究微防患为虑，得非弥纶又踈者乎！立意且爽，弥纶又踈。凡厥疲人，已婴其弊。就加保育犹惧不支，况复亟缭棼丝②，重伤宿痾，其为扰病，抑又甚焉。请为陛下举其尤者六七端则人之困穷固可知矣。

大历中，纪纲废弛，百事从权，至于率税少多皆在牧守裁制，邦赋既无定限，官私惧有阙供，每至征配之初，例必广张名数，以备不时之命。且为施惠之资。应用有余，则遂减放。增损既由郡邑，消息易协物宜，故法虽久刓③而人未甚瘁；及总杂征虚数，以为两税，恒规悉登，地官咸系经费计奏一定，有加无除，此则人益困穷，其事一也。本惩赋敛繁重，所以变旧从新，新法既行，已重于旧。旋属征讨，国用不充，复以供军为名，每贯加征二百，当道或增戍旅，又许量事取资，诏敕皆谓权宜，悉令事毕停罢。息兵已久，加税如初。此则人益困穷，其事二也。定税之数皆计缗钱，纳税之时多配绫绢，往者纳绢一疋当钱三千二三百文，今者纳绢一疋当钱一千五六百文，往输其一者今过于二矣。虽官非增赋而私已倍输，此则人益困穷，其事三也。诸州税务，送至上都，度支颁给群司，例皆增长本价，而又缪称折估，抑使剥征，奸吏因缘得行侵夺，所获殊寡所据殊多。此则人益困穷，其事四也。税法之重若是，既于已极之中，而复有奉进宣索之繁，尚在其外。方岳颇拘于成例，莫敢阙供；朝典又束以彝章，不许别税。绮丽之饰，纨素之饶，非从地生，非自天降，若不出编户之筋力膏髓，将安所取哉？于是有巧避微文，曲承睿旨，变征役以召雇之目，换科配以和市之名。广其课而狭偿其庸，精其入而粗计其直。以召雇为目而捕之，不得不来；以和市为名而迫之，不得不出。其为妨抑，特甚常徭。此则人益困穷，其事五也。大历中非法赋敛，急备供军，折估、宣索、进奉之类者既并收入两税矣；今于两税之外，非法之事，又并存。此则人益困穷，其事六也。

---

① 踳（chuǎn），同"舛"。
② 亟缭棼（fēn）丝，缠了又缠的乱丝，比喻杂乱不堪。
③ 刓（wán），同"玩"。

建中定税之始诸道已不均齐，其后，或吏理失宜，或兵赋偏重，或疠疾钟害，或水旱荐灾，田里荒芜，户口减耗。牧守苟避于殿责，罕尽申闻；所司姑务于取求，莫肯矜恤。遂于逃死阙乏，税额累加，见在疲甿。一室已空，四邻继尽，渐行增广，何由自存。此则人益困穷，其事七也。自至德讫于大历二十年余，兵乱相乘，海内罢弊。幸遇陛下，绍膺宝运，忧济生灵，诞敷圣谟，痛矫前弊，重爱人节用之旨，宣轻徭薄赋之名，率土烝黎感涕相贺，延颈企踵，咸以为太平可期。既而制失其中，敛从其重，颇乖始望，已沮群心。因之以兵甲，而烦暴之取转加；继之以献求，而静约之风浸靡。臣所知者才梗槩耳，而人益困穷之事，已有七焉。臣所不知何啻于此。陛下倘追思大历中，所闻人闻疾苦，而又有此七事重增于前，则人之无聊不问可悉。

昔鲁哀公问于有若曰："年饥用不足，如之何？"有若对曰："盍彻乎？"哀公曰："二，吾犹不足，如之何其彻也？"有若曰："百姓足，君孰与不足；百姓不足，君孰与足？"孔子曰："有国有家者，不患寡而患不均，不患贫而患不安。盖均而无怨，节而无贫，和而无寡，安而无倾。"汉文恤患救灾，则命郡国无来献。是以人为本，以财为末，人安则财赡，本固则邦宁。今百姓艰穷，非止不足；税额类例，非止不均；求取繁多，非止来献；诚可哀悯，亦可忧危。此而不图，何者为急？圣情重慎，每戒作为，伏知贵欲因循，不敢尽求厘革，且去其太甚，亦足小休。望令所司与宰臣参量，据每年支用色目中，有不急者、无益者，罢废之；有过制者、广费者减节之。遂以罢减之资，回给要切之用。其百姓税钱，因军兴每贯加征二百者，下诏停之，用复其言。俾人知信，下之化上，不令而行。诸道权宜加征，亦当自请蠲放，如是则困穷之中，十缓其二三矣。供御之物，各有典司，任土之宜，各有常贡。过此以往，复何所须？假欲崇饰燕居储备赐与，天子之贵，宁忧乏财？但敕有司，何求不给？岂必旁延进献，别徇营求，减德示私，伤风败法，因依纵扰，为害最深。陛下临御之初已宏清净之化，下无曲献，上绝私求。近岁以来，稍渝前旨，今但涤除流误，振起圣猷，则淳风再兴，贿道中寝。虽有贪婪之辈，曷由复肆侵渔，州郡羡财，亦将焉往？若不上输王府，理须下纾疲人，如是则困穷之中，十又缓其四五矣。所定税物估价，合依当处月平。百姓输纳之时，累经州县简阅，事或涉于奸冒，过则不在户人，重重剥征，理甚无谓。望令所司，应诸州府送税物到京，但与色样相符，不得虚称折估。如滥恶尤甚，给用不充，惟罪元纳官司，亦勿更征百姓。根本既自端静，枝叶无因动摇。如是则困穷之中，十又缓其二三矣。然后据每年见供赋税之处，详谕诏旨，咸俾均平，每道各令知两税判官一人赴京，与度支类会参定，通计户数以配税钱，轻重之间，大约可准。而又量土地之沃瘠，计物产之少多，伦比诸州，定为两等。州等下者其每户配钱之数少，州等高者其每户配钱之数多，多少已差悉令折衷。仍委观察使更于当管所配钱数之内，均融处置，务尽事宜。就于一管之中，轻重不得偏并，虽或未尽齐一，决当不甚低昂。既免扰人，且不变法。粗均劳逸，足救凋残。非但征赋易供，亦冀逋逃渐息。俟稍宁阜，更择所宜。

【出处】 陆贽：《均节赋税恤百姓六条》，《陆贽集》，中华书局，2006。

选文

夫国家之制赋税也，必先导以厚生之业，而后取其什一焉。其所取也，量人之力，任土之宜，非力之所出则不征，非土之所有则不贡，谓之通法，历代常行。大凡生于天地之间，而五材之用为急。五材者，金、木、水、火、土也。水火不资于作为，金木自产于山泽，唯土爰播植非力不成，衣食之源皆出于此。故可以勉人功定赋入者，惟布、麻、缯、纩与百谷焉。先王惧物之贵贱失平，而人之交易难准，又立货泉之法，以节轻重之宜，敛散弛张，必由于是。盖御财之大柄，为国之利权，守之在官，不以任下。然则谷帛者，人之所为也，钱货者，官之所为也。人之所为者故租税取焉，官之所为者故赋敛舍焉。此又事理着明者也，是以国朝著令，稽古作程，所取于人，不逾其分。租出谷，庸出绢，调杂出缯、纩、布、麻，非此族也，不在赋法。列圣遗典，粲然可征，曷常有禁人铸钱，而以钱为赋者也。今之两税，独异旧章，违任土之通方，效算缗之末法。不稽事理，不揆人功，但估资产为差，便以钱谷定税，临时折征杂物，每岁色目颇殊。唯计求得之利宜，靡论供办之难易，所征非所业，所业非所征。遂或增价以买其所无，减价以卖其所有，一增一减，耗损已多。且百姓所营唯在耕织，人力之作为有限，物价之贵贱无恒，而乃定税计钱，折钱纳物，是将有限之产，以奉无恒之输。纳物贱则供税之所出渐多，多则人力不给；纳物贵则收税之所入渐少，少则国用不充。公私二途，常不兼济，以此为法，未之前闻。往者初定两税之时，百姓纳绢一疋，折钱三千二百文，大率万钱为绢三疋。价计稍贵，数则不多，及乎颁给军装，计数而不计价，此所谓税入少而国用不充者也。近者百姓纳绢一疋折钱一千五六百文，大率万钱为绢六疋。价既转贱，数则渐加，向之蚕织不殊，而所输尚欲过倍，此所谓供税多而人力不给者也。

今欲不甚改法，而粗救灾害者，在乎约循典制，而以时变损益之。臣谓宜令所司勘会诸州府初纳两税年绢布，定估此类当今时价，加贱减贵，酌取其中总计合税之钱，折为布帛之数，仍依庸调旧制，各随乡土所宜。某州某年定出税布若干端，某州某年定出税绢若干疋，其有絁绵杂货亦随所出定名，勿更计钱以为税数。如此则土有常制，人有常输，众皆知上令之不迁，于是一其心而专其业。应出布麻者则务于纺绩，供绵绢者则事于蚕桑。日作月营，自然便习，各修家技，皆足供官。无求人假手之劳，无贱鬻贵买之费，无暴征急办之弊，无易常改作之烦。物甚贱而人之所出不加，物其贵而官之所入不减，是以家给而国足，事均而法行，此直稍循令典之旧规，固非创制之可疑者也。

然蚩蚩①之俗，罕究事情，好骋异端，妄行沮议。臣请假为问答，以备讨论。陛下诚有意乎怜愍②苍生，将务救恤，但垂听览，必有可行议者。若曰：每岁经费所资，大抵皆纳钱数，若令以布帛为额，是令支

---

① 蚩蚩（chī），痴呆，愚昧。
② 愍（mǐn），同"悯"。

计无凭。答曰：国初约法已来，常赋率由布帛，输二甲子，制用不愆，何独当今则难支计。且经费之大其流有三：军食一也，军衣二也，内外官月俸及诸色资课三也。军衣固在于布帛，军食又取于地租，其计钱为数者，独月俸资课而已。制禄唯不计钱，故三代以食人众寡为差，两汉以石数多少为秩。盖以钱者官府之权货，禄者吏属之常资，以常徇权则丰约之度不得恒于家；以权为常，则轻重之柄不得专于国。故先王制禄以食，而平货以钱，然后国有权而家有节矣。况今馈饷方广，仓储未丰，尽复古规，或虑不足。若但据群官月俸之等，随百役资课之差，各依钱数少多，折为布帛定数，某官月给俸绢若干疋，某役月给资布若干端。所给色目精粗，有司明立条例，便为恒制，更不计钱。物甚贱而官之所给不加，物甚贵而私之所禀不减，官私有准，何利如之！生人大端，衣食为切，有职田以供食，有俸绢以供衣，从事之家，固足自给，以兹制事，谁曰不然？夫然则国之用财，多是布帛，定以为赋，复何所伤？

议者若曰：吏禄军装，虽颁布粟，至于以时敛籴，用权物价重轻，是必须钱，于何取给？答曰：古之圣人，所以取山泽之蕴材，作泉布之宝货，国专其利，而不与人共之者，盖为此也。物贱由乎钱少，少则重，重则加铸而散之使轻；物贵由乎钱多，多则轻，轻则作法而敛之使重。是乃物之贵贱，系于钱之多少；钱之多少，在于官之盈缩。官失其守，反求于人，人不得铸钱而限令供税，是使贫者破产而假资于富有之室。富者蓄货而窃行于轻重之权，下困齐人，上亏利柄，今之所病，谅在于斯。诚宜广即山殖货之功，峻用铜为器之禁，苟制持得所，则钱不乏矣。有榷盐以入其直，有榷酒以纳其资，苟消息合宜，则钱可收矣。钱可收固可以敛轻为重；钱不乏固可以散重为轻，弛张在官，何所不可，虑无所给，是未知方。

议者若曰：自定两税以来，恒使计钱纳物，物价渐贱，所纳渐多；出给之时，又增虚估；广求美利，以赡库钱。岁计月支，犹患不足，今若定供布帛出纳以平，军国之资无乃有阙。答曰：自天宝以后，师旅数起，法度消亡。肃宗拨滔天之灾而急于功赏。先帝迈含垢之德，而缓于纠绳。由是用颇殷繁，俗亦靡弊，公赋已重，别献继兴；别献既行，私赂竞长。诛求刻剥，日长月滋，积累以至于大历之间；所谓取之极甚者也。今既总收极甚之数，定为两税矣，所定别献之类，复在数外矣；间缘军用不给，已尝加征矣；近属折纳价钱，则又多获矣。比于大历极甚之数，殆将再益其倍焉。复幸年谷屡丰，兵车少息，而用常不足，其故何哉？盖以事逐情生，费从事广，物有剂而用无节，夫安得不乏乎？苟能戢其情、约其用，非但可以布帛为税，虽更减其税亦可也。苟务逞其情，侈其用，非但行今重税之不足，虽更加其税亦不足也。夫地力之生物有大数，人力之成物有大限，取之有度，用之有节则常足；取之无度，用之无节则常不足。生物之丰败由天，用物之多少由人。是以圣王立程，量入为出，虽遇灾难下无困穷。理化既衰则乃反是，量出为入，不恤所无。故鲁哀公问年饥用不足，如之何？有若对以盍彻。桀用天下而不足，汤用七十里而有余，是乃用之盈虚，在节与不节耳。不节则虽盈必竭，能节则虽虚必盈。卫文公承灭国之余，建新徙之业，革车不过三十乘，岂不甚殆哉。而能衣大布、冠大帛，约己率下，通商务农，卒以富强见称载籍。汉文帝接秦项积久伤夷之弊，继高吕革创多事之时，家国虚残日不暇给，而能躬俭节用，静事息人。服弋绨履革舄，却骏马而不御，罢露台而不修，屡赐田租以厚烝庶，遂使户口蕃息，百物阜殷乃至乡曲宴游，乘牝牸者不得赴会。子孙生长或有积数，十岁不识市廛。御府之钱贯朽而不可校，太仓之粟红腐而不可食。国富于上，人安于下，生享遐福，没垂令名，人到于今称其仁贤，可谓盛矣。太宗文皇帝收合板荡，再造寰区，武德年中，革车屡动，继以灾欠，人多流离。贞观之初，荐属霜旱，自关辅绵及三河之地，米价腾贵，斗易一缣，道路之间，馁殍相藉。太宗敦行俭约，抚养困穷，视人如伤，劳徕不倦。百姓有鬻男女者，出御府金帛赎还其家。严禁贪残，慎节徭赋，弛不急之用，省无事之官，黜损乘舆，斥出宫女。太宗尝有气疾，百官以大内卑湿，请营一阁以居，尚惮烦劳，竟不之许。是以至诚上感，淳化下敷，四方大和，百谷连稔。贞观八年以后，米斗至四五钱，俗阜休行，人知义让，行旅万里，或不赍粮。故人到于今，谈帝王之盛，则必先太宗之圣功，论理道之崇，则必慕贞观之故事。此三君者其经始岂不艰窘哉？皆以啬用爱人，竟获丰福，是所谓能节虽虚必盈之效也。秦始皇据崤函之固，藉雄富之业，专力农战，广收材豪，故能芟灭暴强，宰制天下，功成志满。自谓有泰山之安，贪欲炽然，以为六合莫予违也。于是发闾左之戍，征太半之赋，进谏者谓之宣谤，恤隐者谓之收恩。故征发未终而宗社已泯。汉武帝遇时运理平之会，承文景勤俭之积，内广兴作，外张甲兵，侈汰无穷，遂致殚竭。大搜财货，算及舟车，远近骚然，几至颠覆。赖武帝英姿大度，付任以能，纳谏无疑，改过不吝，下哀痛之诏，罢征伐之劳，封丞相为富民侯，以示休息，邦本摇而复定，帝祚危而再安。隋氏因周室平齐之资，府库充实，开皇之际，理尚清廉，是时公私丰饶，议者以比汉之文景。炀帝嗣位，肆行骄奢，竭耗生灵，不知止息，海内怨叛，以至于亡。此三君者，其所凭藉岂不丰厚哉？此皆以纵欲残人竟致麋丧，是所谓不节则虽盈必竭之效也。秦隋不悟而遂灭，汉武中悔而获存，乃知惩与不惩、觉与不觉，其于得失相远，复有存灭之殊，安可不思，安可不惧？今人穷日甚，国用岁加，不时节量，其势必麋。而议者但忧财利之不足，罔虑安危之不持。若然者则太宗、汉文之德曷见称，秦皇隋炀之败靡足戒。唯欲是逞复何规哉？幸属休明，将期致理，急聚敛而忽于勤恤，固非圣代之所宜言也。

【出处】陆贽：《均节赋税恤百姓六条》，《陆贽集》，中华书局，2006。

选文

夫欲施教化，立度程，必先域人，使之地着。古之王者设井田之法，以安其业。立五宗之制，以缀其恩。犹惧其未也。又教之族坟墓，敬桑梓，将以固人之志，定人之居。俾皆重迁，然可为理，厥后又督之以出乡游堕之禁，纠之以版图比阅之方，虽训导渐微，而检制犹密。历代因袭，以为彝章。其理也，必谨于提防；其乱也，必慢于经界。斯道崇替，与时兴衰。人主失之则不可御寰区，守长失之则不可厘郡邑，理人之要，莫急于兹。顷因兵兴，典制弛废，户版之纪纲罔绁，土断之条约不明。恣人浮流，莫克禁止。纵之则凑集，整之则惊离，恒怀幸心，靡固本业。是以赋税不一，教令不行，长人者又罕能推忠恕易地之情，体至公徇国之意，迭行小惠，竞诱奸氓，以倾夺邻境为智能，以招萃逋逃为理化，舍彼适此者既谓新收而获宥，倏忽往来者又以复业而见优。唯怀土安居、首末不迁者，则使之日重，敛之日加，是令地着之人互代惰游服役则何异驱之转徙，教之浇①讹。此由牧宰不克弘通，各私所部之过也。……

当今之要，在于厚人而薄财，损上以益下。下苟利矣，上必安焉。则少损者所以招大益也，人既厚矣财必赡焉，则暂薄者所以成永厚也。臣愚谓，宜申命有司详定考绩，往贵于加者，今务于减焉。假如一州之中，所税旧有定额，凡管凡许百姓复作几等差科，每等有若干户人，每户出若干税物，各令条举都数、年别，一申使司，使司详覆有凭，然后录报户部，若当管之内，人益阜殷。所定税额有余，任其据户均减，率计减数多少，以为考课等差。其当管税物，通比校每户十分减三分者为上课，十分减二分者次焉，十分减一分者又次焉。如或人多流亡，加税见户，比校殿罚，法亦如之。其百姓所出田租，则各以去年应输之数，便为定额。每岁据征纳更不堪责检巡。增辟者勿益其租，废耕者不降其数，足以诱导垦植，且免妨夺农功，事简体宏，人必悦劝，每至定户之际，但据杂产校量，田既自有恒租，不宜更入两税，如此则吏无苟且，俗变浇浮，不督课而人自乐耕，不防闲而众皆安土。斯亦当今富人固本之要术，在陛下举而行之。

【出处】陆贽：《均节赋税恤百姓六条》，《陆贽集》，中华书局，2006。

---

① 浇，薄。

选文

建官立国，所以养人也，赋人取财，所以资国也。明君不厚其所资而害其所养。故必先人事而借其暇力，先家给而敛其余财。遂人所营，恤人所乏，借必以度，敛必以时。有度则忘劳，得时则易给。是以官事无阙，人力不殚，公私相全，上下交爱。古之得众者，其率用此与。法制或亏，本末倒置，但务取人以资国，不思立国以养人，非独徭赋繁多敻①无躅贷，至于征收迫促，亦不矜量。蚕事方兴，已输缣税，农功未艾，遽敛谷租。上司之绳责既严，下吏之威暴愈促，有者急卖而耗其半直，无者求假而费其倍酬，所系迟速之间，不过月旬之异。一宽税限，岁岁相承，迟无所妨，速不为益。何急敦逼，重伤疲人。顷缘定税之物，期约未甚详衷，旋属征役多故，复令先限量征。近虽优延，尚未均济，望委转运使与诸道观察使商议，更详定征税期限闻奏。各随当土风俗所便，时候所宜，务于纾人，俾得办集。所谓惠而不费者，则此类也。

【出处】陆贽：《均节赋税恤百姓六条》，《陆贽集》，中华书局，2006。

李翱：《平赋书》

解题

本文主要反映李翱对轻赋敛与增加财政收入的认识。作者李翱（776—841），字习之，曾任户部侍郎、山南东道节度使等官职。李翱提出的"平赋"，其含义是轻徭薄赋。在他看来，什一税是最佳税制。李翱所表达的意思很明确，用"轻敛"增加财政收入替代"重敛"增加财政收入。轻赋敛可以增加财政收入的主要原因是，劳动者提高了生产积

---

① 敻（xióng），远，久远，这里指长时间，长期。

极性，生产增长相当于税源增加，从而税收增加。由此说来，"敛"（税收）的本质就成了增加财政收入。既然目的都是为了增加财政收入，"轻敛"政策自然要比"重敛"政策多一些人性化因素。实际上这里存在一个令人深思的问题，"增加财政收入"与"有财政收入"所追求的，是一样的吗？

选文

孔子曰："道千乘之国，敬事而信，节用而爱人，使民以时。"又曰："若欲行而法，则周公之典在。"孟子曰："夏后氏五十而贡，殷人七十而助，周人百亩而彻，其实皆什一也。欲轻之于尧舜之道，大貉小貉也。欲重之于尧舜之道，大桀、小桀也。"是以什一之道，公私皆足。人既富，然后可以服教化反淳朴。古之圣贤，未有不善于为政理人，而能光于后代者也。故善为政者莫大于理人，理人者莫大于既富之又教之。凡人之情，莫不欲富足而恶贫穷，终岁不制衣则寒，一日不得食则饥。四人之苦者，莫甚于农人。麦粟布帛，农人之所生也，岁大丰，农人犹不能足衣食，如有水旱之灾，则农夫先受其害。有若曰："百姓不足，君孰与足？"夫如是，百姓之视其长上如仇雠，安既不得享其利，危又焉肯尽其力？自古之所以危亡，未有不由此者也。

人皆知重敛之可以得财，而不知轻敛之得财愈多也。何也？重敛则人贫，人贫则流者不归，而天下之人不来，由是土地虽大，有荒而不耕者，虽耕之，而地力有所遗，人日益困，财日益匮。是谓弃天之时，遗地之利，竭人之财。如此者虽欲为社稷之臣，建不朽之功，诛暴逆而威四夷，徒有其心，岂可得耶？故轻敛则人乐其生；人乐其生，则居者不流而流者日来；居者不流而流者日来，则土地无荒，桑柘日繁，尽力耕之，地有余利，人日益富，兵日益强，四邻之人，归之如父母，虽欲驱而去之，其可得耶？是以与之安而居，则富而可教；与之危而守，则人皆自固。孟轲所谓"率其子弟，攻其父母，自生人以来，未有能济"者也。

呜呼！仁义之道，章章然如大道焉，人莫不知之，然皆不能行，何也？见之有所未尽，而又有嗜欲以害之，其自任太多，而任人太寡，是以有土地者有仁义，无代无之，虽莫不知之，然而未有一人能行之而功及后代者，由此道也。秦灭古法，隳井田，而夏殷周之道废，相承滋久，不可卒复。翱是以取可行于当时者，为《平赋书》，而什一之法存焉。庶几乎能有行之者云尔。

凡为天下者视千里之都，为千里之都者视百里之州，为百里之州者起于一亩之田，五尺谓之步，二百有四十步谓之亩，三百有六十步谓之里。方里之田，五百有四十亩；十里之田，五万有四千亩；百里之州，五十有四亿亩，千里之都，五千有四百亿亩。方里之内，以十亩为之屋室径路，牛豚之所息，葱韭菜蔬之所生，植里之家给焉。凡百里之州，为方十里者百，州县城郭之所建，通川大途之所更，邱墓乡井之所聚，甽遂沟渎之所渠，大计不过方十里者三十有六，有田一十九亿四万有四千亩，百里之家给焉。千里亦如之。高山大川城郭其中，斩长缀短而量之。

一亩之田，以强并弱，水旱之不时，虽不能尽地力者，岁不下粟一石。公索其十之一。凡百里之州有田五十有四亿亩，以一十九亿四万有四千亩为之州县城郭，通川大途，甽遂沟浍，邱墓乡井，屋室径路，牛豚之所息，葱韭菜蔬之所生。植馀田三十四亿五万有六千亩。亩率十取粟一石，为粟三十四万五千有六百石，以贡于天子，以给州县凡执事者之禄，以供宾客，以输四方，以御水旱之灾，皆足于是矣。其田间树之以桑，凡树桑人一日之所休者谓之功。桑太寡则乏于帛，太多则暴于田，是故十亩之田，植桑五功。一功之蚕，取不宜岁度之，虽不能尽其功者，功不下一匹帛。公索其百之十。凡百里之州有田五十四亿亩，以十九亿四万有四千亩为之州县城郭，通川大途，甽遂沟浍，邱墓乡井，屋室径路，牛豚之所息，葱韭菜蔬之所生，植馀田三十四亿五万有六千亩，麦之田大计三分当其一，其土卑，不可以植桑，馀田二十三亿有四千亩，树桑凡一百一十五万有二千功。功率十取一匹帛，为帛一十一万五千有二百匹，以贡于天子，以给州县凡执事者之禄，以供宾客，以输四方，以御水旱之灾，皆足于是矣。

鳏寡孤独有不人疾者，公与之粟帛；能自给者，弗征其田桑。凡十里之乡，为之公囷焉，乡之所入于公者，岁十舍其一公于公囷，十岁得粟三千四百五十有六石。十里之乡多人者，不足千六百家，乡之家保公囷，使勿偷。饥岁并入不足于食，量家之口多寡，出公囷与之，而劝蚕以须麦之升焉。及其大丰，乡之正告乡之人，归公所与之畜，当戒必精勿濡，以内于公囷。穷人不能归者，与之勿征于书。则岁虽大饥，百姓不困于食，不死于沟洫，不流而入于他矣。

人既富，乐其生，重犯法而易为善。教其父母使之慈，教其子弟使之孝，教其在乡党使之敬让，羸老者得其安，幼弱者得其养，鳏寡孤独有不人病者皆乐其生。屋室相邻，烟火相接于百里之内，与之居则乐而有礼，与之守则人皆固其业，虽有强暴之兵不敢陵。自百里之内推而布之千里，自千里而被乎四海，其孰能当之？是故善为政者，百姓各自保而亲其君上，虽欲危亡，弗可得也。其在《诗》曰："迨天之未阴雨，彻彼桑土，绸缪牖户，今此下民，或敢侮予。"此之谓也。

【出处】 李翱《平赋书》，见董诰等：《全唐文》，中华书局，1983。

皮日休：论征税与从业

解题

本文主要反映皮日休对征税与激励从事生产的认识。作者皮日休（834—883），字袭美，襄阳人。皮日休认为征税有一个积极作用，那就是"励民而成其业"，这是依据《周礼·载师》所说的"宅不毛者有里布，田不耕者出屋粟。凡民无职事者出夫家之征"。皮日休的观点内含的主要意图是，以征税惩治那些"宅不毛者"（"居不树桑"）、"田不耕者"以及"广占"却不"广耕"者，也就是，即便"势家"，也必须

"出里布"、"出屋粟"。关于"凡民无职事者出夫家之征",胡寄窗的《中国经济思想史》(上册,45页)在指出西周"贡赋按人民职业及其产品以实物或货币交纳"时,也提到"没有职业的人,也要按一'夫'之征缴赋税"。皮日休想通过征税,促使民都有"世守之业"。从"里布"和"屋粟"这方面来看,前者指一家被罚令缴纳相当于二十五家的宅税,后者指一夫百亩田被罚令缴纳相当于三夫三百亩田的田税,显然这属于重税。实行重税政策,果真能够减少土地兼并,以及励民成业吗?这是需要我们进一步思考的问题。

选文

《周礼·载师》之职曰:"宅不毛者有里布,田不耕者出屋粟。凡民无职事者出夫家之征①。"日休曰:征税者,非以率民而奉君,亦将以励民而成其业也。

今之宅,树花卉犹恐不奇,减征赋惟恐不至。苟树桑者,必门嗤户笑。有能以不毛而税者哉?如曰必也居不树桑,虽势家亦出里布,则途无裸丐之民矣。

今之田,贫者不足于耕耰,转而输于富者。富者利广占,不利广耕。如曰必也田不耕者,虽势家亦出屋粟,则途无馁毙之民矣。

今之民,善者少,不肖者多。苟无世守之业,必斗鸡走狗,格簺击鞠②,以取飧于游闲。太史公曰:"刺绣文,不如倚市门。"是也,如曰必也"凡民无职事者出夫家之征",则世无游惰之民矣。

此三者,民之最急者也。有国有家者③不可务乎?周公,圣人也;周典,圣人之制也。未有依圣制而天下不治者。执事者以为何如?

【出处】 皮日休:《皮子文薮·请行周典》,北京,中华书局,1959。

---

① 不毛,不种植桑树。里,二十五家。布,货币。里布,二十五家的宅税。屋,三夫为屋,一夫有百亩之田,则屋为三百亩田。屋粟,三百亩的田税。夫家之征,人头税。

② 簺(sài),一种赌博工具。鞠(jū),用皮革做的球。

③ 有国者,指诸侯。有家者,指大夫。

李觏：论限田垦田并行

解题

本文主要反映李觏的限田和垦田并行这个观点。李觏认为，限田与垦田应当同时进行。限田可以消除"富者田连阡陌"。但限田并不能改变国家田亩总数，在田少耕者多的情况下，"田不可得而垦辟"，垦田可以消除"贫者无立锥之地"；在"田广而耕者寡"的情况下，"地力不可得而尽"，"抑末"归农的措施非常必要。而且，"游民既归，而兼并不行"。问题在于，经商返归务农，就能使土地兼并自然消失吗？

选文

民之大命，谷米也。国之所宝，租税也。天下久安矣，生人既庶矣，而谷米不益多，租税不益增者，何也？地力不尽，田不垦辟也。

周制井田一夫百亩，当今四十一亩有奇。人无易业，而一心于农，农时不失，农功不粗，则地力可尽也。既又赋之以粟，或五十亩，或百亩，或二百亩，课其余力，治其旷土，则田可垦辟也。经界既毁，王法弗复，然犹能者时出焉，李悝为魏文侯作尽地力之教，以为地方百里，提封九万顷，除山泽邑居三分去一，为田六百万亩。治田勤谨则亩益三斗，不勤则损亦如之。地方百里之增减，辄为粟百八十万担矣。汉搜粟都尉赵过，能为代田，一亩三甽，一夫三百甽，而播种于甽中，苗生叶，以稍耨陇草，因隤其土以附苗根，盛暑陇尽而根深，能风与旱。一岁之收，常过缦田①一斛以上，善者倍之，此尽地力之效也。孝景②诏曰："郡国或硗狭无所农桑，或地饶广，荐草莽，水泉利，而不得徙。其议民欲徙宽大地，听之。"此垦田之意也。

---

① 缦田，不做垄沟耕种的田地。
② 孝景皇帝，汉景帝刘启。

今者天下虽安矣，生人虽庶矣，而务本之法尚或宽弛，何者？贫民无立锥之地，而富者田连阡陌。富人虽有丁强，而乘坚驱良，食有粱肉，其势不能以力耕也，专以其财役使贫民而已。贫民之黠者，则逐末矣，冗食矣。其不能者，乃依人庄宅为浮客①耳。田广而耕者寡，其用功必粗。天期地泽，风雨之急，又莫能相救，故地力不可得而尽也。山林薮泽原隰之地，可垦辟者往往而是，贫者则食不自足，或地非己有，虽欲用力末由也已。富者泽恃其财雄，膏腴易致，孰肯役虑于菑畲②之事哉！故田不可得而垦辟也。地力不尽，则谷米不多，田不垦辟，则租税不增，理固然也。

今将教之，则莫若先行抑末之术，以驱游民。游民既归矣，然后限人占田，各有顷数，不得过制。游民既归，而兼并不行，则土价必贱，土价贱，则田易可得。田易可得而无逐末之路、冗食之幸，则一心于农。一心于农，则地力可尽矣。其不能者又依富家为浮客，则富家之役使者众。役使者众则耕田多，耕者多则地力可尽矣。然后于占田之外，有能垦辟者，不限其数。昔晁错言于文帝，募天下入粟县官，得以拜爵。今宜远取秦汉，权设爵级，有垦田及若干顷者，以次赏之。富人既不得广占田，而可垦辟，因以拜爵，则皆将以财役庸务垦辟矣。如是，而人有遗力，地有遗利，仓廪不实，颂声不作，未之信也。管子曰："与之在君，夺之在君，贫之在君，富之在君。"帷上所裁择。

【出处】李觏：《富国策第二》，《李觏集》，北京，中华书局，1981。

王安石：论吏禄与理财

解题

本文主要反映王安石对官吏俸禄与财政支出的认识。文中谈论了

---

① 浮客，人身比较自由的佃户。
② 菑（zī），初耕的田地。畲（yú），耕种才两年的田地。

"吏禄"与"财用"的关系，在"赋禄"表现为"如此之薄"的情况下，"财用之所不足，盖亦有说矣"。应当看到，"增吏禄不足以伤经费"。

选文

方今陛下躬行俭约，以率天下，此右右通贵之臣所亲见。然而其闺门之内，奢靡无节，犯上之所恶，以伤天下元教者，有已甚者矣，未闻朝廷有所放绌，以示天下。昔周之人，拘群饮而被之以杀刑者，以为酒之末流①生害，有至于死者众矣，故重禁其祸之所自生。重禁祸之所自生，故其施刑极省，而人之抵于祸败者少矣。今朝廷之法所尤重者，独贪吏耳。重禁贪吏，而轻奢靡之法，此所谓禁其末而弛其本。然而世之识者，以为方今官冗，而县官财用已不足以供之，其亦蔽于理矣。今之入官诚冗矣，然而比诸前世置员盖甚少，而赋禄又如此之薄，则财用之所不足，盖亦有说矣。吏禄岂足计哉？臣于财利，固未尝学，然窃观前世治财之大略矣。盖因天下之力，以生天下之财；取天下之财，以供天下之费。自古治世，未尝以不足为天下之公患也，患在治财无其道耳。今天下不见兵革之具，而元元安土乐业，人致己力，以生天下之财；然而公私尝以困穷为患者，殆以理财未得其道，而有司不能度世之宜而通其变耳。诚能理财以其道，而通其变，臣虽愚，固知增吏禄不足以伤经费也。方今法严令具，所以罗天下之士，可谓密矣。然而亦尝教之以道艺，而有不帅教之刑以待之乎？亦尝约之以制度，而有不循理之刑以待之乎？亦尝任之以职事，而有不任事之刑以待之乎？夫不先教之以道艺，诚不可以诛其不帅教；不先约之以制度，诚不可以诛其不循理；不先任之以职事，诚不可以诛其不任事。此三者，先王之法所尤急也，今皆不可得诛；而薄物细故，非害治之急者，为之法禁。月异而岁不同为吏者至于不可胜记，又况能一一避之而无犯者乎？此法令所以玩而不行，小人有幸而免者，君子有不幸而及者焉。此所谓不能裁之以刑也。

---

① 末流，这里指发展到最后，意思是某事情最终如何如何。

【出处】王安石：《上仁宗皇帝言事书》，《临川先生文集》，《四部丛刊正编》集部，台北，台湾商务印书馆，1979。

司马光：驳变法四策

解题

本文主要反映司马光的变法"病民伤国"这个观点。司马光反对王安石变法，认为青苗钱、免役钱、保甲、市易这四项措施，"皆逆人情、违物理，天下非之，莫之肯从"，斥责这一变法是"病民伤国"。

选文

伏惟皇帝陛下……得王安石委而信之，不复疑贰，听其言、从其计……不幸所委不得其人，安石既愚且愎，不知择祖宗之令典，合天下之嘉谋以启迪聪明，佐佑丕烈，乃足己自是，谓古今之人皆莫己如。……变乱旧章，兴害除利，舍是取非。其尤病民伤国者，略举四条：

其一，曰青苗钱。分命使者，诱以重赏，强散息钱，朘民求利，取新偿旧，负债岁多；官守空簿，实无所获；货重物轻，公私两困。

其二，曰免役钱。纵富强应役之人，使家居自逸；征贫弱不役之户，使流离转死。凡农家所有，不过谷、帛与力，自古赋役无出三者。今皆不取，专责以钱，钱非私家所铸，要须贸易外求。丰岁谷贱，已自伤农，又迫于期限，不得评价尽粜，所收未能充数，家之糇粮不暇更留。若值凶年，责又无谷可粜，人人卖田，无主可售，遂致杀牛卖肉、伐桑鬻薪，来年生计安敢复议！用此雇浮浪之人，以供百役，使缓则为奸，急则逃窜。处事若此，岂非倒置！

其三，曰保甲。自唐募长征之兵，赋农民谷帛以给其衣粮，农固已困矣！今谷帛税如故，又使舍耕桑、事战陈，一身二任，民何以堪！又罢巡检兵士及尉司弓手,皆易以保甲,半月一代。彼畎亩之民,尚未能操弓挟矢,已复代去,用此擒盗,不亦难乎?夫夺其衣食,使无以为生,是驱民为盗也;使比屋习战,劝以官赏,是教民为盗也。又撤去捕盗之人,是纵民为盗也。谋国如此,果为利乎?

四,曰市易。遣吏坐列贩卖,与细民争利,下至菜果油面、驵侩所得,皆榷而夺之,使道路怨嗟,远近羞笑,商旅不行,酒税亏损,夺彼与此,得少失多。又称贷于民,恣其所取,使无赖子弟得醉饱之资,在家父兄受督责之苦,倾赀破产十有五六。

凡此四者,皆逆人情、违物理,天下非之,莫之肯从。安石乃以峻法驱之。彼十恶盗贼,累更赦令,犹得宽除,独违新法者不以赦降,去官原免,是其所犯,重于十恶盗贼也。安石苟欲逐其狠心,无顾治体,此其厉阶至今为梗也。……

夫谏争之臣,人主之耳目也,安可一日无之!《书》曰:"若跣弗视地,厥足用伤。"设有人闭目塞耳,跣而疾趋,前遇险阻安有不颠踬者哉!臣窃见十年以来,天下以言为讳,大臣偷安于禄位,小臣苟免于罪戾;间阎之民,憔悴困穷,无所控告;宗庙社稷危于累卵,可为寒心!人无贤愚贵贱莫不如之,而讫无一人敢发口言者,陛下深居九重,徒日闻谀臣之言,以为天下家给人足,太平之功十已八九成矣。臣是以不胜愤懑,为陛下忍死言之,庶几陛下揽其垂尽之辞,察其愿忠之志,廓然发日月之明,毅然奋干刚之断,悔既往之失,收将来之福。登进忠直,黜远佞邪,审黄发之可任,寤谗言之难信。罢苗、役,废保甲以宽农民;除市易,绝称贷以惠工商。斥退聚敛之臣,褒显循良之吏;禁约边将,不使贪功而危国;制抑近习①,不使握兵而兆乱;除苛察之法,以隆易简之政;变刻薄之俗,以复敦朴之化。……

【出处】 司马光:《遗表》,《司马温公文集》,北京,中华书局,1985。

---

① 近习,帝王所亲近的人。

苏轼：驳变法四策

解题

本文主要反映苏轼对变法涉及四种人利益的认识。苏轼是王安石变法的主要反对者。他认为，这场改革危害了民、军、吏、士四种人的利益，将成为"祸乱之源"，造成"乱亡随之"的后果，因此，要求全面废止新法。"抑配"指青苗法执行中官吏强迫百姓按规定数量向官府贷钱的情况。

选文

《书》曰："与治同道罔不兴，与乱同事罔不亡。"陛下自去岁以来所行新政，皆不与治同道。立条例司，遣青苗使，敛助役钱，行均输法，四海骚动，行路怨咨。自宰相已下皆知其非而不敢争。……今日之政，小用则小败，大用则大败；若力行而不已，则乱亡随之。臣非敢过为危论，以耸动陛下也。自古存亡之所寄者，四人而已：一曰民，二曰军，三曰吏，四曰士。四人者一失其心，则足以生变。今陛下一举而兼犯之：青苗、助役之法行，则农不安；均输之令出，则商贾不行，而民始忧矣。并省诸军，迫斥老病，至使戍兵之妻与士卒杂处其间；贬杀军分①，有司降配，迁徙淮甸，仅若流放；年近五十，人人怀忧，而军始怨矣。内则不取谋于元臣侍从，而专用新进小生；外则不责成于守令监司，而专用青苗使者，多置闲局以摈老成，而吏始解体矣。陛下临轩选士，天下谓之"龙飞榜"，而进士一人，首削旧恩，示不复用；所削者一人而已，士莫不怅恨者，以陛下有厌薄其徒之意也；今用事者，又欲渐消进士纯取明经，虽未有成法，而小人招权，自以为功。更相扇摇，以谓必行，而士始失望矣。今进士半天下，自二十以上，便不能诵忆注

---

① 军分，军人资格。

义为明经之学。若法令一更，则士各怀废弃之忧，而人才短长，终不在此。昔秦禁挟书，而诸生皆抱其业以归胜、广。相与出力而亡秦者岂有他哉，亦徒以失业而无归也。故臣愿陛下勿复言此，民忧军怨，吏解体而士失望，祸乱之源，有大于此者乎！今未见也，一日有急，则致命之士必寡矣，方是之时，不知希合苟容之徒能为陛下收板荡①而止土崩乎！去岁诸军之始并也，左右之人皆以士心乐并告陛下，近者放停军人李兴告虎翼史率钱行赂，以求不并，则士卒不乐可知矣。夫谄谀之人，苟务合意，不惮欺罔者，类皆如此。故凡言百姓乐请青苗钱，乐出助役钱者，皆不可信。陛下以为青苗抑配果可禁乎？不惟不可禁，乃不当禁也。何以言之？若此钱放而不收，则州县官吏不免责罚；若此钱果不抑配，则愿请之户，后必难收。前有抑配之禁，后有失陷之罚，为陛下官吏，不亦难乎？故臣以为既行青苗钱，则不当禁抑配，其势然也。

【出处】苏轼：《论时政状》，《苏东坡集》续集，上海，上海商务印书馆，1958。

苏辙：论变法需要吏治清廉

解题

本文主要反映苏辙对变法需要吏治清廉的认识。作者苏辙（1039—1112），字子由，眉州眉山（今属四川）人，苏轼之弟。苏辙是反对王安石变法的代表人物之一。他指出，推行改革的人不信任地方官吏，只信任中央派遣的特使官员，所谓"以为方今职司守令，无可信用，欲有兴作，当别遣使"。由此可以判断，苏氏兄弟觉察到王安石变法隐含着一个难以逾越的障碍——地方上吏治腐败。地方官吏是中央法令的直接执行者，他们这个层面一旦腐败猖獗，正确的法令将被扭曲地执行。所

---

① 板荡，代指乱世。

以变法有一个重要的前提条件,那就是吏治清廉。

选文

辙顷者误蒙圣恩,得备官属。受命以来,于今五月。虽勉强从事,而才力寡薄,无所建明。至于措置大方,多所未论。每献狂瞽,辄成异同。退加考详,未免疑惑。是以不虞僭冒,聊复一言。

窃见本司近日奏遣使者八人,分行天下,按求农田水利与徭役利害,以为方今职司守令,无可信用,欲有兴作,当别遣使。愚陋不达,窃以为国家养材如林,治民之官棋布海内,兴利除害,岂待他人!今始有事,辄特遣使,使者一出,人人不安:能者嫌使者之侵其官,不能者畏使者之议其短,客主相忌,情有不通,利害相加,事多失实。使者既知朝廷方欲造事,必谓功效可以立成;人怀此心,谁肯徒返,为国生事,渐不可知;徒使官有送迎供馈之烦,民受更张劳扰之弊,得不补失,将安用之。朝廷必欲兴事以利民,辙以为职司守令足矣。盖势有所便,众有所安,今以职司治民,虽其贤不肖不可知,而众所素服,于势为顺;稍加选择,足以有为。是以古之贤君,闻选用职司以责成功,未闻遣使以代职司治事者也。盖自近世,政失其旧,均税宽恤,每事遣使,冠盖相望,而卒无丝毫之益。谤者至今未息,不知今日之便,何以异此。

至于遣使条目,亦所未安。何者?劝课农桑,垦辟田野,人存则举,非有成法。诚使职司得人,守令各举其事,罢非时无益之役,去猝暴不急之赋,不夺其力,不伤其财,使人知农之可乐,则将不劝而自励。今不治其本,而遽遣使,将使使者何从施之!议者皆谓方今农事不修,故经界可兴,农官可置。某观职司以下,劝农之号何异于农官;嘉祐以来,方田之令何异于经界。行之历年,未闻有益。此农田之说,辙所以未谕也。

天下水利,虽有未兴,然而民之劳佚不同,国之贫富不等。因民之佚,而用国之富以兴水利,则其利可待;因民之劳,而乘国之贫以兴水利,则其害先见。苟诚知生民之劳佚与国用之贫富,则水利之废兴可以一言定矣。而况事起无渐，人不素讲，未知水利之所在。而先遣使，使者所至，必将求之官吏。官吏有不知者，有知而不告者，有实无可告者，不得于官吏，必求于民。不得于民，其势将求于中野。兴事至此，盖已甚劳。此水利之说，辙所以未谕也。

徭役之事，议者甚多。或欲使乡户助钱，而官自雇人；或欲使城郭等第之民与乡户均役；或欲使品官之家与齐民并事。此三者皆见其利，不见其害者也。役人之不可不用乡户，犹官吏之不可不用士人也。有田以为生，故无逃亡之忧，朴鲁而少诈，故无欺谩之患。今乃舍此不用，而用浮浪不根之人，辙恐掌财者必有盗用之奸，捕盗者必有窜逸之弊。今国家设捕盗之吏，有巡检，有县尉，然较其所获，县尉常密，巡检常疏。非巡检则愚，县尉则智，盖弓手乡户之人与屯驻客军异耳。今将使雇人捕盗，则与独任巡检不殊，盗贼纵横，必自此始。辙观近岁，虽使乡户颇得雇人，然至于所雇逃亡，乡户犹任其责。今遂欲于两税之外，别立一科，谓之庸钱，以备官雇。乡户旧法革去无余，雇人之责，官所自任。且自唐杨炎废租庸调以为两税，收大历十四年应于赋敛之数，以定两税之额，则是租调与庸，两税既兼之矣。今两税如旧，奈何复欲取庸。盖天下郡县，上户常少，下户常多；少者徭役频，多者徭役简。是以中下之户，每得休闲。今不问户之高低，例使出钱助役，上户则便，下户实难，颠倒失宜，未见其可。然议者皆谓助役之法要使农夫专力于耕，辙观三代之间，务农最切，而战阵田猎皆出于农。苟以徭役较之，则轻重可见矣。城郭人户，虽号兼并，然而缓急之际，郡县所赖；饥馑之岁，将劝之分以助民；盗贼之岁，将借其力以捍敌。故财之在城郭者与在官府无异也。方今虽天下无事，而三路刍粟之费多取京师，银绢之余，配卖之民，皆在城郭。苟复充役，将何以济！故不如稍加宽假，使得休息。此诚国家之利，非民之利也。品官之家，复役已久，议者不究本末，徒闻汉世宰相之子不免戍边，遂欲使衣冠之人与编户齐役。夫一岁之更，不过三日；三日之雇，不过三百。今世三大户①之役，自公卿

---

① 三大户，宋代按贫富分户为九等，三大户即前三等户。

以下无得免者。以三大户之役而较之三日之更，则今世既已重矣，安可复加哉！盖自古太平之世，国子俊造，将用其才者，皆复其身。胥史贱吏既用其力者，皆复其家。圣人旧法良有深意，以为责之以学而夺其方，用之于公而病其私，人所难兼，是以不取。奈何至于官户而又将役之！且州县差役之法，皆以丁口为之高下，今已去乡从官，则丁口登降，其势难详，将使差役之际，以何为据。必用丁，则州县有不能知；必不用丁，则官户之役比民为重。今朝廷所以条约官户，如租佃田宅，断卖坊场，废举货财，与众争利，比于平民，皆有常禁。苟使之与民皆役，则昔之所禁皆当废罢，罢之则其弊必甚，不罢则不如为民。此徭役之说，辙所以未谕也。

辙又闻发运之职，今将改为均输；常平之法，今将变为青苗。愚鄙之人，亦所未达。昔汉武外事四夷，内兴宫室，财用匮竭，力不能支，用贾人桑羊之说，买贱卖贵，谓之均输。虽曰民不加赋而国用饶足，然而法术不正，吏缘为奸；掊克日深，民受其病。孝昭既立，学者争排其说。霍光顺民所欲，从而与之，天下归心，遂以无事。不意今世此论复兴，众口纷然，皆谓其患必甚于汉。何者？方今聚敛之臣，才智方略未见桑羊之比，而朝廷破坏规矩，解纵绳墨，使得驰骋自由，惟利是嗜。以辙观之，其害必有不可胜言者矣！今立法之初，其说甚美，徒言徙贵就贱，用近易远。苟诚止于此，似亦可为。然而假以财货，许置官吏，事体既大，人皆疑之。以为虽不明言贩卖，然既许之以变易矣；变易既行，而不与商贾争利者，未之闻也。夫商贾之事，曲折难行：其买也，先期而与钱，其卖也，后期而取直。多方相济，委曲相通，倍称之息，由此而得。然至往往败折亦不可期。今官买是物，必先设官置吏，簿书禄廪，为费已厚；然后使民各输其所有，非良不售，非贿不行，是以官买之价，比民必贵。及其卖也，弊复如前。然则商贾之利，何缘可得！徒使谤议腾沸，商旅不行，议者不知虑此，至欲捐数百万缗，以为均输之法，但恐此钱一出，不可复还。且今欲用忠实之人，则患其拘滞不通；欲用巧智之士，则患其出没难考。委任之际，尤难得人。此均输之说，辙所以未谕也。

常平条敕，纤悉具存；患在不行，非法之弊。必欲修明旧制，不过以时敛之以利农，以时散之以利末。敛、散既得，物价自平。贵贱之间，官亦有利。今乃改其成法，杂以青苗；逐路置官，号为提举；别立赏罚，以督增亏；法度纷纭，保至如此！而况钱布于外，凶荒水旱有不可知。敛之则结怨于民，舍之则官将何赖！此青苗之法，辙所以未谕也。

凡此数事，皆议者之所详论。明公之所深究，而辙以才性朴拙，学问空疎，用意不同，动成违忤。虽欲勉励自效，其势无由。苟明公见宽，谅其不逮，特赐敷奏，使辙得外任一官，苟免罪戾，而明公选贤举能，以备僚佐。两获所欲，幸孰厚焉。

【出处】苏辙：《制置三司条例司论事状》，《栾城集》，上海，上海古籍出版社，1987。

唐甄：《富民》

解题

本文主要反映唐甄的取缔苛捐杂税才能富民这个观点。作者唐甄（1630—1704），字铸万，号圃亭，四川达县人。他认为，富民的关键是取缔官府的苛捐杂税。富民就是增殖私人财富，唐甄强调财富是"国之宝，民之司命"，认为治国的首要问题就是使百姓的财富能够迅速增殖，做到"家室皆盈"。他把能否做到这一点看做"治乱之分"，即国家治乱盛衰的关键。

选文

财者，国之宝也，民之司命也；宝不可窃，命不可攘。圣人以百姓为子孙，以四海为库府，无有窃其宝而攘其命者，是以家室皆盈，妇子皆宁。反其道者,输于幸臣之家,藏于臣室之窟。蠹多则树槁,痈肥则体敝,此穷富之源,治乱之分也。

虐取者,取之一金,丧其百金;取之一室,丧其百室。充东门之外有鬻羊餐者,业之二世矣。其妻子佣走之属,食之者十余人。或诬其盗羊,罚之三石粟,上猎其一,下攘其十,尽鬻其釜甑之器而未足也,遂失业而乞于道。此取之一金,丧其百金者也。潞之西山之中,有苗氏者,富于铁冶,业之数世矣,多致四方之贾,椎凿鼓泻担挽①,所藉而食者常百余人。或诬其主盗,上猎其一,下攘其十,其冶遂废,向之藉而食之者,无所得食,皆流亡于河、漳之上。此取之一室,丧其百室也。

虐取如是,不取反是。陇右牧羊,河北育豕,淮南饲鹜,湖滨缫丝,吴乡之民编蒉织席,皆至微之业也;然而日息岁转,不可胜算。此皆操一金之资可致百金之利者也。里有千金之家,嫁女娶妇、死丧生庆、疾病医祷、燕饮斋馈、鱼肉果蔬椒桂之物,与之为市者众矣。缗钱镪银,市贩贷之,石麦斛米,佃农贷之;匹布尺帛,邻里党戚贷之;所赖之者众矣。此藉一室之富,可为百室养者也。海内之财,无土不产,无人不生;岁月不计而自足,贫富不谋而相资。是故圣人无生财之术,因其自然之利而无以扰之,而财不可胜用矣。

今夫柳,天下易生之物也,折尺寸之枝而植之,不过三年而成树,岁翦其枝,以为筐筥之器,以为防河之埽,不可胜用也。其无穷之用,皆自尺寸之枝生之也。若其始植之时,有童子者拔而弃之,安望岁翦其枝以利用哉!其无穷之用,皆自尺寸之枝绝之也。不扰民者,植枝者也,生不已也;虐取于民者,拔枝者也,绝其生也。

虐取者谁乎?天下之大害莫如贪,盖十百于重赋焉。穴墙而入者,不能发人之密藏;群刃而进者,不能夺人之田宅;御旅于涂者,不能破人之家室;寇至诛焚者,不能穷山谷而徧四海。彼为吏者,星列于天下,日夜猎人之财,所获既多,则有陵己者负篋而去。既亡于上,复取

---

① 椎凿,开矿。鼓泻、担挽,是冶铁场的不同工种。

于下，转亡转取，如填壑谷，不可满也。夫盗不尽人，寇不尽世，而民之毒于贪吏者，无所逃于天地之间。是以数十年以来，富室空虚，中产沦亡，穷民无所为赖，妻去其夫，子离其父，常叹其生之不犬马若也。

今之为吏者，一袭之裘值二三百金，其它锦绣视此矣。优人之饰必数千金，其它玩物视此矣；金瑅银嬰、珠玉珊瑚奇巧之器不可胜计。若是者，谓之能吏，市人慕之，乡党尊之，教子弟者劝之。有为吏而廉者，出无舆，食无肉，衣无裘，谓之无能，市人贱之，乡党笑之，教子弟者戒之。盖贪之锢人心也甚矣！治布帛者，漂则白，缁则黑，由今之俗，欲变今之贪，是求白于缁也。

治贪之道，赏之不劝，杀之不畏，必渐之以风。礼曰："知风之自。"昔者明太祖衷襦之衣，皆以梭布。夫衣可布，何必锦绣？器可瓦，何必金玉？梁肉可饱，何必熊之蹯、玉田之禾。吾闻明之兴也，吴之民不食梁肉，闾阎无文采，女至笄而不饰，市不居异货，宴宾者不兼味，室无高垣，茅舍邻比。吴俗尚奢，何朴若是？盖布衣之风也。人君能俭，则百官化之，庶民化之，于是官不扰民，民不伤财。人君能俭，则因生以制取，因取于制用，生十取一，取三余一，于是民不知取，国不知用，可使菽粟如水火，金钱如土壤，而天下大治。为君之乐，孰大于是哉！

【出处】唐甄：《富民》，《潜书》，北京，中华书局，1955。

顾炎武：论田赋

解题

这里的两段选文，主要反映顾炎武对税改演变为税外有税的认识。作者顾炎武（1613—1682），字宁人，江苏昆山人。据说，1676年顾炎武在北京读到黄宗羲的《明夷待访录》，书中对若干社会问题的见解，同他的看法是一致或比较接近的。欣喜之余，他提笔给黄宗羲写了一封信,信中高度评价《明夷待访录》,认为只要实行书中所提出的主张,"百王之敝可以复起,而三代之盛可以徐还也"。同时告诉黄宗羲:"炎武以管见为《日知录》一书,窃自幸其中所论,同于先生者十之六七。"他还把《日知录》的初刻八卷本和《钱粮论》二篇寄给了黄宗羲。

选文

丘浚《大学衍义补》曰,韩愈谓,赋出天下,而江南居十九。以今观之,浙东、西又居江南十九,而苏、松、常、嘉、湖五府又居两浙十九也。考洪武中(据《诸司职掌》),天下夏税、秋粮以石计者,总二千九百四十三万余,而浙江布政司二百七十五万二千余,苏州府二百八十万九千余,松江府一百二十万九千余,常州府五十五万二千余,是此一藩三府之地,其田租比天下为重,其粮额比天下为多。今国家都燕,岁漕江南米四百余万石以实京师;而此五府者,几居江西、湖广、南直隶之半。臣窃以苏州一府计之,以准其余。苏州一府七县(时未立太仓州),其垦田九万六千五百六顷,居天下八百四十九万六千余顷田数之中,而出二百八十万九千石税粮,于天下二千九百四十余万石岁额之内:其科征之重、民力之竭,可知也已。

杜宗桓上巡抚侍郎周忱书曰:五季钱氏税两浙之田,每亩三斗;宋时均两浙田,每亩一斗(宋淳祐元年鲍廉作《琴川志》曰,国初,尽削钱氏"白配"之目,遣右补阙王永、高象先各乘递马均定税数,只作中、下二等。中田一亩,夏税钱四文四分,秋米八升;下田一亩钱三文三分,米七升四合。取于民者,不过如此。自熙、丰更法,崇、观多事,靖、炎军兴①,随时增益。然则宋初之额,尚未至一斗也)。元入中国,定天下田税,上田每亩税三升,中田二升半,下田二升,水田五升(《元史·耶律楚材传》)。至于我太祖高皇帝受命之初,天下田税亦不过三升、五升,而其最下有三合、五合者。于是天下之民,咸得其

---

① 熙,熙宁。丰,元丰。崇,崇宁。观,大观。靖,靖康。炎,建炎。

所。独苏、松二府之民，则因赋重而流移失所者，多矣！今之粮重去处，每里有逃去一半上下者。请言其故：国初籍没土豪田租，有因张氏义兵而籍没者，有因虐民得罪而籍没者；有司不体圣心，将没入田地，一依租额起粮，每亩四五斗、七八斗、至一石以上：民病自此而生（《宋史》言，建炎元年，籍没蔡京、王黼等庄以为官田，减租三分；洪武初，未有以此故事上言者）。何也？田未没入之时，小民于土豪处还租，朝往暮回而已。后变私租为官粮，乃于各仓送纳，运涉江湖，动经岁月，有二三石纳一石者，有四五石纳一石者，有遇风波盗贼者，以致累年拖欠不足（王叔英《疏》亦言，输之官仓，道路既遥，劳费不少；改纳之际，其弊更多；有甚于输富民之租者。自洪武时已然矣）。愚按：宋华亭一县，即今松江一府，当绍熙时秋苗止十一万二千三百余石；景定中，贾似道买民田以为公田，益粮一十五万八千二百余石；宋末官民田地税粮共四十二万二千八百余石，量加圆斛；元初田税比宋尤轻，然至大德间没入朱清、张瑄田，后至元间，又没入朱国珍、管明等田，一府税粮至有八十万石；迨至季年，张士诚又并诸拨属财赋府、与夫营、围、沙、职、僧道、站役等田；至洪武以来，一府税粮共一百二十余万石。租既太重，民不能堪，于是皇上怜民重困，屡降德音，将天下系官田地粮额递减三分、二分外（即宣德五年二月癸巳诏书），松江一府税粮尚不下一百二万九千余石。愚历观往古，自有田税以来，未有若是之重者也！以农夫蚕妇冻而织、馁而耕，供税不足，则卖儿鬻女；又不足，然后不得已而逃，以至田地荒芜，钱粮年年拖欠。向蒙恩赦，自永乐十三年至十九年、七年之间所免税粮不下数百万石；永乐二十年至宣德三年，又复七年，拖欠、折收、轻赍，亦不下数百万石。折收之后，两奉诏书勅谕，自宣德七年以前，拖欠粮草、盐粮、屯种子粒、税丝、门摊、课钞，悉皆停征。前后一十八年间，蠲免、折收、停征，至不可算。由此观之，徒有重税之名，殊无征税之实。……此固其极重难返之势，始于景定，讫于洪武，而征科之额，十倍于绍熙以前者也。

……《元史·成宗纪》至元三十一年十月辛巳（时成宗即位），江浙行省臣言，陛下即位之初，诏蠲今岁田租十分之三；然江南与江北异,贫者佃富人之田,岁输其租;今所蠲特及田主,其佃民输租如故,则是恩及富室,而不被及于贫民也。宜令佃民,当输田主者,亦如所蠲之数。从之(明朝宣德十年五月乙未刑科给事中年富亦有此请)。大德八年正月己未诏,江南佃户私租太重,以十分为率,普减二分,永为定例。前一事为特恩之蠲,后一事为永额之减,而皆所以宽其佃户也。是则厚下之政,前代已有行之者。

汉武帝时,董仲舒言,或耕豪民之田,见税什五。唐德宗时陆贽言,今京畿之内,每田一亩,官税五升;而私家收租,有亩至一石者:是二十倍于官税也。降及中等,租犹半之。夫土地,王者之所有;耕稼,农夫之所为;而兼并之徒,居然受利望令。凡所占田,约为条限,裁减租价,务利贫人。仲舒所言,则今之"分租";贽所言,则今之"包租"也。然犹谓之"豪民",谓之"兼并之徒";宋以下,则公然号为"田主"矣。

【出处】 顾炎武:《日知录·苏松二府田赋之重》,见黄汝成:《日知录集释》,上海,上海古籍出版社,1985。

选文

自禹汤之世,不能无凶年,而民至于无馈卖子。夫凶年而卖其妻子者,禹汤之世不能无也;丰年而卖其妻子者,唐宋之季所未尝有也。往在山东,见登莱并海之人多言谷贱,处在山僻不得银以输官。今来关中,自鄠以西至于岐下,则岁甚登、谷甚多,而民且相率卖其妻子。至征粮之日则村民毕出,谓之人市。问其长吏,则曰:"一县之鬻于军营而请印者,岁近千人,其逃亡或自尽者又不知凡几也。"何以故?则有谷而无银也。所获非所输,所求非所出也。夫银非从天降也,卝人则既停矣,海舶则既撤矣[①]。中国之银在民间者已日消日耗,而况山僻之邦

---

① 卝(gǒng),古"矿"字。卝人,主管采矿的官员,这里指开采银矿。海舶,这里指海外贸易。

商贾之所绝迹。虽尽鞭挞之力以求之，亦安所得哉？故谷日贱而民日穷，民日穷而赋而诎，逋欠则年多一年，人丁则岁减一岁，率此而不变，将不知其所终矣。且银何自始哉？

古之为富者，菽粟而已。为其交易也，不得已而以钱权之，然自三代以至于唐，所取于民者粟帛而已。自杨炎两税之法行，始改而征钱，而未有银也。《汉志》言秦币二等，而银锡之属施于器饰不为币。自梁时始有交广以金银为货之说。宋仁宗景祐二年，始诏诸路岁输缗钱，福建二广易以银，江东以帛。所以取之福建二广者，以坑冶多而海舶利也。至金章宗始铸银，名之曰"承安宝货"，公私同见钱用。哀宗正大间，民但以银市易不用铸。至于今日，上下通行而忘其所自。然而考之《元史》，岁课之数为银至少。然则国赋之用银，盖不过二三百年间尔。①

今之言赋必曰钱粮。夫钱，钱也；粮，粮也：亦恶有所谓银哉。且天地之间银不益增而赋则加倍，此必不供之数也。昔者唐穆宗时物轻钱重，用户部尚书杨于陵之议，令两税等钱，皆易布帛丝纩而民便之。吴徐知诰从宋齐丘之言，以为钱非耕桑所得，使民输钱，是教之弃逐末也。于是诸税悉收谷帛绌绢。是则昔人之论取民者，且以钱为难得也，以民之求钱为不务本也，而况于银乎？

先王之制，赋必取其地之所有。今若于通都大邑行商麇集之地，虽尽征之以银而民不告病。至于遐陬僻壤舟车不至之处，即以什之三征之犹不可得。以此必不可得者病民，而卒至于病国，则曷若度土地之宜，权岁入之数，酌转般②之法，而通融乎其间。

凡州县之不通商者，令尽纳本色③。不得已，以其什之三征钱。钱自下而上，则滥恶无所容而钱价贵，是一举而两利焉。无蠲赋之亏，而有活民之实；无督责之难，而有完逋之渐。今日之计，莫便乎此。夫树谷而征银，是畜羊而求马也；倚银而富国，是恃酒而充饥也。以此自

---

① 这段文中，先后谈到田赋征收的三种方式，即征实、征钱、征银。
② 般，通"搬"。
③ 本色，古代把以当地出产的农作物缴纳田赋叫做纳本色，把折合成货币缴纳叫做纳折色。

愚，而其敝至于国与民交尽，是其计出唐宋之季，诸臣之下也。

【出处】 顾炎武：《钱粮论上》，《亭林全集》，上海，中华书局，1936。

黄宗羲：论税改税重恶性循环

解题

这里的两则选文，主要反映黄宗羲的历次税改反而加重赋税这个观点。黄宗羲回顾历史，论述了历次赋税改革最终反倒加重了赋税，即认为这已经形成了一个规律。后来，有人把本选文所做出的假设，叫做"黄宗羲定律"。

选文

昔者禹则壤定赋，《周官》体国经野，则是夏之所定者，至周已不可为准矣。当是时，其国之君，于其封疆之内田土之肥瘠，民口之众寡，时势之迁改，视之为门以内之事也。

井田既坏，汉初十五而税一，文、景三十而税一，光武初行什一之法，后亦三十而税一。盖土地广大，不能缕分区别，总其大势，使瘠土之民不至于甚困而已。是故合九州之田，以下下为则，下下者不困，则天下之势相安，吾亦可无事于缕分区别，而为则壤经野之事也。

夫三十而税一，下下之税也，当三代之盛，赋有九等，不能尽出于下下，汉独能为三代之所不能为者，岂汉之德过于三代欤？古者井田养民，其田皆上之田也。自秦而后，民所自有之田也。上既不能养民，使民自养，又从而赋之，虽三十而税，较之于古亦未尝为轻也。

至于后世，不能深原其本末，以为什一而税，古之法也。

汉之省赋，非通行长久之道，必欲合于古法。九州之田，不授于上而赋以什一，则是以上上为则也。以上上为则，而民焉有不困者乎？汉之武帝，度支不足，至于卖爵、贷假、榷酤、算缗、盐铁之事无所不举，乃终不敢有加于田赋者，彼东郭咸阳、孔仅、桑弘羊①，计虑犹未熟与？然则什而税一，名为古法，其不合于古法甚矣。而兵兴之世，又不能守其什一者，其赋之于民，不任田而任用②，以一时之用制天下之赋，后王因之。后王既衰，又以其时之用制天下之赋，而后王又因之。

呜呼！吾见天下之赋日增，而后之为民者日困于前。

儒者曰：井田不复，仁政不行，天下之民始敝敝矣。孰知魏晋之民又困于汉，唐宋之民又困于魏晋，则天下之害民者，宁独在井田之不复乎！今天下之财赋出于江南；江南之赋至钱氏而重，宋未尝改；至张士诚而又重，有明亦未尝改③。

故一亩之赋，自三斗起科至于七斗，七斗之外，尚有官耗私增。计其一岁之获，不过一石，尽输于官，然且不足。乃其所以至此者，因循乱世苟且之术也。吾意有王者起，必当复位天下之赋；复位天下之赋，必当以下下为则而后合于古法也。

或曰：三十而税一，国用不足矣。夫古者千里之内，天子食之，其收之诸侯之贡者，不能十之一。今郡县之赋，郡县食之不能十之一，其解运至于京师者十有九。彼收其十一者尚无不足，收其十九者而反忧之乎！

【出处】黄宗羲：《田制》，《明夷待访录》，北京，中华书局，1985。

选文

或问井田可复，既得闻命矣。若夫定税则如何而后可？曰：斯民之苦暴税久矣，有积累莫返之害，有所税非所出之害，有田土无等第

---
① 东郭咸阳、孔仅、桑弘羊，都是汉武帝时期的官员。
② 任田，以土地数量计算税收。任用，以财政支出计算税收。
③ 钱氏，吴越钱氏在唐后的五代十国成为名门望族。张士诚，元末率众起义的首领之一。

之害。

何谓积累莫返①之害？三代之贡、助、彻，止税田土而已。魏晋有户、调之名，有田者出租赋，有户者出布帛，田之外复有户矣。

唐初立租庸调之法，有田则有租，有户则有调，有身则有庸，租出谷，庸出绢，调出缯纩布麻，户之外复有丁矣。杨炎变为两税，人无丁中，以贫富为差，虽租庸调之名浑然不见，其实并庸调而入于租也。相沿至宋，未尝减庸调于租内，而复敛丁身钱米。

后世安之，谓两税，租也，丁身，庸调也，岂知其为重出之赋乎？使庸调之名不去，何至是耶！故杨炎之利于一时者少，而害于后世者大矣。有明两税，丁口而外，有力差，有银差，盖十年而一值。

嘉靖末行一条鞭法，通府州县十岁中，夏税、秋粮、存留、起运之额，均徭、里甲、土贡、雇募、加银之例，一条总征之。使一年而出者分为十年，及至所值之年一如余年，是银、力二差又并入于两税也。未几而里甲之值年者，杂役仍复纷然。其后又安之，谓条鞭，两税也，杂役，值年之差也。岂知其为重出之差乎？使银差、力差之名不去，何至是耶！故条鞭之利于一时者少，而害于后世者大矣。

万历间，旧饷五百万，其末年加新饷九百万，崇祯间又增练饷七百三十万，倪元璐②为户部，合三饷为一，是新饷、练饷又并入于两税也。至今日以为两税固然，岂知其所以亡天下者之在斯乎？使练饷、新饷之名不改，或者顾名而思义，未可知也。此又元璐不学无术之过也。嗟乎！税额之积累至此，民之得有其生也亦无几矣。

今欲定税，须反积累以前而为之制。援田于民，以什一为则；未授之田，以二十一为则。其户口则以为出兵养兵之赋，国用自无不足，又何事于暴税乎！

何谓所税非所出之害？古者任土作贡，虽诸侯而不忍强之以其地之所无，况于小民乎！故赋谷米，田之所自出也；赋布帛，丁之所自为也。其有纳钱者，后世随民所便，布一匹，直钱一千，输官听为九百。布直

---

① 积累莫返，同"积重难返"。
② 倪元璐，字汝玉，明末官员。

六百，输官听为五百，比之民间，反从降落。是钱之在赋，但与布帛通融而已。其田土之赋谷米，汉、唐以前未之有改也。及杨炎以户口之赋并归田土，于是布帛之折于钱者与谷米相乱，亦遂不知钱之非田赋矣。

宋隆兴二年，诏温、台、徽不通水路，其二税物帛，许依折法以银折输。盖当时银价低下，其许以折物帛者，亦随民所便也。然按熙宁税额，两税之赋银者六万一百三十七两而已，而又谷贱之时常平就籴，故虽赋银，亦不至于甚困。

有明自漕粮而外，尽数折银。不特折钱之布帛为银，而历代相仍不折之谷米，亦无不为银矣；不特谷米不听上纳，即欲以钱准银，亦有所不能矣。夫以钱为赋，陆贽尚曰"所供非所业，所业非所供"，以为不可，而况以银为赋乎！天下之银既竭，凶年田之所出不足以上供；丰年田之所出足以上供，折而为银，则仍不足以上供也，无乃使民岁岁皆凶年乎？天与民以丰年而上复夺之，是有天下者之以斯民为雠也。

然则圣王者而有天下，其必任土所宜，出百谷者赋百谷，出桑麻者赋布帛，以至杂物皆赋其所出，斯民庶不至困瘁尔！

何谓田土无等第之害？《周礼》大司徒，不易之地家百亩，一易之地家二百亩，再易之地家三百亩，是九则定赋之外，先王又细为之等第也。今民间田土之价，悬殊不啻二十倍，而有司之征收，画以一则，至使不毛之地岁抱空租，亦有岁岁耕种，而所出之息不偿牛种。小民但知其为瘠土，向若如古法休一岁、二岁，未始非沃土矣。官府之催科不暇，虽欲易之，恶得而易之？何怪夫土力之日竭乎！吾见有百亩之田而不足当数十亩之用者，是不易之为害也。

今丈量天下田土，其上者依方田之法，二百四十步为一亩，中者以四百八十步为一亩，下者以七百二十步为一亩，再酌之于三百六十步、六百步为亩，分之五等。

鱼鳞册字号，一号以一亩准之，不得赘以奇零，如数亩而同一区者不妨数号，一亩而分数区者不妨一号。使田土之等第，不在税额之重轻而在丈量之广狭，则不齐者从而齐矣。

是故田之中、下者，得更番而作，以收上田之利。加其力有余也而悉耕之，彼二亩三亩之入，与上田一亩较量多寡，亦无不可也。

【出处】 黄宗羲：《田制》，《明夷待访录》，北京，中华书局，1985。

王夫之：论税改使税名减实增

解题

这里的两篇选文，主要反映王夫之的赋税名减实增这个观点。王夫之回顾历史，论述了历次赋税改革最终反而加重了赋税，认为从中反映出名减实增这样一个规律。

选文

三代之政，简于赋而详于役，非重用其财而轻用其力也。赋，专制于君者也，制一定，虽墨吏附会科文以取之，不能十溢其三四也。役，则先事集而后事息，随时损益，固难画一；听吏之上下，而不能悉听于君上，不为之不可；溢之数，尽取君与吏所必需于民者而备征之，则吏可以遽不请命而唯意为调发，虽重法以绳吏，而彼固有辞。是故先王不避繁重之名，使民逐事以效功，则一国之常变巨细，皆有期会之必赴，而抑早取其追摄不逮、冗促不相待之数，宽为额而豫其期，吏得裕于所事而弗能借口于烦速。其庀具供给之日，不移此以就彼，吏抑无从那移而施其巧。且役与赋，必判然分而为二。征财虽径，征力虽迂，而必不敛其值以雇于公。民即劳而事有绪，吏不能以意欲增损之，而劳亦有节矣。知此，则创为一条鞭之法者，概役而赋之，其法苟简而病民于无穷，非知治体者之所尚矣。一条鞭立而民不知役，吏乃以谓民之未有役而可役；数十年以后，赋徒增而役更起，是欲径省其一役而两役之矣。王介甫雇役之法倡之，朱英之一条鞭成之①，暴君者又为裁减公费、驿

---

① 王安石，字介甫。朱英，明代成化年间任都御史。

递、工食之法，以夺之吏而偿之民。夺之吏者一，而偿之民者百，是又不如增赋之虐民有数也。

置邮之说，始见于《孟子》而传闻于孔子，《周礼》无述焉。意亦衰周五伯之乱政，非三代之制也。《春秋传》鲁庄公传乘而归，楚子乘驲①会师于临品，皆军中所置以待急迫，犹今之塘拨耳。孔子所谓传命者，亦谓军中之命令也。三代之制，大夫以上皆自畜马，有所使命，自驾而行，而不需于公家。士及庶人在官者之衔命，则公家予之以驾，而不取给于赋役。故问国君之富，数马以对；国马蕃于公厩，无所资于民矣。吉行日五十里，马力不疲，适远而不须更易，驾以往者即驾以返，无用驲也。诸侯之交，适远者少。天子之使，或达于千里之外，则有轩辖之车，舆轻马良，亦即所乘以远届而已。古之政令，立法有章，号令统一，事豫而期有恒，故日行五十里而不失期会。后世有天下者，起于行陈，遂以军中驿传之法取快一时者为承平之经制，先事之不豫，征求期会之无恒，马力不足给其意欲，而立法以求急疾，至于鱼蟹瓜果口腹之需，一惟其速而取办于驿传。天下增此一役，而民困益甚矣。诚假郡县以畜牧之资，使自畜马以供公役，自近侍以至冗散，皆丰其禄饩僎从，各得多其蕃畜，一切奏报征召，皆自乘以行，而特给以刍秣，虽乘舆之围，亦取之国马而足，则赋可减，役可捐，而中国亦资以富强，将不待辇镪筐荼以请命于番夷，上下交益之道也。开国之主，一为创制，捷于反掌，非如井田封建之不易复也。

【出处】王夫之：《思问录·外篇》，《船山全书》，长沙，岳麓书社，1988。

选文

租庸调之法，拓跋氏始之，至唐初而定。户赋田百亩，所输之租粟二石，其轻莫以过也。调随土宜，庸役两旬，不役则输绢六丈。重之于

---

① 驲（rì），驿站马车。

调庸，而轻之于粟。三代以下郡县之天下，取民之制，酌情度理，适用宜民，斯为较得矣。

地之有稼穑也，天地所以给斯人之养者也。人之戴君而胥匡以生也，御其害，协其居，坊其强以淫，抚其弱以萎，君子既劳心以治人，则有力可劳者当为之効也。地产之有余者，桑麻金锡茶漆竹木楱苇之属，人不必待以生，而或不劳而多获，以资人君为民立国经理绸缪之用，固当即取于民以用者也。酌之情，度之理，租不可不轻，而庸、调无嫌于重，岂非君以养民、民以奉公之大义乎？故曰"明看中五谷"。谷者，民生死之大司也。箕敛以聚之上，红朽盈而多蓁不耕之人，下及于犬马，则贱矣；开民之利。劝之以耕，使裕于养，而流通其余，以供日用之需，所以贵之也；示民以不爱其力以事上，而重爱其粟，虽君上而不轻与，则贵之也至矣。故惟重之于庸，而轻之于租，民乃知耕之为利，虽不耕而不容偷窳以免役，于是天下无闲旧，而田无卤莽，耕亦征也，不耕亦征也，其不劝于耕者鲜矣。

且按唐开元户数凡九百六十一万九千有奇，户租二石，为租千九百二十三万有奇，以万历清丈所定，夏秋税粮二千六百六十三万有奇较之，其差无几也。田百亩而租二石，几百而取一矣，而可给二百二十万人之食以饷兵，而不止三年之余一。粟之取也薄，而庸调之取绢绵土物也广，则官吏胥役百工之给，皆以庸调之所输给之，使求粟以赡其俯仰，皆出货贿以雠籴于农民，而耕者盐酪医药昏丧之用，粟不死而货贿不腾。调庸之职贡一定于户口而不移，勿问田之有无，而责之不贷，则逐末者无所逃于溥天率土之下，以嫁苦于农人。徭不因田而始有，租以薄取而易输，污吏猾胥无可求多于阡陌，则人抑视田为有利无害之资，自不折入于强豪，以役耕夫而恣取其半。以此计之，唐之民固中天以后乐利之民也；此法废而后民不适有生，田尽入于强豪而不可止矣。

役其人，不私其土，天之制也；用其有余之力，不夺其勤耕之获，道之中也；效其土物之贡，不敛其待命之粟，情之顺也；耕者无虐取之忧，不耕者无幸逃之利，义之正也。若夫三代之制，田税十一，而二十取一，孟子斥之为小貉，何也？三代沿上古之封建，国小而君多，聘享征伐一取之田，盖积数千年之困敝，而暴君横取，无异于今川、广之土司，吸龁其部民，使鹄面鸠形，衣百结而食草木。三代圣王，无能疾出其民于水火，为撙节焉以渐苏其生命，十一者，先王不得已之为也。且天子之几，东西南北之相距，五百里而已，身车之挽运，旬日而往还，侯国百里之封，居五十里之中，可旦输而夕返。今合四海以供一王，而馈鲜周于远塞，使输十一于京边，万里之劳，民之死者十九，而谁以躯命殉一顷之荒瘠乎？弗获已而折色轻，齐之制以稍宽之，乃粟之贵贱无恒，而定之以一切之准，墨吏抑尽废本色，于就近支销而厚取其值，其便贱粜以应非时之诛求，台非奸诡豪强，未有敢名田为己有者。若且不察而十一征之，谁为此至不仁之言曰中正之制，以剿绝生民之命乎？

乃若唐之庸，重矣，以后世困农而恣游民之逋役则重也，以较三代则尤轻。古者七十二井而出长毂一乘，步卒七十二人，九百亩而一人为兵。亩百步耳，九百亩，今之四百亩而不足也。以中则准之，凡粮二十石有奇而出一兵。无岁不征，无年不战，死伤道殣，复补伍于一井之中。唐府兵之未尽革也，求兵于免租免庸之夫，且读杜甫无家、垂老、新婚三别之诗，千古犹为堕泪。则三代之民，其死亡流离于锋矢之下，亦惨矣哉，抑且君行师从，卿行旅从，狩觐、会盟、聘问、逆女、会葬，乃至游观、畋猎，皆奔走千百之耕夫于道路，暑喝冻瘘、饥渴劳敝而死者，不知凡几，而筑城、穿池、营宫室、筑苑囿之役不与焉，其视一岁之庸，一户数口而折绢六丈者，利害奚若也？论者不体三代圣王因时补救不得已之心，而犹曰十一取民，寓兵于农之可行于今也，不智而不仁，学焉而不思，亦忍矣哉！后王参古以宜民，唐室租庸调、画一仁民之法，即有损益，无可废矣。

....

旱饥而赦，以是仁民，非所以仁之也。太宗曰"赦者，小人之幸，君子之不幸"，亦既知之矣；而贞观二年以旱赦天下，信道不笃，知不可而复为，非君师之道矣。

夫赦亦有时焉而可者，夷狄盗贼僭据上国，岂岂之氓胁从以徼幸，上不能固保其民，使群陷于逆，则荡涤而矜全之可耳。旱饥之民，流离道殣者，类不能为奸恶；而奸恶之徒，虽旱饥而固不至于馁瘠者也。如曰衣食不足，而非僻以起，则夫犯者在未饥以前，固非为饥所迫，而奚所恤哉？省囚系以疏冤滞，宥过误以恤惷愚，止讼狱以专农务，则君上应行之政，无岁不宜，而不待旱饥。至于旱饥之岁，豪民擅粟以掠市子女，游民结党以强要籴贷，甚且竞起为盗以攘杀愿懦；非法不惩，非刑不戢；而更纵不轨之徒，使无所创艾以横行郊邑，又岂非凶年之大蠹哉？

蠲逋欠，减租庸，所以救荒也。困于征输者，朴民也。蠲免与赦罪并行于一纸，则等朴民于奸宄，名不正，实不符，亦重辱吾衽席之赤子矣。不杂赦罪之令于蠲租之诏，尤人君扶正人心之大权，而时君不察，曰"以此答上天好生之心"，天其乐佑此顽民以贼凋零之孑遗乎？体天心以达民隐，非市恩之俗吏所得与焉，久矣。

【出处】王夫之：《读通鉴论》卷二十，《船山全书》，长沙，岳麓书社，1988。

解题

本文主要反映王夫之对商垦募耕的弊端的认识。王夫之认为，政府招商开垦土地的实际活动中出现了一系列问题，这些商人招募农民来耕种，事实上他们成了商人地主。

选文

盐政开中之法[①]，其名甚美，综核而行之乍利，要不可以行远，非通计理财之大法也。商之不可为农，犹农之不可为商也。商其农，徒瘠其农而贫之于商。农其商，徒困其商而要不可为农。开中者，将使商自

[①] 明代初年实施开中制，让商人运粮到边疆，以所运之粮换取盐引，然后凭盐引到指定的盐场支取食盐，再到政府规定的销盐区销售，获取利润。

耕乎？抑使募人以耕乎？商固不能自耕，而必募人以耕，乃天下可耕之人皆怀土重迁者，商且悬重利以购之，则贪者舍先畴以趋远利，而中土之腴田芜矣。不则徒使商豢游惰之农，而出不能禆其入也。抑天下果有有余之农为可募邪，则胡不官募之，而必假于商乎？农出粟而使之输金，唐、宋以降之弊政也；商利用金而使之输粟，则开中之弊法也。颠倒有无而责非其有，贸迁于南而田庐于北，人心拂而理势逆，故行之未百年而叶淇得以挠之①，商乃宁输数倍之金以丐免遥耕之苦，必然之势也。耕犹食也，莫之劝而自勤者也。强人以耕，殆犹夫强人以食，与不噎而哕者几何哉？宜开中之不能久也。

与其开中而假手于商以垦塞田也，亡宁徙民以实塞。民就徙，则渐安其可怀之土矣，独疑无从得民而募徙之尔。叶淇以前，商所募者为何许人？当时不留之以为官佃，则淇之罪也。或皆游惰而卤莽者乎？乃今广西桂平、浔梧之间有獞人者，习于刀耕火种，勤苦耐劳，徙以府江左右皆不毛之土，无从得耕，故劫掠居民行旅以为食。韩雍②以来，建开府，增戍卒，转饷千里，大举小入，数百年无宁日，斩杀徙勤而终不悛。若置之可耕之土，则贼皆农也。或虑其犷不受募，则可用雕剿之法，以兵迁其一二，得千许人，丰给其资粮牛具，安插塞下，择良将吏拊循之。数年以还，俾既有饱暖之色，择其渠魁，假之职名，还令自相呼致。行之十年之外，府江之獞可空，塞下之莱可熟矣。且其人类犷悍习战，尤可收为墩堡之备，即因之简兵节饷可也。汉迁瓯人而八闽安，中国实用此道尔。他如黔、蜀之苗、犵，可迁者有矣；亳、宿、郧、夔之流民，可耕者有矣；汀、邵之山民，转耕蓝麻于四方，可募者有矣。当国者以实心而任良吏，皆为塞下之农也，奚必开中而后得粟哉？

【出处】王夫之：《思问录·外篇》，《船山全书》，长沙，岳麓书社，1988。

---

① 明朝中期，叶淇改革盐法。
② 韩雍，字永熙，明朝中期官员。

章炳麟：论盐铁辩论

解题

本文主要反映章炳麟对盐铁专营的利弊的认识。作者章炳麟（1868—1936），字枚叔，号太炎，浙江余杭县人。他在1902年曾评论西汉始元盐铁大辩论，指出桑弘羊政策的长处和短处。

选文

昔吾尝恨始元文学之与弘羊辩也，不如卜式①。夫天地有百昌②以资人用，待工而成，待商而通，故圣王置舫人之官以通川泽，骖服骒牝以达原阪，人不极劳，而足以穷泰远，剂其所产，以龚服御。弘羊之均输，非苟作也。今之人亦尝以理财之善善刘晏，晏式弘羊矣，勿为权首③而怨勿及也。而文学诸生，类欲远法治古，民至老死不相往来，以遏贪鄙之俗，醇至诚之风。其议虚憍，近于无端崖之辩，固不足以服弘羊矣。

察弘羊之病，在知商而不知农。卜式，农家也，故导之以衣租食税，以为本议。租税出于谷，谷出于力耕，力耕出于重农：是为知本。夫通四方之珍异，使五金百卉皮革丹桼，昼夜相转乎前，而上榷税之，民得其养，上得其用，均输之术，于是乎两便。然计本量委，转输之久，而出者必穷。是故终南之山，今无檀柘者；会稽之壤，今无竹箭者，取之尽也。然则商非能自通也，孳殖于农，而裁制于工，己则转之。今居大农之官，而不以饬力长财惠训其民，斯溺职也哉！

……昔者，北方之沙砾，蓟丘之左，自虞集始营度之，至于今二十

---

① 始元，汉昭帝年号。弘羊，桑弘羊。卜式，下文已指出，"卜式，农家也"。
② 百昌，丰富的自然资源。
③ 权首，意思是擅长随机应变的第一号人物，或善于玩弄权术的最突出者。

世；天山之水泉，若古勿导，导之自林则徐，至于今再世，而其效特局促于是也。非设农官，无以为也。

【出处】章炳麟：《訄书·明农》，北京，三联书店，1998。

货币金融管理

单旗：论子母相权

解题

本文主要反映单旗对子母相权的认识。单旗，生卒年不详，周景王时代（前544—前520）的卿士。单旗是子母相权论的第一提出者，本文所讨论的"轻重"，是中国经济思想史上的重要范畴。

选文

景王①二十一年，将铸大钱。单穆公②曰："不可。古者天灾降戾，于是乎量资币，权轻重，以振救民。民患轻，则为作重币以行之，于是乎有母权子而行③，民皆得焉。若不堪重，则多作轻而行之，亦不废重，于是乎有子权母而行，小大利之。今王废轻而作重，民失其资，能无匮乎？若匮，王用将有所乏，乏则将厚取于民，民不给，将有远志④，是离

---

① 景王，周景王。
② 单穆公，单旗。
③ 轻，轻币，指铜钱的含铜量太少。母，新发行的含铜量大的重币。子，原用的轻币。
④ 远志，逃往其他国家去的想法。

民也。"

"且夫备有未至而设之，有至而后救之，是不相入也。可先，而不备，谓之急；可后，而先之，谓之召灾。周固羸国也，天未厌祸焉。而又离民以佐灾，无乃不可乎！将民之与处而离之，将灾是备御而召之，则何以经国？国无经，何以出令？令之不从，上之患也。故圣人树德于民以除之。"

"《夏书》有之曰：'关石和钧①，王府则有。'《诗》亦有之曰：'瞻彼旱麓，榛楛济济。恺悌君子，干禄恺悌。'夫旱麓之榛楛殖，故君子得以易乐干禄焉。若夫山林匮竭，林麓散亡，薮泽肆既，民力雕尽，田畴荒芜，资用乏匮，君子将险哀之不暇，何易乐之有焉！且绝民用以实王府，犹塞川原而为潢汙也，其竭也无日矣。若民离而财匮，灾至而备亡，王其若之何？吾周官②之于灾备也，其所急弃者多矣，而又夺之资以益其灾，是去其藏而翳其人也。王其图之！"

王弗听，卒铸大钱。

【出处】《国语·周语》，北京，中华书局，1985。

贾谊：论法钱

解题

本文主要反映贾谊对实行法币的条件和原则的认识。作者贾谊（前200—前168），洛阳（今河南洛阳）人。汉初铸币问题突出，贾谊最早提出"立法钱"主张。"法钱"即今天我们说的法币。若要实行"法钱"，一个重要的前提条件就是"上收铜勿令布"，即制造金属货币的原材料收归国有；一个必要的发行原则就是"上挟铜积以御轻重"，即国家依赖所控制的货币，通过增减货币流通量来影响物价。

---

① 石、钧都是重量单位，三十斤为钧，四钧为石。这里泛指度量衡。
② 周官，周朝官府。

选文

　　法使天下公得顾租铸铜锡为钱,敢杂以铅铁为它巧者,其罪黥。然铸钱之情,非淆杂为巧,则不可得赢;而淆之甚微,为利甚厚。夫事有召祸而法有起奸,今令细民人操造币之势,各隐屏而铸作,因欲禁其厚利微奸,虽黥罪日报,其势不止。乃者,民人抵罪,多者一县百数,及吏之所疑,榜笞奔走者甚众。夫愚法以诱民,使入陷阱,孰积于此?曩禁铸钱,死罪积下;今公铸钱,黥罪积下。为法若此,上何赖焉?

　　又民用钱,郡县不同:或用轻钱,百加若干;或用重钱,平秤不受。法钱①不立,吏急而一之乎,则大为烦苛,而力不能胜;纵而弗呵乎,则市肆异用,钱文大乱。苟非其术,何向而可哉?

　　今农事弃捐,而采铜者日蕃,释其耒耨,冶镕炊炭,奸钱日多,五谷不为多,善人怵而为奸邪,愿民陷而之刑戮,刑戮将甚不祥,奈何而忽?国知患此,吏议必曰禁之。禁之不得其术,其伤必大。令禁铸钱,则钱必重,重则其利深,盗铸如云而起,弃市之罪又不足以禁矣。奸数不胜而法禁数溃,铜使之然也。故铜布于天下,其为祸博矣。

　　今博祸可除,而七福可致也。何谓七福?上收铜勿令布,则民不铸钱,黥罪不积,一矣。伪钱不蕃,民不相疑,二矣。采铜铸作者反于耕田,三矣。铜毕归于上,上挟铜积以御轻重,钱轻则以术敛之,重则以术散之,货物必平,四矣。以作兵器,以假贵臣②,多少有制,用别贵贱,五矣。以临万货,以调盈虚,以收奇羡,则官富实而末民困,六矣。制吾弃财③,以与匈奴逐争其民,则敌必怀,七矣。

　　故善为天下者,因祸而为福,转败而为功,今久退七福而行博祸,臣诚伤之。

---

① 法钱,同今天说的"法币",由法律规定有标准含量的金属货币。
② 假贵臣,赐予贵族、官僚以用铜的一定权利。
③ 弃财,货币,古时对货币的一种习惯说法。

【出处】贾谊：《新书·铜布》，《贾谊集》，上海，上海人民出版社，1976。

桓宽：货币政策

解题

本文主要反映当时人对钱币的铸造权的认识。西汉盐铁会议上，辩论了钱币是由国家统一铸造，还是放任私人铸造。货币铸造权如果进一步讲，就是货币发行权问题。

选文

大夫曰："交币①通施，民事不及，物有所并也。计本量委，民有饥者，谷有所藏也。智者有百人之功，愚者有不更本之事，人君不调，民有相妨之富也。此其所以或储百年之余，或不厌糟糠也。民大富，则不可以禄使也；大强，则不可以威罚也。非散聚均利者不齐。故人主积其食，守其用，制其有余，调其不足，禁溢美，厄利涂，然后百姓可家给人足也。"

文学曰："古者贵德而贱利，重义而轻财。三王之时，迭盛迭衰，衰则扶之，倾则定之。是以夏忠、殷敬、周文、庠序之教②，恭让之礼，粲然可得而观也。及其后，礼义弛崩，风俗灭息，故自食禄之君子，违于义而竞于财，大小相吞，激转相倾。此所以或储百年之余，或无以充虚蔽形也。古之仕者不稼，田者不渔，抱关击柝皆有常秩，不得兼利尽物。如此，则愚智同功，不相倾也。《诗》云：'彼有遗秉，此有滞穗，伊寡妇之利③。'言不尽物也。"

---

① 交币，用货币进行交易。
② 忠，忠上。敬，敬祖。文，倡礼。庠序，乡校。
③ 秉，一把谷物叫做秉。寡妇，这里泛指无依无靠的人。

大夫曰："汤文继衰，汉兴乘弊①。一质一文，非苟易常也。俗弊豕法，非务变古也，亦所以救失扶衰也。故教与俗改，弊②与世易。夏后以玄贝，周人以紫石，后世或金钱刀布。物极而衰，终始之运也。故山泽无征则君臣同利，刀币无禁则奸贞并行。夫臣富相侈，下专利③则相倾也。"

文学曰："古者市朝而无刀币，各以其所有易所无，抱布贸丝而已。后世即有龟贝金钱交施之也，币数变而民滋伪。夫救伪以质，防失以礼。汤文继衰，革法易化，而殷周道兴。汉初乘弊而不改易，畜利变币，欲以反本，是犹以煎止燔、以火止沸也。上好礼则民闇饰，上好货则下死利也。"

大夫曰："文帝之时，纵民得铸钱、冶铁、煮盐。吴王擅鄣海泽，邓通专西山④。山东奸猾咸聚吴国，秦、雍、汉、蜀因邓氏。吴、邓钱布天下，故有铸钱之禁。禁御之法立而奸伪息，奸伪息则民不期于妄得而各务其职，不反本何为？故统一⑤，则民不二也。币由上，则下不疑也。"

文学曰："往古币众财通而民乐。其后稍去归币，更行白金龟龙，民多巧新币。币数易而民益疑。于是废天下诸钱，而专命水衡三官⑥作。吏匠⑦侵利，或不中式，故有薄厚轻重。农人不习，物类比之，信故疑新，不知奸贞。商贾以美贸恶，以半易倍。买则失实，卖则失理，其疑或⑧滋益甚。夫铸伪金钱以有法，而钱之善恶无增损于故。择钱则物稽滞，而用人⑨尤被其苦。春秋曰：'算不及蛮夷则不行。'故王者外不鄣海泽以便民用，内不禁刀币以通民施。"

---

① 汤，商汤。文，周文王。乘，通"承"。弊，秦朝的弊政。
② 弊，通"币"。
③ 专利，垄断煮盐、冶铁、铸钱等利益。
④ 吴王，汉初分封的吴国郡王，汉景帝时发动七国之乱。邓通，汉文帝时任大夫。
⑤ 统一，国家统一铸造钱币。
⑥ 水衡三官，水衡都尉和其下属上林均输、钟官、程铜令三官。
⑦ 吏匠，负责铸造钱币的官吏和工匠。
⑧ 或，通"惑"，对新币的怀疑。
⑨ 用人，使用新币的人或需用货物的人。

【出处】桓宽：《盐铁论·错币》，《四部丛刊正编》子部，台北，台湾商务印书馆，1979。

白居易：论货币平衡物价

解题

本文主要反映白居易对币、价、物的关系的认识。白居易谈论了农产品（"谷帛"）与手工产品（"器用"）的关系，商品（"财物"）与工商业的关系，货币（"钱刀"）与物价（"百货之价"、"贵贱"）的关系，实际上在探讨货币与"百货"的关系。轻重论（"轻重便于时"）以平衡为着眼点，白居易认为，平衡可以体现在很多方面，比如，行业（农工商）之间平衡（"谷帛贵则财物贱，财物贱则工商劳"）、物价平衡（"百货之价自平"）等。

选文

臣闻谷帛者生于农也，器用者化于工也，财物者通于商也，钱刀者操于君也。君操其一，以节其三，三者和钧，非钱不可也。夫钱刀重则谷帛轻，谷帛轻则农桑困，故散钱以敛之，则下无弃谷遗帛矣。谷帛贵则财物贱，财物贱则工商劳，故散谷以收之，则下无废财弃物矣。敛散得其节，轻重便于时，则百货之价自平，四人①之利咸遂，虽有圣智，未有易此而能理者也。方今关辅之间②，仍岁大稔，此诚国家散钱敛谷防俭备凶之时也。时不可失，伏惟陛下惜之。

【出处】白居易：《戒奢》，《白居易集》，北京，中华书局，1979。

---

① 四人，即四民，士、农、工、商。
② 关辅之间，关，关中；辅，三辅，长安及关中平原。治理长安地区的京兆尹、左冯翊、右扶风，被称为三辅。

沈括：论货币流通速度

解题

本文主要反映沈括对货币流通速度的认识。作者沈括（1033—1097），字存中，钱塘（今浙江杭州）人。沈括对货币流通速度的思考，被认定为"是中国，也是全世界对货币流通速度问题的最早的明确的表述"。从中西方经济思想比较的角度说，沈括提出这个思想的时间是北宋熙宁十年，即1077年，它比17世纪英国的洛克提出同样的论点要早600多年。

选文

钱利于流。借十室之邑，有钱十万，而聚于一人之家，虽百岁故十万也。贸而迁之①，使人飨十万之利，遍于十室，则利百万矣。迁而不已，钱不可胜计。今至小之邑，常平之蓄不减万缗，使流转于天下，何患钱之不多也。

【出处】李焘：《续资治通鉴长编》卷二八三，北京，中华书局，2004。

辛弃疾：论会子

解题

本文主要反映辛弃疾对纸币的认识。作者辛弃疾（1140—1207），字幼安，号稼轩，历城（今山东济南）人。辛弃疾认为，纸币的一个突

---

① 贸而迁之，贸迁即贸易。

出特点就是"便民"。

选文

臣窃见朝廷行用会子以来,民间争言物货不通,军伍亦谓请给①损减,以臣观之,是大不然。盖会子本以便民,其弊之所以至此者,盖由朝廷用之自轻故耳。

何谓"本以便民"?世俗徒见铜可贵而楮②可贱,不知其寒不可衣、饥不可食,铜楮其实一也。今有人持见钱③百千以市物货,见钱有般④载之劳,物货有低昂之弊;至会子,卷藏提携,不劳而运,百千之数亦无亏折,以是较之,岂不便于民哉。

何谓"朝廷用之自轻"?往时应民间输纳,则令见钱多而会子少,官司支散,则见钱少而会子多,以故民间会子一贯换六百一二十足,军民嗷嗷,道路嗟怨。此无他,轻之故也。近年以来,民间输纳,用会子见钱中半,比之向来,则会子自贵,盖换钱七百有奇矣(江阴军换钱七百四十足,建康府换钱七百一十足)。此无他,稍重之故也。古谓"将欲取之,必固予之",岂不信哉。

臣以谓今诸军请给微薄,不可复令亏折,故愿陛下重会子使之贵于见钱。若平居得会子一贯,可以变转一贯有余,所得虽微,物情自喜,缓急之际,不过多印造会子以助支散,百万财赋,可一朝而办也。

臣尝深求其弊:夫会子之所以轻者,良以印造之数多,而行使之地不广。今所谓行使会子之地,不过大军之所屯驻与畿甸之内数郡尔,至于村镇乡落,稍远城郭之处,已不行使,其他僻远州郡又可知也。臣愚欲乞姑住印造,止以见在数泄之诸路,先明降指挥,自淳熙⑤二年以后,应福建、江湖等路,民间上三等户租赋并用七分会子、三分见钱输

---

① 请给,给养。
② 楮(chǔ),纸币。
③ 见钱,铜钱。
④ 般,通"搬"。
⑤ 淳熙,南宋孝宗年号。

纳（僻远州郡未有会子，先令上三等户输纳，免致中下户受弊），民间买卖田产价钱，悉以钱会中半，仍明载于契。或有违戾，许两交易并牙人①陈述，官司以准折受理②。僧道输纳免丁钱，亦以钱会中半。以臣计之，诸路所入会子之数，虽不知其多寡，姑以十万为率论之，其已输于官者十万，藏之于家以备来年输纳者又十万，商贾因而以会子兴贩往来于路者又十万，是因远方十万之数而泄畿内会子三十余万之数也，况其数不止于此哉。会子之数有限，而求会子者无穷，其势必求买于屯驻大军去处，如此则会子之价势必涌贵，军中所得会子比之见钱反有赢余，顾会子岂不重哉。行一二年，诸路之民虽于军伍市井收买亦且不给，然后多行印造，令诸路置务③给卖，平其价值，务得见钱而已，则民间见钱将安归哉。此所谓"将欲取之，必固予之"之术也。

然臣所患者：法行之初，僻远州郡会子尚少，高其会子之价，纽作见钱，令人户准折输纳，及其解发，却以见钱于近里州郡收买，取其赢余以资妄费，徒使民间有增赋之名，而会子无流通之理。臣愚欲乞责之诸道总领转运，立为条目，以察部内之不奉法者，俟得其人，严置典宪以示惩戒。如此则无事之时，军民无会子之弊，缓急之际，朝廷无乏与之忧，其利甚大。

【出处】辛弃疾：《淳熙乙未登对答好》，《辛稼轩诗文钞存》（邓广铭辑校），上海，上海古典文学出版社，1957。

邱浚：论银、钱、钞

解题

本文主要反映邱浚的银、钱、钞并用这个观点。邱浚认为，白银、

---

① 牙人，买卖中介人。
② 准折受理，官府对因会、钱兑换争执的案件要用折价方法处理。
③ 务，官府设置的供百姓用现钱兑换会子的机构。

制钱、钞币三者并用,其中以银为基础,即钱、钞以及一切商品都用银计价。在这里,白银开始带有本位币的因素,制钱和钞币也就带有了辅币的因素。

选文

天生物以养人,付利权于人君,俾权其轻重,以便利天下之人,非用之以为一人之私奉也。人君不能权其轻重,致物货之偏废,固已失上天付畀之意矣。况设为阴谋潜夺之术,以无用之物,而致有用之材,以为私利哉?甚非天意矣。

自宋人为交会①,而金元承之以为钞。所谓钞者,所费之直,不过三五钱,而以售人千钱之物。呜呼!世间之物,虽生于天地,然皆必资以人力,而后能成其用。其体有大小精粗,其功力有浅深,其价有多少。直而至于千钱,其体非大则精,必非一日之功所成也。乃以方尺之楮,直三五钱者而售之,可不可乎?下之人,有以计取人如是者,上之人不能禁之,固已失上之职矣,况上之人自为之哉。民初受其欺,继而畏其威,不得已而黾勉从之。行之既久,天定人胜,终莫之行,非徒不得千钱之息,并与其所费三五钱之本而失之,且因之以失人心,亏国用,而致乱亡之祸,如元人者,可鉴也已。然则钞法终不可行哉?曰,何不可行,执其可行、不可行之两端而用其中,斯可行矣。何者?上古之世,以珠玉为上币,黄金为中币,刀布为下币;中古之世,周立圜法,亦兼以黄金布帛二者为言。虽以王莽,亦作金银龟贝钱布之品。后世专用铜楮二者为币,而不准以金银,是以用之者无权。而行之既久,不能以无弊。故其立法之始,未尝不善,然皆以不善终之,古今一律也。

本朝制铜钱宝钞,相兼行使,百年于兹,未之改也。然行之既久,意外弊生。钱之弊在于伪,钞之弊在于多。革伪钱之策,臣既陈于前矣。所以通行钞法者,臣请稽古三币之法,以银为上币,钞为中币,钱为下币,以中下二币,为公私通用之具,而一准上币权之焉。盖自国初

---

① 交会,交子、会子。

以来，有银禁，恐其或阂钱钞也。而钱之用，不出于闽广。宣德正统①以后，钱始用于西北。自天顺成化②以来，钞之用益微矣。必欲如宝钞属锱之形，每一贯准钱一千、银一两。以复初制之旧，非用严刑不可也，然严刑非圣世所宜有。夫以法治民之形，可行于一时，不若以理服民之心，可施于悠久也。盖本天之理，制事之义，以为民之利，因时立法，随时以处中，圣贤制事之权也。窃以为今日制用之法，莫若以银与钱钞相权而行，每银一分易钱十文；新制之钞每贯易钱十文；四角完全未中折者，每贯易钱五文；中折者三文；昏烂而有一贯字者一文。通诏天下以为定制，而严立擅自加减之罪。虽物生有丰欠，货直有贵贱，而银与钱钞交易之数一定而永不易，行之百世，通之万方。如此则官籍可稽，而无那移之弊；民志不惑，而无欺绐之患；商出途，贾居市，皆无折阅之亏矣。既定此制之后，钱多则出钞以收钱，钞多则出钱以收钞。银之用，非十两以上禁不许以交易，银之成色，以火试白者为准。宝钞铜钱通行上下，而一权之以银。足国便民之法盖亦庶几焉。臣愚私见如此。盖因其可行不可行之两端量度以取中，而取裁于上。非敢自以为是，而辄变成法也。可行与否，请询之众论，而断以圣心。

【出处】邱浚：《大学衍义补》卷二十七，《钦定四库全书》子部"儒家类"，台北，台湾商务印书馆，1986。

王夫之：论白银货币

解题

本文主要反映王夫之的白银为货币这个观点。王夫之对于白银作为货币这个问题，有他自己的看法。白银易于携带，易于储存，这是它的长处。开采银矿将同农业争夺劳动力，这又是白银充当货币的短处。

---

① 宣德，明宣宗年号。正统，明英宗年号。
② 天顺，明英宗年号。成化，明宪宗年号。

选文

银之为用，自宋以上，用饰器服，与黄金珠玉等，而未得与钱、布、粟、帛通用于民间。权万纪请采银宣、饶，而太宗斥之①，亦犹罢采珠以惩侈耳。后世官赋民用以银为主，钱、布、粟、帛皆受轻重之命于银。夫银，藏畜不蚀，炼铄不减，藏之约而赍之也易，人习于便利，知千百年之无以能易之矣。则发山采矿，无大损于民，而厚利存焉，庸讵不可哉？然而大害存焉者，非庸人之所知也。

奚以明其然邪？银之为物也，固不若铜、铁为械器之必需，而上类黄金，下同铅、锡，亡足贵者。尊之以为钱、布、粟、帛之母，而持其轻重之权，盖出于一时之制，上下竞奔走以趋之，殆于愚天下之人而尽之也。故其物愈多，而天下愈贫也。采之自上，而禁下之采，则上积其盈，以笼致耕夫红女之丝粟，而财亟聚于上，民日贫馁而不自知。既以殚民之畜积矣。且大利之孔，未可以刑法禁塞之也。严禁民采，则刑杀日繁，而终不可戢。若其不禁而任民之自采乎？则贪惰之民，皆舍其穑事，以徼幸于诡获，而田之污莱也积；且聚游民于山谷，而唯力是视以取盈，则争杀兴而乱必起。一旦山竭泽枯，游民不能解散，而乱必成；即幸不乱也，耕者桑者戮力所获，养游民以博无用之物，银日益而丝粟日销，国不危，民不死，其奚待焉？自非参百年之终始以究利病者，奚足以察此哉？

呜呼！自银之用流行于天下，役粟帛而操钱之重轻也，天下之害不可讫矣。钱较粟帛而贵之轻矣，藏之约②矣，银较钱而更轻更约矣；吏之贪墨者，暮夜之投，归装之载，珠宝非易致之物，则银其最便也。不然，泛舟驱车，衔尾载道，虽不恤廉隅者不敢也。民之为盗也，不能负石粟、持百缣，即以钱而力尽于十缗矣，穴而入、筐而肰者，其利薄，其刑重，非至亡赖者不为，银则十余人而可挟万金以去。近自成化③以来，大河南北单骑一矢劫商旅者，俄顷而获千缗之值。是银之流行，污

---

① 权万纪，唐朝吴王李恪的长史。太宗，唐太宗。
② 约，容易。
③ 成化，明宪宗朱见深的年号。

吏箕敛、大盗画攫之尤利也，为毒于天下，岂不烈哉？无已，杜塞其采炼之源，而听其暗耗，广冶铸以渐夺其权，而租税之入，以本色为主，远不能致而后参之以钱，行之百年，使银日匮而贱均铅锡，将耕桑广殖，墨吏有所止而盗贼可以戢，尚有瘳乎？

天地之产，难得而不易贸迁者，以安民于所止而裕之也；帝王之政，繁重而不取便安者，以息民之偷而节其溢也。旦斸诸山，夕煅诸冶，径寸而足数十人之衣食，奸者逞，愿者削，召攘夺而弃本务，饥不可食，寒不可衣，而走死天下者，唯银也。采矿之禁，恶可不严哉？权万纪之削夺，有余辜矣。

【出处】 王夫之：《读通鉴论》，《船山全书》，长沙，岳麓书社，1988。

经济伦理

在今天，人们都已经认识到，经济的发展如果同腐败的政府行为和不诚实的经济实体的实践有关，那么这种经济是很容易崩溃的。腐败和经济违法行为是一对孪生兄弟。腐败也被看做反文化倾向，如"贿赂是再坏不过的投资"。经济违法行为自古就有，为了获利而损人利己，而且有时损人达到破坏人类尊严的程度。正如有人指出的："世界需要有伦理的人，没有他们，企业也无伦理可言。世界也需要在伦理上无可非议的立法所鼓励的公司结构，就像需要强制遵守的契约和法律以及惩罚违约者那样。只依靠法律是不够的，仅依靠伦理同样也是不够的。"在中国传统文化中，伦理主要是对人伦的关注，"道"主要指普遍的法则和理想的法则，"德"主要指品格、德性等，这是"规范向品格的内化"，"道"和"德"由此又统一为道德，所谓"道德仁义，非礼不成"（《礼记·曲礼上》）。道德的原始含义包含着传统的伦理智慧。

芮良夫：论专利等同盗

解题

本文主要反映的是自然生成的财富不应由国君垄断这个观点。西周末年芮良夫的言论，典型地反映了当时的一种自然财富观。

选文

夫利，百物之所生也，天地之所载也。而或专之，其害多矣。天地百物，皆将取焉，胡可专也。……夫王人者，将导利而布之上下者也，使神人百物无不得其极……匹夫专利①，犹谓之盗，王而行之，其归鲜矣。

【出处】《国语·周语上》，北京，中华书局，1985。

晏婴：论经济事务的礼与德

解题

本文主要反映对礼、德和利的认识。晏婴（？—前550），字仲，谥平，又称景平仲或晏平，莱地夷维（今山东高密）人。他认为，"礼"在"德"先。关于税收，他主张"取薄施厚"。

选文

齐侯与晏子坐于路寝②。公叹曰："美哉室！其谁有此乎？"晏子

---

① 专利，垄断自然财富。
② 齐侯，春秋末期齐国齐景公。晏子，晏婴。路寝，国君的正室。

曰:"敢问何谓也?"公曰:"吾以为在德。"对曰:"如君之言,其陈氏乎?陈氏虽无大德,而有施于民。豆、区、釜、钟之数①,其取之公也薄,其施之民也厚。公厚敛焉,陈氏厚施焉,民归之矣。《诗》曰:'虽无德与女,式歌且舞。'陈氏之施,民歌舞之矣。后世若少惰,陈氏而不亡,则国其国也已。"

公曰:"善哉!是可若何?"对曰:"唯礼可以已之。在礼,家施不及国,民不迁,农不移,工贾不变,士不滥,官不滔②,大夫不收公利。"公曰:"善哉!我不能矣。吾今而后知礼之可以为国也。"对曰:"礼之可以为国也久矣,与天地并。君令臣共,父慈子孝,兄爱弟敬,夫和妻柔,姑慈妇听,礼也。君令而不违,臣共而不贰,父慈而教,子孝而箴,兄爱而友,弟敬而顺,夫和而义,妻柔而正,姑慈而从,妇听而婉,礼之善物也。"公曰:"善哉!寡人今而后闻此礼之上③也。"对曰:"先王所禀于天地,以为其民也,是以先王上④之。"

【出处】《左传》昭公二十六年,《春秋经传集解》,《四部丛刊正编》经部,台北,台湾商务印书馆,1979。

孔子:论德行、诚信

解题

本文主要反映儒家对富贵与贫贱的认识。这里选出的五段话,原文都是用"子曰",也就是"孔子说"的方式表达出来的。君子指地位(身份)高贵、品德高尚的人;小人指普通人,但隐含着地位(身份)低贱、品德低俗。文中讨论了仁、义、德与富贵、贫贱、利,"德"和

---

① 豆、区、釜、钟,当时齐国的各级容量单位。
② 滔,失职。
③ 上,好处。
④ 上,崇尚。

"刑"的组合，士的"志"（人生观）和"耻"（耻辱观）。

选文

子曰："富与贵，是人之所欲也，不以其道得之，不处也。贫与贱，是人之所恶也，不以其道得之，不去也。君子去仁，恶乎成名？君子无终食之间①违仁，造次必于是，颠沛必于是。"

子曰："士志于道，而耻恶衣恶食者，未足与议也。"

子曰："君子怀德，小人怀土；君子怀刑，小人怀惠。"

子曰："放于利而行，多怨。"

子曰："君子喻于义，小人喻于利。"

【出处】《论语·里仁》，《四部丛刊正编》经部，台北，台湾商务印书馆，1979。

解题

本文主要反映儒家的"足食"需要"民信"这个观点。仁就是"克己复礼"，要做到仁，就应当"己所不欲，勿施于人"。治理国家，需要"足食"、"足兵"、"民信"，其中"民信"最重要，"民无信不立"。

选文

颜渊问仁。子曰："克己复礼为仁，一日克己复礼，天下归仁焉。为仁由己，而由人乎哉？"颜渊曰："请问其目。"子曰："非礼勿视，非礼勿听，非礼勿言，非礼勿动。"颜渊曰："回虽不敏，请事斯语矣。"

仲弓问仁。子曰："出门如见大宾，使民如承大祭。己所不欲，勿

---

① 终食之间，瞬息之间。

施于人。在邦无怨,在家无怨。"仲弓曰:"雍虽不敏,请事斯语矣。"

子贡问政。子曰:"足食,足兵,民信之矣。"子贡曰:"必不得已而去,于斯三者何先?"曰:"去兵。"子贡曰:"必不得已而去,于斯二者何先?"曰:"去食。自古皆有死,民无信不立。"

【出处】《论语·颜渊》,《四部丛刊正编》经部,台北,台湾商务印书馆,1979。

孔子:论名与利、信与专长

解题

这里的两段选文,主要反映当时人对名与器即名与利的认识。两段选文可以引出下面的一条思考线路:名—信—器—礼—义—利—民—政—国。我们从中可以得到两个框架结构,一是"义以生利,利以平民",二是礼—义—信。联系前一个框架结构,可以认为,器相当于利,那么,名与器也就是名与利。联系后一个框架结构,可以认为,名正言顺才能有"信",或者说,"信"的前提是名正言顺。

选文

二年春,齐侯伐我①北鄙。……卫侯使孙良夫、石稷、宁相、向禽②将侵齐,与齐师遇。……新筑人仲叔于奚救孙桓子③,桓子是以免。既,卫人赏之以邑。辞;请曲县、繁缨④以朝,许之。仲尼闻之,曰:"惜也!不如多与之邑!唯器与名不可以假人,君之所司也。名以出信,信以守器,器以藏礼,礼以行义,义以生利,利以平民,政之大节也。

---

① 我,鲁国。
② 孙良夫、石稷、宁相、向禽,都是卫国大将。
③ 于奚,字仲叔。孙桓子,孙良夫。
④ 曲县,曲悬。曲悬、繁缨都是礼器。

若以假人，与人政也，政亡，则国家从之，弗可止也已。"

【出处】《左传》成公二年，《春秋经传集解》，《四部丛刊正编》经部，台北，台湾商务印书馆，1979。

选文

子路曰："卫君待子而为政，子将奚先？"子曰："必也正名乎！"子路曰："有是哉，子之迂也，奚其正？"子曰："野哉由①也！君子于其所不知，盖阙如也。名不正则言不顺，言不顺则事不成，事不成则礼乐不兴，礼乐不兴则刑罚不中，刑罚不中则民无所措手足。故君子名之必可言也，言之必可行也。君子于其言，无所苟而已矣。"

樊迟②请学稼。子曰："吾不如老农。"请学为圃。曰："吾不如老圃。"樊迟出。子曰："小人哉，樊须也！上好礼，则民莫敢不敬；上好义，则民莫敢不服；上好信，则民莫敢不用情。夫如是，则四方之民襁负其子而至矣，焉用稼！"

【出处】《论语·子路》，《四部丛刊正编》经部，台北，台湾商务印书馆，1979。

荀子：论经济状况与礼、法

解题

本文主要反映荀子对礼和法的认识。在荀况的学说中，礼是明确规定的次序，也就是纲常伦序、品德与次序。礼针对士以上，法针对庶人。

---

① 由，仲由，字子路。
② 樊迟，名须，字子迟，孔子的学生。

选文

礼者，贵贱有等，长幼有差，贫富轻重①皆有称者也。故天子袾裷衣冕，诸侯玄裷衣冕，大夫裨冕，士皮弁服。德必称位，位必称禄，禄必称用，由士以上则必以礼乐节之，众庶百姓则必以法数制之。量地而立国，计利而畜民，度人力而授事；使民必胜事，事必出利，利足以生民，皆使衣食百用出入相揜，必时臧余，谓之称数②。故自天子通于庶人，事无大小多少，由是推之。故曰：朝无幸位，民无幸③生。此之谓也。

【出处】《荀子·富国》，《四部丛刊正编》子部，台北，台湾商务印书馆，1979。

庄子：论经济行为的道德

解题

本文主要反映庄子对经济行为中的道德的认识。庄子认为，自然→道→德→义理→任事→技艺，道是自然规律，德是品行标准，义理是所讲的道理。"道"需要顺应，"德"需要掌握、需要做到。技艺涉及义、德。人需要获得技艺，因为要做事。但在经济生活方面，既要"不近贵富"，也要"不丑穷"，同时还应当"不利财货"。

选文

天地虽大，其化均也；万物虽多，其治一也；人卒虽众，其主君也。君原于德而成于天④。故曰：玄古之君天下，无为也，天德而已

---

① 轻重，地位尊卑。
② 揜（yǎn），同"掩"。称数，符合治国的准则。
③ 幸，侥幸。
④ 德，万物的本性。天，自然的变化。

矣。以道观言，而天下之君正；以道观分，而君臣之义明；以道观能，而天下之官治；以道泛观，而万物之应备。故通于天地者，德也；行于万物者，道也①；上治人者，事也；能有所艺者，技也。技兼于事，事兼于义，义兼于德，德兼于道，道兼于天。故曰：古之畜天下者，无欲而天下足，无为而万物化，渊静而百姓定。记曰：通于一②而万事毕，无心得而鬼神服。

夫子曰：夫道，覆载万物者也，洋洋乎大哉！君子不可以不刳心焉。无为为之之谓天，无为言之之谓德，爱人利物之谓仁，不同同之之谓大，行不崖异之谓宽，有万不同之谓富。故执德之谓纪，德成之谓立，循于道之谓备，不以物挫志之谓完。君子明于此十者，则韬乎其事心之大也，沛乎其为万物逝也。若然者，藏金于山，藏珠于渊；不利货财，不近贵富；不乐寿，不哀夭；不荣通，不丑穷，不拘一世之利以为己私分，不以王天下为己处显。显则明。万物一府③，死生同状。

【出处】《庄子·天地》，见王先谦：《庄子集解》，北京，中华书局，1987。

韩非子：论农商义利

解题

本文主要反映韩非对私利的认识。韩非对私利提出他的理解，认为仁义与卑鄙，仁义与辩智，都是对在一定条件下的行为作出的评价；追求私利，空论仁义；力争个人安全就是私利的一种表现。韩非一再强

---

① 通于天地者，德也；行于万物者，道也。指德是从天地的范畴来定位，道是从万物的范畴来定位，所以，德和道既有联系，又有区别。
② 一，指"道"。
③ 府，事物或人物汇集的地方。

调,从事耕战的人越少,经商牟利的人就越多。

选文

尧之王天下也,茅茨不翦,采椽不斫①,粝粢之食,藜藿之羹,冬日麑裘,夏日葛衣,虽监门之服养,不亏于此矣。禹之王天下也,身执耒臿以为民先,股无胈,胫不生毛,虽臣虏之劳不苦于此矣。以是言之,夫古之让天下者,是去监门之养而离臣虏之劳也,故传天下而不足多也。今之县令,一日身死,子孙累世絜驾,故人重之。是以人之于让也,轻辞古之天子,难去今之县令者,薄厚之实异也。夫山居而谷汲者,膢腊而相遗以水;泽居苦水者,买庸而决窦。故饥岁之春,幼弟不饷;穰岁之秋,疏客必食;非疏骨肉爱过客也,多少之实异也。是以古之易财,非仁也,财多也;今之争夺,非鄙也,财寡也。轻辞天子,非高也,势薄也;重争士橐,非下也,权重也。故圣人议多少、论薄厚为之政。故罚薄不为慈,诛严不为戾,称俗而行也。故事因于世,而备适于事。

古者文王处丰、镐②之间,地方百里,行仁义而怀西戎,遂王天下。徐偃王③处汉东,地方五百里,行仁义,割地而朝者三十有六国。荆文王④恐其害己也,举兵伐徐,遂灭之。故文王行仁义而王天下,偃王行仁义而丧其国,是仁义用于古而不用于今也。故曰:世异则事异。当舜之时,有苗⑤不服,禹将伐之。舜曰:"不可。上德⑥不厚而行武,非道也。"乃修教三年,执干戚舞,有苗乃服。共工之战,铁铦矩者及乎敌,铠甲不坚者伤乎体。是干戚用于古不用于今也。故曰:事异则备变。上古竞于道德,中世逐于智谋,当今争于气力。齐将攻鲁,鲁使子

---

① 斫(zhuó),同"斫"。
② 丰,周文王建都的地方。镐(hào),周武王迁都于此。
③ 徐偃王,周穆王时的徐国国君。
④ 荆文王,即楚文王。
⑤ 苗,三苗,部落名。
⑥ 上德,尚德。

贡说之。齐人曰:"子言非不辩也,吾所欲者土地也,非斯言所谓也。"遂举兵伐鲁,去门①十里以为界。故偃王仁义而徐亡,子贡辩智而鲁削。以是言之,夫仁义辩智,非所以持国也。去偃王之仁,息子贡之智,循徐、鲁之力使敌万乘,则齐、荆之欲不得行于二国矣。

今则不然。以其有功也爵之,而卑其士官②也;以其耕作也赏之,而少其家业也;以其不收也外之,而高其轻世也;以其犯禁也罪之,而多其有勇也。毁誉、赏罚之所加者,相与悖缪也,故法禁坏而民愈乱。今兄弟被侵,必攻者,廉也;知友被辱,随仇者,贞也。廉贞之行成,而君上之法犯矣。人主尊贞廉之行,而忘犯禁之罪,故民程③于勇,而吏不能胜也。不事力而衣食谓之能;不战功而尊则谓之贤。贤能之行成,而兵弱而地荒矣。人主说贤能之行,而忘兵弱地荒之祸,则私行立而公利灭矣。

今人主之于言也,说其辩而不求其当焉;其用于行也,美其声而不责其功焉。是以天下之众,其谈言者务为辩而不周于用,故举先王、言仁义者盈廷,而政不免于乱;行身者竞于为高而不合于功,故智士退处岩穴,归禄不受,而兵不免于弱,政不免于乱。此其故何也?民之所誉,上之所礼,乱国之术也。今境内之民皆言治,藏商、管之法者家有之,而国愈贫,言耕者众,执耒者寡也;境内皆言兵,藏孙、吴之书者家有之,而兵愈弱,言战者多,被甲者少也④。故明主用其力,不听其言;赏其功,必禁无用。故民尽死力以从其上。夫耕之用力也劳,而民为之者,曰:可得以富也。战之为事也危,而民为之者,曰:可得以贵也。今修文学,习言谈,则无耕之劳而有富之实,无战之危而有贵之尊,则人孰不为也?是以百人事智而一人用力。事智者众则法败,用力者寡则国贫,此世之所以乱也。故明主之国,无书简之文,以法为教;无先王之语,以吏为师;无私剑之捍⑤,以斩首为勇。是境内之民,其言谈者必轨于法,动作者归之于功,为勇者尽之于军。是故无事则国

---

① 门,鲁国的国都城门。
② 士官,仕宦,当官任职。
③ 程,通"逞"。
④ 商,商鞅。管,管仲。孙,孙膑。吴,吴起。
⑤ 私剑,侠客,剑客。捍,同"悍"。

富,有事则兵强,此之谓王资①。既畜王资而承敌国之衅②,超五帝、侔三王者③,必此法也。

民之故计,皆就安利如辟危穷④。今为之攻战,进则死于敌,退则死于诛,则危矣。弃私家之事而必汗马之劳,家困而上弗论,则穷矣。穷危之所在也,民安得勿避?故事私门而完解舍⑤,解舍完则远战,远战则安。行货赂而袭当涂者则求得,求得则私安,私安则利之所在,安得勿就?是以公民少而私人众矣⑥。夫明王治国之政,使其商工游食之民少而名卑,以寡趣本务而趋末作。今世近习之请行,则官爵可买;官爵可买,则商工不卑也矣。奸财货贾得用于市,则商人不少矣。聚敛倍农而致尊过耕战之士,则耿介之士寡而高价之民多矣⑦。

【出处】《韩非子·五蠹》,《四部丛刊正编》子部,台北,台湾商务印书馆,1979。

解题

本文主要反映韩非对轻物重生的认识。韩非评论了"义"与战争中的"轻物重生"这个问题。人的生命是宝贵的,有人就能够生产出物。也可以认为,这是一种"以人为本"的观点。

选文

今有人于此,义⑧不入危城,不处军旅,不以天下大利易其胫一毛,

---

① 王资,成就王业的凭借。
② 衅(xìn),同"衅"。承,通"乘",也通"惩"。可大致理解为乘机征伐。
③ 五帝,据《史记·五帝本纪》,五帝为黄帝、颛顼、帝喾、唐尧、虞舜。但如果和三皇联系,有一种说法是三皇为伏羲(太皞)、神农(炎帝)、黄帝,五帝为少昊(皞)、颛顼、高辛(帝喾)、唐尧、虞舜(西晋皇甫谧《帝王世纪》)。三王,夏禹、商汤、周文王。侔(móu),等同。
④ 如,相当于"而"。辟,同"避"。
⑤ 解舍,廨舍,官舍。完解舍,修缮官舍。
⑥ 公民,为国效力的人。私人,投靠私门的人。
⑦ 耿介之士,同"耕战之士",农民。高价之民,商人。
⑧ 义,同"议"。

世主必从而礼之，贵其智而高其行，以为轻物重生之士也。夫上所以陈良田大宅，设爵禄，所以易民死命也。今上尊贵轻物重生之士，而索民之出死而重殉上事，不可得也。藏书策，习谈论，聚徒役，服文学而议说，世主必从而礼之，曰："敬贤士，先王之道也。"夫吏之所税，耕者也；而上之所养，学士也。耕者则重税，学士则多赏，而索民之疾作而少言谈，不可得也。立节参民①，执操不侵，怨言过于耳，必随之以剑，世主必从而礼之，以为自好之士。夫斩首之劳不赏，而家斗之勇尊显，而索民之疾战距敌而无私斗，不可得也。国平则养儒侠，难至则用介士，所养者非所用，所用者非所养，此所以乱也。且夫人主于听学也，若是其言，宜布之官而用其身，若非其言，宜去其身而息其端。今以为是也而弗布于官，以为非也而不息其端，是而不用，非而不息，乱亡之道也。

【出处】《韩非子·显学》，《四部丛刊正编》子部，台北，台湾商务印书馆，1979。

《吕氏春秋》：论重生与义、富贵

解题

本文主要反映《吕氏春秋》的"贵生轻物"这个观点。贵生首先在于"尊生"，"尊生"即"全生"。"迫生"就是"不义"，"辱莫大于不义"。

选文

鲁君闻颜阖②得道之人也，使人以币先焉。颜阖守闾，鹿布之衣，而自饭牛。鲁君之使者至，颜阖自对之。使者曰："此颜阖之家邪？"颜阖对曰："此阖之家也。"使者致币，颜阖对曰："恐听缪而遗使者罪，不若审

---

① 参民，聚集民众。
② 颜阖，春秋末期鲁国的贤人。

之。"使者还反审之，复来求之，则不得已。故若颜阖者，非恶富贵也，由重生恶之也。世之人主多以富贵骄得道之人，其不相知，岂不悲哉。

故曰：道之真，以持身，其绪余以为国家，其土苴以治天下。由此观之，帝王之功，圣人之余事也，非所以完身养生之道也。今世俗之君子，危身弃生以徇物，彼且奚以此之也，彼且奚以此为也。凡圣人之动作也，必察其所以之与其所以为。今有人于此，以随侯之珠，弹千仞之雀①，世必笑之。是何也？所用重，所要轻也。夫生岂特随侯珠之重也哉？②

子华子曰："全生为上，亏生次之，死次之，迫生为下。"故所谓尊生者，全生之谓。所谓全生者，六欲③皆得其宜也。所谓亏生者，六欲分得其宜也。亏生，则于其尊之者薄矣；其亏弥甚者也，其尊弥薄。所谓死者，无有所以知，复其未生也。所谓迫生者，六欲莫得其宜也，皆获其所甚恶者，服是也，辱是也。辱莫大于不义，故不义，迫生也；而迫生非独不义也。故曰：迫生不若死。奚以知其然也？耳闻所恶，不若无闻，目见所恶，不若无见。故雷则掩耳，电则掩目，此其比也。凡六欲者，皆知其所甚恶，而必不得免，不若无有所以知，无有所以知者，死之谓也。故迫生不若死。嗜肉者，非腐鼠之谓也。嗜酒者，非败酒之谓也。尊生者，非迫生之谓也。

【出处】《吕氏春秋·仲春纪》，北京，中华书局，1991。

陆贾：《至德》

解题

本文主要反映陆贾对无为而治的利弊的认识。作者陆贾（前240—

---

① 随，在这里也写作隋，地名。随侯之珠，隋珠，它与和璧都是先秦有名的珍宝。
② 以上两段和《庄子·让王》的内容相近。
③ 六欲，生、死、耳、目、口、鼻。

前170），秦汉间楚人。在西汉初年，他曾讨论过无为而治的利弊问题。无为而治被看做"德"的一种表现。经济上听其自然，目的是休养生息，如果我们把这叫做经济自然主义，那么，它与经济自由主义有什么区别？让经济自然而然地去发展，我们看到了"文景之治"的太平盛世，但同时也应看到土地的自由买卖逐步发展成为土地兼并。这从另一个侧面说明，兼并土地恰恰是人的本性。所以，无为而治有其长处，也有其短处。在一种环境下，有可能长处大于短处；在另一种环境下，有可能短处大于长处。

选文

天地之性，万物之类，儴①道者众归之，恃刑者民畏之。归之则附其侧，畏之则去其域。故设刑者不厌轻，为德者不厌重，行罚者不患薄，布赏者不患厚，所以亲近而致疏远也。夫形重②者则身劳，事众者则心烦。心烦者，则刑罚纵横而无所立；身劳者，则百端迴邪③而无所就。是以君子之为治也，块然若无事，寂然若无声，官府若无吏，亭落若无民，间里不讼于巷，老幼不愁于庭，近者无所议，远者无所听，邮驿无夜行之吏，乡间无夜名之征，犬不夜吠，乌不夜鸣，老者息于堂，丁壮者耕耘于田，在朝者忠于君，在家者孝于亲。于是赏善罚恶而润色之，兴辟雍庠序④而教诲之。然后贤愚异议，廉鄙异科，长幼异节，上下有差，强弱相扶，小大相怀，尊卑相承，雁行相随，不言而信，不怒而威，岂恃坚甲利兵，深刑刻法，朝夕切切而后行哉？

【出处】陆贾：《新语·至德》，《四部丛刊正编》子部，台北，台湾商务印书馆，1979。

---

① 儴（ráng），依从。
② 形重，追求自己耳、目、口、鼻、身各种欲望的满足。
③ 迴，同"回"。迴邪，奸邪不正。
④ 辟雍，天子设置的太学。庠序，乡学。

司马迁：论以义致富

解题

本文主要反映司马迁的衣食足才能具备荣辱观这个观点。司马迁对"衣食足"与"知礼节"的关系有一定认识，并且认为"知礼节"的前提是"衣食足"。

选文

故曰："仓廪实而知礼节，衣食足而知荣辱。"礼生于有而废于无。故君子富，好行其德，小人富，以适其力。渊深而鱼生之，山深而兽往之，人富而仁义附焉。富者得势益彰，失势则客无所之，以而不乐。夷狄益甚。谚曰："千金之子，不死于市。"此非空言也。故曰："天下熙熙，皆为利来；天下壤壤，皆为利往。"夫千乘之王，万家之侯，百室之君，尚犹患贫，而况匹夫编户之民乎。

....

谚曰："百里不贩樵，千里不贩籴。"居之一岁，种之以谷；十岁，树之以木；百岁，来之以德。德者，人物之谓也。今有无秩禄之奉，爵邑之入，而乐与之比者，命曰"素封"。封者食租税，岁率户二百。千户之君则二十万，朝觐、聘、享出其中。庶民、农、工、商、贾，率亦岁万息二千，户百万之家则二十万，而更徭租赋出其中。衣食之欲，恣所好美矣。故曰：陆地牧马二百蹄，牛蹄角千，千足羊，泽中千足彘，水居千石鱼陂①，山居千章之材。安邑千树枣；燕、秦千树栗；蜀、汉、江陵千树橘；淮北、常山已南，河、济之间千树萩；陈、夏千亩漆；齐、鲁千亩桑麻；渭川千亩竹；及名国万家之城，带郭千亩亩钟之田②，若千

---

① 陂（bēi），池塘。
② 国，这里指都。名国，即名都。带郭，挨着城郭。亩钟，亩产一钟（六斛四斗）。

亩卮茜，千畦姜韭，此其人皆于千户侯等。然是富给之资也，不窥市井，不行异邑，坐而待收，身有处士之义而取给焉。若至家贫亲老，妻子软弱，岁时无以祭祀进①醵，饮食被服不足以自通，如此不惭耻，则无所比矣。是以无财作力，少有斗智，既饶争时，此其大经也。今治生不待危身取给，则贤人勉焉。是故本富为上，末富次之，奸富最下。无岩处奇士之行而长贫贱，好语仁义，亦足羞也。

凡编户之民，富相什则卑下之，伯则畏惮之，千则役，万则仆，物之理也。夫用贫求富，农不如工，工不如商，刺绣文不如倚市门，此言末业，贫者之资也。通邑大都酤一岁千酿，醯酱千瓨，浆千甔，屠牛羊彘千皮，贩谷粜千钟，薪藁千车，船长千丈，木千章，竹竿万个，其轺车百乘，牛车千辆，木器髹者千枚，铜器千钧，素木铁器若卮茜千石，马蹄躈千，牛千足，羊彘千双，僮手指千，筋角丹沙千斤，其帛絮细布千钧，文采千匹，榻布皮革千石，漆千斗，蘖曲盐豉千苔，鲐鮆千斤，鲰千石，鲍千钧，枣栗千石者三之，狐貂裘千皮，羔羊裘千石，旃席千具，佗果菜千钟，子贷金钱千贯，节驵会，贪贾三之，廉贾五之②，此亦比千乘之家，其大率也。佗杂业不中什二，则非吾财也。

富无经业，则货无常主，能者辐凑，不肖者瓦解。千金之家比一都之君，巨万者乃与王者同乐。岂所谓"素封"者邪？非也？

【出处】司马迁：《史记·货殖列传》，北京，中华书局，2000。

桓宽：论专营与传统道德

解题

本文主要反映经济垄断的传统依据。《盐铁论》争论的要点在于，盐铁官营是否符合古道、古风和儒家的仁义。

---

① 进，通"赆"。
② 三之，得利十分之三。五之，得利十分之五。

选文

大夫曰："故扇水都尉彭祖宁归①，言盐铁令品②，令品甚明，卒徒衣食县官，作铸铁器，给用甚众，无妨于民。而吏或不良，禁令不行，故民烦苦之。令意③总一盐铁，非独为利入也，将以建本抑末，离朋党、禁淫侈、绝并兼之路也。古者名山大泽不以封，为下之专利也④。山海之利，广泽之畜，天下之藏也，皆宜属少府⑤。陛下不私，以属大司农，以佐助百姓。浮食豪民好欲擅山海之货，以致富业，役利细民，故沮事议者众。铁器兵刃，天下之大用也，非众庶所宜事也。往者豪强大家得管山海之利，采铁石鼓铸，煮盐，一家聚众或至千余人，大抵尽收放流人民也。远去乡里，弃坟墓，依倚大家。聚深山穷泽之中，成奸伪之业，遂朋党之权，其轻为非⑥亦大矣。今者广进贤之途，练择守尉⑦，不待去盐铁而安民也。"

文学曰："扇水都尉所言，当时之利，权一切之术也，不可以久行而传世，此非明王所以君国子民之道也。《诗》云：'哀哉为犹，匪先民是程，匪大犹是经，维迩言是听。'此诗人刺不通于王道，而善为权利者。孝武皇帝⑧攘九夷，平百越，师旅数起，粮食不足。故立田官，置钱，入谷射官⑨，救急，赡不给。今陛下继大功之勤，养劳勌之民，此用糜鬻之时，公卿宜思所以安集百姓，致利除害，辅明主以仁义，修润洪业之道⑩。明主即位以来，六年于兹，公卿无请减除不急之官，省罢机利之人。人权县太久，民良望于上。陛下宣圣德，昭明光，令郡国贤

---

① 扇水，地名。彭祖，人名。
② 令品，法令的条款。
③ 令意，法令的目的、意图。
④ 不以封，不作封赏之用。为下之专利，为了防止下面独占山泽的利益。
⑤ 少府，掌管皇室开支的部门。
⑥ 为非，为非作歹。轻为非，轻易犯法。
⑦ 练，通"拣"。守尉，太守、都尉。
⑧ 孝武皇帝，汉武帝刘彻。
⑨ 入谷射官，交纳粮食买取官爵。
⑩ 勌（juàn），同"倦"。糜，同"糜"。鬻，同"粥"。糜鬻，引申为休养生息。集，通"辑"。洪，同"宏"。

良文学之士，乘传诣公车，议五帝三王之道，六艺之风，册陈安危利害之分，指意粲然。今公卿辨议，未有所定。此所谓守小节而遗大体，抱小利而忘大利者也。"

【出处】桓宽：《盐铁论·复古》，《四部丛刊正编》子部，台北，台湾商务印书馆，1979。

鲁褒：《钱神论》

解题

本文主要反映鲁褒对货币崇拜的认识。作者鲁褒，字元道，南阳（今河南南阳）人，生卒年不详。货币拜物教在鲁褒的笔下，生动地被描述为："（谚）曰：'有钱可使鬼'，而况于人乎？子夏云：'死生有命，富贵在天。'吾以死生无命，富贵在钱。"

选文

有司空公子，富贵不齿，盛服而游京邑。驻驾平市里，顾见綦毋先生①，班白而徒行。公子曰："嘻，子年已长矣，徒行空手，将何之乎？"先生曰："欲之贵人。"公子曰："学《诗》乎？"曰："学矣。"曰："学《礼》乎？"曰："学矣。""学《易》乎？"曰："学矣。"公子曰："《诗》不云乎：'币帛筐篚。'以将其厚意，然后忠臣嘉宾，得尽其心。《礼》不云乎：'男贽玉帛禽鸟。女贽榛栗枣修。'《易》不云乎：'随时之义大矣哉。'吾视子所以，观子所由，岂随世哉？虽曰已学，吾必谓之未也。"先生曰："吾将以清谈为筐篚，以机神为币帛。所谓'礼云礼云，玉帛云乎哉'者已"。公子拊髀大笑曰："固哉，子之云也。既不知古，又不知今。当今之急，何用清谈？时易世变，古今异俗。富者荣

---

① 綦毋，谐音"其无"。表示该"先生"是虚拟的。

贵，贫者贱辱。而子尚质，而子守实，无异于遗剑刻船，胶柱调瑟，贫不离于身，名誉不出乎家室，固其宜也。昔神农氏没，黄帝尧舜教民农桑，以币帛为本。上智先觉变通之，乃掘铜山，俯视仰观，铸而为钱。故使内方象地，外员象天。大矣哉，钱之为体，有乾有坤，内则其方，外则其圆。其积如山，其流如川，动静有时，行藏有节，市井便易，不患耗折。难朽象寿，不匮象道，故能长久，为世神宝。亲爱如兄，字曰孔方。失之则贫弱，得之则富强。无翼而飞，无足而走。解严毅之颜，开难发之口。钱多者处前，钱少者居后；处前者为君长，在后者为臣仆；君长者丰衍而有余，臣仆者穷竭而不足。《诗》云：'哿矣富人，哀此茕独①。'"

岂是之谓乎？钱之为言泉也。百姓日用，其源不匮，无远不往，无深不至。京邑衣冠，疲劳讲肆，厌闻清谈，对之睡寐，见我家兄，莫不惊视。钱之所佑，吉无不利，何必读书，然后富贵？……由是论之，可谓神物。无位而尊，无势而热，排朱门，入紫闼。钱之所在，危可使安，死可使活。钱之所去，贵可使贱，生可使杀。是故忿诤辩讼，非钱不胜；孤弱幽滞，非钱不拔；怨仇嫌恨，非钱不解；令问笑谈，非钱不发。……谚曰："钱无耳，可闇使。"岂虚也哉？又曰："有钱可使鬼"，而况于人乎？

子夏②云："死生有命，富贵在天。"吾以死生无命，富贵在钱。何以明之？钱能转祸为福，因败为成，危者得安，死者得生。性命长短，相禄贵贱，皆在乎钱，天何与焉？天有所短，钱有所长。四时行焉，百物生焉，钱不如天；达穷开塞，振贫济乏，天不如钱。"若臧武仲之智，卞庄子之勇③，冉求之艺，文之以礼乐，可以为成人矣。"今之成人者何必然，惟孔方而已。夫钱，穷者能使通达，富者能使温暖，贫者能使勇悍④。故曰：君无财则士不来，君无赏则士不往。谚云："官无中人⑤，

---

① 茕（qióng）独，单弱无助的穷人。
② 子夏，孔子的学生卜商，字子夏。
③ 臧武仲，臧孙纥，鲁国大夫。卞庄子，鲁国大夫。
④ 富者，应为"寒者"。贫者，应为"怯者"。
⑤ 中人，后台。

不如归田。"虽有中人,而无家兄,何异无足而欲行,无翼而欲翔?使才如颜子,容如子张①,空手掉臂,何所希望?不如早归,广修农商,舟车上下,役使孔方。凡百君子,同尘和光②,上交下接,名誉益彰。

【出处】鲁褒:《钱神论》,见严可均:《全晋文》,北京,商务印书馆,1999。

王符:论礼义生于富足

解题

本文主要反映王符的礼义生于富足这个观点。王符认为,"礼义生于富足",也就是说,人在生活还没有达到富足的状态下,不可能讲求礼义,物质生活达到一定水平,才有精神生活可言。

选文

孔子称庶则富之,既富则教之。是故礼义生于富足,盗窃起于贫穷;富足生于宽暇,贫穷起于无日。圣人深知力者乃民之本也,而国之基,故务省役而为民爱日。是以尧敕羲和,钦若昊天,敬授民时,邵伯③讼不忍烦民,听断棠下,能兴时雍,而致刑错。今则不然,万官挠民,令长自衒④。百姓废农桑而趋府庭者,非朝晡不得通,非意气不得见,讼不讼,辄连月日,举室释作,以相瞻视。辞人之家,辄请邻里,应对送饷,比事讫竟,亡一岁功,则天下独有受其饥者矣。而品人俗士之司典者,曾不觉也。郡县既加冤枉,州司不治,令破家活,远诣公府。公府不能照察真伪,则但欲罢之以久困之资。故猥说一科令,此注

---

① 颜子,颜回,孔子的学生。子张,孔子的学生。
② 同尘和光,顺应世俗。
③ 邵伯,即召伯,周文王庶子召公奭(shì),封于召,故称召公。
④ 衒,同"炫"。

百日①，乃为移书，其不满百日，辄更造数，甚违邵伯讼棠之义。此所谓"诵诗三百，授之以政，不达，虽多亦奚以为者也"。孔子曰："听讼吾犹人也。"从此观之，中材以上，皆议曲直之辩，刑法之理可，乡亭部吏，足以断决，使无怨言。然所以不者，盖有故焉。

传曰："恶直丑正，实繁有徒。"夫直者贞正而不挠志，无恩于吏。怨家务②主者，结以货财，故乡亭与之，为排直家。后反复时，吏坐之，故共柱之于庭。以羸民与豪吏讼，其势不如也，是故县与部并。后有反复，长吏坐之，故举县排之于郡。以一人与一县讼，其势不如也。故郡与县并。后有反复，太守坐之，故举郡排之于州。以一人与一郡讼，其势不如也。故州与郡并。而不肯治，故乃远诣公府尔。公府不能察，而苟欲以钱刀课之，则贫弱少货者，终无以旷旬满祈。豪富饶钱者，取客使往，可盈千日，非徒百也。治讼若此为务，助豪猾而镇贫弱也，何冤之能治？非独乡部辞讼也，武官断狱，亦皆始见柱于小吏，终重冤于大臣，怨故未雠，辄逢赦令，不得复治。正士怀冤结而不得信，猾吏崇奸宄而不痛坐，郡县所以易侵小民，而天下所以多饥穷也。

除上天感动，降灾伤谷，但以人功见事言之，今自三府以下，至于县道乡亭，及从事督邮，有典之司，民废农桑而守之辞讼告诉，及以官事应对吏者，一人之③，日废十万人，人复下计之，一人有事，二人获④饷，是为日三十万人离其业也。以中农率之，则是岁三百万口受其饥也。然则盗贼何从消，太平何从作？孝明皇帝⑤尝问：今旦何得无上书者？左右对曰：反支故。帝曰：民既废农，远来诣阙，而复使避反支，是则又夺其日而冤之也。乃敕公车受章，无避反支。上明圣主为民爱日如此，而有司轻夺民时如彼。盖所谓有君无臣，有主无佐，元首聪明，股肱怠惰者也。《诗》曰："国既卒斩，何用不监！"伤三公

---

① 此注百日，"比满百日"之误。
② 务，应为"赂"。
③ 一人之，对照下文，"人"后脱"计"字。
④ 获，应为"護"。
⑤ 孝明皇帝，汉明帝刘庄。

居人尊位，食人重禄，而曾不肯察民之尽瘁也。孔子病夫"未之得也，患不得之，既得之，患失之"者。今公卿始起州郡而致宰相，此其聪明智虑，未必闇也，患其苟先私计而后公义尔。《诗》云："莫肯念乱，谁无父母！"今民力不暇，谷何以生？百姓不足，君孰与足？嗟哉，可无思乎！

【出处】王符：《潜夫论·爱日》，《四部丛刊正编》子部，台北，台湾商务印书馆，1979。

刘晏：论名利

解题

本文主要反映刘晏对士和吏的名利观的认识。刘晏通过对社会现实生活的观察，指出士"名重于利"，吏"利重于名"。

选文

初，晏分置诸道租庸使，慎简台阁士专之。时经费不充，停天下摄官①，独租庸得补署，且数百人，皆新进锐敏，尽当时之选，趣督倚办，故能成功。虽权贵干请欲假职仕者，晏厚以禀入奉之，然未尝使亲事，是以人人劝职。尝曰："士有爵禄，则名重于利；吏无荣进，则利重于名。"故检劾出纳，一委士人，吏惟奉行文书而已。所任者虽数千里外，奉教令如目前，频伸诙戏不敢隐，惟晏能行之，它人不能也。

【出处】欧阳修、宋祁：《新唐书·刘晏传》，北京，中华书局，2000。

---

① 摄官，兼职。

陆贽：论利兼公私

解题

本文主要反映陆贽的利兼公私这个观点。通过义仓在经济生活中的实际作用，陆贽指出，设置义仓的主要目的是赈灾救荒，借贷只能作为政府向民间发放救助的一种手段，使"聚谷幸灾者无以牟大利"，"籴不至贵"必定能够实现"富不至侈，贫不至饥"。

选文

臣闻仁君在上，则海内无馁殍之人，岂必耕而饷之，爨而食之哉。盖以虑得其宜，制得其道，致人于欠乏之外，设备于灾沴之前。是以年虽大杀，众不恇惧。夫水旱为败，尧汤被之矣。阴阳相寇，圣何御哉！所贵尧汤之盛者，在于遭患能济耳。凡厥哲后，皆谨循之。故《王制》记虞夏殷周四代之法，乃云：国无九年之蓄，曰不足；无六年之蓄，曰急；无三年之蓄，曰国非其国也。《周官·司徒》之属亦云：掌乡里之委积，以恤艰阨；县鄙之委积，以待凶荒。王制既衰，杂以权术。魏用平籴之法。汉置常平之仓，利兼公私，颇亦为便。隋氏之制，始创社仓，终于开皇，人不饥馑。贞观初，戴胄①建积谷备灾之议，太宗悦焉。因命有司详立条制，所在贮粟，号为义仓。丰则敛藏，俭则散给。历高宗之代五六十载，人赖其资。国步中艰，斯制亦弛，开元之际，渐复修崇。是知储积备灾，圣王之急务也。语曰：百姓足，君孰与不足？百姓不足，君孰与足？此言君养人以成国，人戴君以成生。上下相成，事如一体。然则古称九年、六年之蓄者，盖率土臣庶通为之计耳。固非独丰公庾，不及编甿。记所谓虽有凶旱水溢，人无菜色，良以此也。后代失典籍备虑之旨，忘先王子爱之心，所蓄粮储，唯计廪庾。犬彘厌人

---

① 戴胄，唐太宗时官员。

之食而不知检，沟壑委人之骨而不能恤。乱兴于下，祸延于上。虽有公粟，岂得而食诸？故立国而不先养人，国固不立矣。养人而不先足食，人固不养矣。足食而不先备灾，食固不足矣。为官而备者，人必不赡。为人而备者，官必不穷。是故论德昏明，在乎所务本末。务本则其末自遂，务末则其本兼亡。国本于人，安得不务。顷以寇戎为梗，师旅亟兴，惠恤之方，多所未暇。每遇阴阳愆候，年不顺成，官司所储，祗给军食。支计苟有所阙，犹须更取于人。人之凶荒，岂遑赈救？人小乏则求取息利，人大乏则卖鬻田庐。幸逢有年，才偿逋债，敛获始毕，糇粮已空。执契担囊，行复贷假，重重计息，食每不充。倘遇荐饥，遂至颠沛，室家相弃，骨肉分离，乞为奴仆，犹莫之售。或行丐廊里，或缢死道途。天灾流行，四方代有，率计被其害者，每岁常不下一二十州。以陛下为人父母之心，若垂省忧，固足伤恻。幸有可救之道，焉可舍而不念哉？今赋役已繁，人力已竭，穷岁汲汲，永无赢余，课之聚粮，终不能致。将树储蓄根本，必籍官司助成。陛下诚能为人备灾，过听愚计，不害经费，可垂永图。近者有司奏请税茶，岁约得五十万贯。元敕令贮户部，用救百姓凶饥；今以蓄粮，适副前旨。望令转运使，总计诸道户口多少，每年所得税茶钱，使均融分配，各令当道巡院主掌。每至谷麦熟时，即与观察使计会，散就管内州县和籴，便于当处置仓收纳。每州令录事参军专知，仍定观察判官一人，与和籴巡院官同勾当，亦以义仓为名，除赈给百姓已外，一切不得贷便支用。如时当大稔，事至伤农，则优与价钱，广其籴数；谷若稍贵，籴亦便停。所籴少多，与年上下，准平谷价，恒使得中。每遇灾荒，即以赈给，小欠则随事借贷，大饥则录奏分颁。许从便宜，务使周济，循环敛散，遂以为常。如此则蓄财息债者不能耗吾人，聚谷幸灾者无以牟大利。富不至侈，贫不至饥，农不至伤，籴不至贵。一举事而众美具，可不务乎？俟人小休，渐劝私积，平籴之法斯在，社仓之制兼行，不出十年之中，必盈三岁之蓄。弘长不已，升平可期，使一代黎人，永无馁乏。此尧汤所以见称于千古也。愿陛下遵之、慕之、继之、齐之，苟能存诚，蔑有不至。

【出处】陆贽：《均节赋税恤百姓六条》，《陆贽集》，北京，中华书局，2006。

韩愈：《原道》

解题

本文主要反映韩愈对仁、义、道、德的关系的认识。他的看法，只是一家之说。我们认为，这里面也可以加入经济因素进一步地思考。

选文

博爱之谓仁，行而宜之之谓义，由是而之焉之谓道，足乎己无待于外之谓德。仁与义为定名，道与德为虚位。故道有君子小人，而德有凶有吉。老子之小仁义，非毁之也，其见者小也。坐井而观天，曰天小者，非天小也。彼以煦煦为仁，孑孑为义，其小之也则宜。其所谓道，道其所道，非吾所谓道也。其所谓德，德其所德，非吾所谓德也。凡吾所谓道德云者，合仁与义言之也，天下之公言也。老子之所谓道德云者，去仁与义言之也，一人之私言也。周道衰，孔子没，火①于秦，黄老于汉，佛于晋、魏、梁、隋之间。其言道德仁义者，不入于杨，则入于墨。不入于老，则入于佛。入于彼，必出于此。入者主之，出者奴之。入者附之，出者汙②之。噫，后之人其欲闻仁义道德之说，孰从而听之。老者曰：孔子，吾师之弟子也。佛者曰：孔子，吾师之弟子也。为孔子者，习闻其说：乐其诞而自小也，亦曰吾师亦尝师之云尔。不惟举之于其口，而又笔之于其书。噫，后之人虽欲闻仁义道德之说，其孰从而求之。甚矣，人之好怪也，不求其端，不讯其末，惟怪之欲闻。

---

① 火，指焚书。
② 汙，同"污"。

【出处】韩愈:《原道》,《韩昌黎集》,北京,商务印书馆,1958。

王安石：论经济行为与伦理

解题

本文主要反映王安石对奢俭涉及荣耻的认识。王安石认为,像"天下以奢为荣,以俭为耻"这种"流俗",会"毁"士人的"廉耻之心"。

选文

婚丧、奉养、服食、器用之物,皆无制度以为之节,而天下以奢为荣,以俭为耻。苟其财之可以具,则无所为而不得。有司既不禁,而人又以此为荣。苟其财不足,而不能自称于流俗,则其婚丧之际,往往得罪于族人亲姻,而人以为耻矣。故富者贪而不知止,贫者则勉强其不足以追①之。此士之所以重困,而廉耻之心毁也。凡此所谓不能约之以礼也。

【出处】王安石:《上仁宗皇帝言事书》,《临川先生文集》,《四部丛刊正编》集部,台北,台湾商务印书馆,1979。

解题

本文主要反映王安石对行、名、爵、利的内外因素的认识。王安石认为,"人之情所愿得者,善行、美名、尊爵、厚利也",一方面,需要国家对于士人"悉以其所愿得者以与之",另一方面,士人需要"自勉以为才"。

---

① 追,引申为仿效。

选文

先王之为天下，不患人之不为，而患人之不能；不患人之不能，而患己之不勉。何谓不患人之不为而患人之不能？人之情所愿得者，善行、美名、尊爵、厚利也，而先王能操之以临①天下之士。天下之士有能遵之以治者，则悉以其所愿得者以与之。士不能则已矣，苟能，则孰肯舍其所愿得，而不自勉以为才？故曰：不患人之不为，患人之不能。何谓不患人之不能而患己之不勉？先王之法，所以待人者尽矣，自非下愚不可移之才，未有不能赴者也。然而不谋之以至诚恻怛之心，力行而先之，未有能以至诚恻怛之心，力行而应之者也。故曰：不患人之不能，而患己之不勉。

【出处】 王安石：《上仁宗皇帝言事书》，《临川先生文集》，《四部丛刊正编》集部，台北，台湾商务印书馆，1979。

解题

本文主要反映王安石对变法的伦理评价。王安石针对司马光对变法革新的反对意见，就"侵官、生事、征利、拒谏"四个问题作出答复。实际上，攻击新法的言论，主要是把变革定位在有悖于伦理这个范畴。

选文

盖儒者所争，尤在于名实，名实已明，而天下之理得矣。今君实②所以见教者，以为侵官、生事、征利、拒谏，以致天下怨谤也。某则以谓受命于人主，议法度而修之于朝廷，以授之于有司，不为侵官；举先王之政，以兴利除弊，不为生事；为天下理财，不为征利；辟邪说，难

---

① 临，吸引来。
② 君实，司马光的字。

壬人，不为拒谏。至于怨诽之多，则固前知其如此也。人习于苟且非一日，士大夫多以不恤国事，同俗自媚于众为善。上乃欲变此，而某不量敌之众寡，欲出力助上以抗之，则众何为而不汹汹然？盘庚之迁，胥①怨者民也，非特朝廷士大夫而已，盘庚不罪怨者亦不改其度。度义而后动，是而不见可悔故也。如君实责我以在位久，未能助上大有为，以膏泽斯民，则某知罪矣。如曰今日当一切不事事，守前所为而已，则非某之所敢知。

【出处】王安石：《答司马谏议书》，《临川先生文集》，《四部丛刊正编》集部，台北，台湾商务印书馆，1979。

解题

本文主要反映王安石的以义理财这个观点。王安石认为"理财乃所谓义"，并在这个前提下，针对有人反对青苗钱的贷款利息，指出"二分之息"属于"中正"的利率。

选文

某启：示及青苗事。治道之兴，邪人不利，一兴异论，群聋②和之，意不在于法也。孟子所言利者，为利吾国（如曲防遏籴），利吾身耳。至狗彘食人食则检③之，野有饿莩则发之，是所谓政事。政事所以理财，理财乃所谓义也。一部《周礼》，理财居其半，周公岂为利哉？奸人者因名实之近④，而欲乱之，眩惑上下，其如民心之愿何？

始以为不请，而请者不可遏；终以为不纳，而纳者不可却⑤。盖因

---

① 胥，都，全。
② 群聋，愚昧无知的人。
③ 检，制止。
④ 名实之近，"理财"和"为利"的名称和内容相差不远。
⑤ 请，百姓请求领取青苗钱。纳，百姓来归还领取的青苗钱的本息。

民之所利而利之，不得不然也。"然二分不及一分，一分不及不利而贷之，贷之不若与之①"。然不与之而必至于二分者，何也？为其来日之不可继也。不可继则是惠而不知为政，非惠而不费之道也。故必贷。然而有官吏之俸，辇运之费，水旱之逋，鼠雀之耗，而必欲广之，以待其饥不足而直与之也，则无二分之息可乎？则二分者，亦常平之中正也，岂可易哉？

公立更与深于道者论之，则某之所论无一字不合于法，而世之哓哓者，不足言也。因书示及以为如何？

【出处】王安石：《答曾公立书》，《临川先生文集》，《四部丛刊正编》集部，台北，台湾商务印书馆，1979。

李觏：论言利

解题

本文主要反映李觏反驳"不言利"。李觏认为，儒家"不言利"是"反人之情"。孟子说"何必曰利"，这是偏激的。孟子主张"贵义贱利"，李觏反驳说"人非利不生，曷为不可言"。

选文

利可言乎？曰：人非利不生，曷为不可言？欲可言乎？曰：欲者人之情，曷为不可言？言而不以礼，是贪与淫，罪矣。不贪不淫，而曰"不可言"，无乃贼②人之生，反人之情！世俗之不喜儒以此。孟子谓"何必曰利"，激也。焉有仁义而不利者乎？其书数称汤武③将以七十里、百

---

① 二分，指十分之二的利息。不利（而贷之），指不要利息。与，指白给。下文中的"直与"，即直接给予。
② 贼，害。
③ 汤武，商汤，周武王。

里而王天下，利岂小哉？孔子七十，所欲不逾矩，非无欲也。于《诗》，则道男女之时，容貌之美，悲感念望，以见一国之风，其顺人也至矣。

学者大抵雷同。古之所是，则谓之是；古之所非，则谓之非。诘其所以是非之状，或不能知。古人之言，岂一端而已矣。夫子于管仲三归具官则小之①；合诸侯正天下，则仁之，不以过掩功也。韩愈有取于墨翟、庄周，而学者乃疑。噫！夫二子皆妄言邪？今之所谓贤士大夫，其超然异于二子者邪？抑有同于二子而不知者邪？何訾彼之甚也？

【出处】李觏：《原文》，《李觏集》，北京，中华书局，1981。

邓牧：论吏与利

解题

这里的两篇选文，主要反映邓牧对君道和吏道的认识。作者邓牧（1247—1306），字牧心，浙江钱塘人，宋亡后隐居。

选文

古之有天下者，以为大不得已，而后世以为乐，此天下所以难有也。生民之初，固无乐乎为君，不幸为天下所归，不可得拒者，天下有求于我，我无求于天下也。子不闻至德之世乎？饭粝粱，啜藜藿，饮食未侈也；夏葛衣，冬鹿裘，衣服未备也；土阶三尺，茆茨不翦，宫室未美也；为衢室之访，为总章之听②，故曰："皇帝清问③下民"，其分未严也。尧让许由而许由逃，舜让石户之农，而石户之农入海，终身不反，其位未尊也。夫然，故天下乐戴而不厌，惟恐其一日释位而莫之肯继也。

---

① 三归，筑台（建筑的观台）的名称，代表私家的所在地，又可以表示私家。具，同"俱"。具官，私家中各种职事都派有专官，而不用兼职。
② 衢室，平民住的地方，这里指尧征询民意的地方。总章，帝王住的堂屋。
③ 清问，详细询问之意。

不幸而天下为秦，坏古封建，六合为一，头会①箕敛，竭天下之财以自奉，而君益贵。焚《诗》、《书》，任法律，筑长城万里，凡所以固位而养尊者无所不至，而君益孤。惴惴然若匹夫怀一金，惧人之夺其后，亦已危矣。

天生民而后立之君，非为君也，奈何以四海之广足一夫之用邪？故凡为饮食之侈、衣服之备、宫室之美者，非尧舜也，秦也。为分而严，为位而尊者，非尧舜也，亦秦也。后世为君者歌功颂德，动称尧舜，而所以自为乃不过如秦，何哉？《书》曰："酗酒嗜音，峻宇雕墙，有一于此，未或不亡。"彼所谓君者，非有四目两喙，鳞头而羽臂也；状貌咸与人同，则夫人固可为也。今夺人之所好，聚人之所争，"慢藏诲盗，冶容诲淫"，欲长治久安，得乎？

夫乡师里胥虽贱役，亦所以长人也，然天下未有乐为者，利不在焉故也。圣人不利天下，亦若乡师里胥然，独以位之不得人是惧，岂惧人夺其位哉！夫惧人夺其位者，甲兵弧矢以待盗贼，乱世之事也；恶有圣人在位，天下之人戴之如父母，而日以盗贼为忧，以甲兵弧矢自卫邪？故曰："欲为尧舜，莫若使天下无乐乎为君；欲为秦，莫若勿怪盗贼之争天下。"

嘻！天下何常之有！败则盗贼，成则帝王。若刘汉中、李晋阳②者，乱世则治主，治世则乱民也。有国有家不思所以抹之，智鄙相宠，强弱相陵，天下之乱，何时而已乎！

【出处】 邓牧：《君道》，《伯牙琴》，北京，中华书局，1959。

选文

与人主共理天下者，吏而已。内九卿、百执事，外刺史、县令，其次为佐，为史，为胥徒③。若是者，贵贱不同，均吏也。

---

① 头会，按人口收税。
② 刘汉中，汉高祖刘邦，曾为汉王，都汉中。李晋阳，唐高祖李渊，在隋朝时曾留守晋阳。
③ 佐，州县长官的辅佐。史，掌管文书的官吏。胥徒，胥是承办书牍的僚属，徒是官署中的差役。

古者君民间相安无事。固不得无吏,而为员不多。唐虞建官①,厥可稽已,其去民近故也。择才者,才且贤者又不屑为,是以上世之士高隐大山深谷。上之人求之,切切然恐不至也。故为吏者常出不得已,而天下阴受其赐。

后世以所以害民者牧民,而惧其乱,周防不得不至,禁制不得不详,然后小大之吏布于天下,取民愈广,害民愈深,才且贤者愈不肯至,天下愈不可为矣。今一吏,大者至食邑数万,小者虽无禄养,则亦并缘为食以代其耕,数十农夫,力有不能奉者,使不肖游手。往往入于其间,率虎狼牧羊豕,而望其蕃息,岂可得也!

天下非甚愚,岂有厌治思乱,忧安乐危者哉?宜若可以常治安矣,乃至有乱与危,何也?夫夺其食,不得不怒;竭其力,不得不怨。人之乱也,由夺其食;人之危也,由竭其力。而号为理民者,竭之而使危,夺之而使乱,二帝三王②平天下之道,若是然乎!

天之生斯民也,为业不同,皆所以食力也。今之为民不能自食,以日夜窃人货殖,搂而取之,不亦盗贼之心乎!盗贼害民,随起随仆,不至甚焉者,有避忌故也。吏无避忌,白昼肆行,使天下敢怨而不敢言,敢怒而不敢诛。岂上天不仁,崇淫长奸,使与虎豹蛇虺③均为民害邪?

然则如之何?曰:"得才且贤者用之。若犹未也,废有司,去县令,听天下自为治乱安危,不犹愈乎!"

【出处】邓牧:《吏道》,《伯牙琴》,北京,中华书局,1959。

王夫之:论利与孝、忠、信

解题

本文主要反映王夫之对利与孝、忠、信的认识。说到利,需要分清

---

① 唐,传说远古部落之一陶唐氏,首领为尧,因此又有"唐尧"说法。虞,远古部落之一虞氏,首领为舜,因此又有"虞舜"说法。建官,设置官制。
② 二帝三王,指尧、舜、夏禹、商汤、周文王。
③ 虺(huī),毒蛇、毒虫。

是利与害范畴的利,还是财富范畴的利。前者是跟害、弊相对的利益,后者则是利润或利息。把利的含义与田庐、爵禄、车裘等相联系,这时的利,应该从财富范畴来理解。

选文

以利为恩者,见利而无不可为。故子之能孝者,必其不以亲之田庐为恩者也;臣之能忠者,必其不以君之爵禄为恩者也;友之能信者,必其不以友之车裘为恩者也。怀利以孝于亲、忠于君、信于友,利尽而去之若驰。利在他人,则弃君亲、背然诺,不旋踵矣。此必然之券也。故慈父不以利畜其子,明君不以利饵其臣,贞士不以利结其友。

【出处】王夫之:《读通鉴论》,《船山全书》,长沙,岳麓书社,1988。

严复:《辟韩》

解题

本文主要反映严复对纳税与政府的关系的认识。作者严复(1853—1921),字几道,福建侯官(今福州)人。1866年入马尾船政学堂学习,后公派到英国留学,回国后在天津水师学堂先后担任总教习、总办。严复批驳韩愈的观点,认为百姓向政府纳税,所对应的是政府为百姓办事。

选文

往者吾读韩子《原道》之篇,未尝不恨其于道于治浅也。……(韩愈)曰:"君者,出令者也。臣者,行君之令而致之民者也。民者,出粟米麻丝,作器皿,通财货,以事其上者也。君不出令,则失其所以为君；臣不行君之令，则失其所以为臣；民不出粟米麻丝、作器皿、通财货以事其上，则诛。"嗟乎！君民相资之事，固如是焉已哉！夫苟如是而已，则桀、纣、秦政之治，初何以异于尧、舜、三王？且使民与禽兽杂居，寒至而不知衣，饥至而不知食，凡所谓宫室、器用、医药、葬埋之事，举皆待教而后知为之，则人之类，其灭久矣，彼圣人者又乌得此民者出令而君之？

且韩子胡不云：民者出粟米麻丝、作器皿、通财货以相为生养者也，有其相欺相夺而不能自治也，故出什一之赋，而置之君，使之作为刑政、甲兵，以锄其强梗，备其患害；然而君不能独治也，于是为之臣使之行其令，事其事；是故民不出什一之赋，则莫能为之君，君不能为民锄其强梗、防其患害则废，臣不能行其锄强梗、防患害之令，则诛乎？孟子曰："民为重，社稷次之，君为轻。"此古今之通义也。而韩子不尔云者，知有一人，而不知有亿兆也。老之言曰："窃钩者诛，窃国者侯。"夫自秦而来，为中国之君者，皆其尤强梗者也，最能欺夺者也。窃尝闻道之大原①出于天矣。今韩子务尊其尤强梗、最能欺夺之一人，使安坐而出其为所欲为之令，而使天下无数之民，各出其苦筋力、劳神虑者，以供其欲，少不如是焉则诛，天之意固如是乎？道之原又如是乎？呜呼！其亦幸而出于三代之后，不见黜于禹、汤、文、武、周公、孔子也，其亦不幸而不出于三代之前，不见正于禹、汤、文、武、周公、孔子也。且韩子亦知君臣之伦之出于不得已乎？有其相欺，有其相夺，有其强梗，有其患害，而民既为是粟米麻丝、作器皿、通财货，与凡相生相养之事矣，今又使之操其刑焉以锄，主其斗斛权衡焉以信，造为城郭甲兵焉以守，则其势不能。于是通功易事，择其公且贤者立而为之君，其意固曰，吾耕矣织矣，工矣贾矣，又使吾自卫其性命财产焉，则废吾事。何若使子专力于所以为卫者，而吾分其所得于耕织工贾者，以食子给子之为利广而事治乎？此天下立君之本旨也。是故君也，臣也，刑也，兵也，皆缘卫民之事而后有也。而民之有待于卫者，以其有

---

① 大原，最根本的东西，最核心的精神。和下句"道之原"的"原"同义。

强梗、欺夺、患害也。有其欺夺、强梗、患害也者，化未进而民未尽善也。是故君也者，与天下之不善而同存，不与天下之善而对待也。今使用仁义道德之说，而天下如韩子所谓："以之为己，则顺而祥；以之为人，则爱而公，以之为心，则和且平。"夫如是之民，则将莫不知其性分之所固有，职分之所当为矣，尚何有于强梗欺夺？尚何有于相为患害？又安用此高高在上者，朘我以生，出令令我，责所出而诛我，时而抚我为后，时而虐我为仇也哉？故曰：君臣之伦，盖出于不得已也。唯其不得已，故不足以为道之原。彼佛之弃君臣是也，其所以弃君臣非也。而韩子将以为是固与天壤相弊也者，又乌足以为知道者乎？然则及今而弃吾君臣可乎？曰：是大不可。何则？其时未至，其俗未成，其民不足以自治也。彼西洋之善国且不能，而况中国乎？今夫西洋者，一国之大公事，民之相与自为者居其七，由朝廷而为之者居其三，而其中之荦荦尤大者，则明刑治兵两大事而已。何则？是二者，民之所仰于其国之最急者也。昔汉高入关，约法三章耳，而秦民大服。知民所求于上者，保其性命财产，不过如是而已。更骛其余，所谓代大匠斲①，未有不伤指者也。

  是故使今日而中国有圣人兴，彼将曰，吾之以藐藐之身，托于亿兆人之上者，不得已也，民弗能自治故也。民之弗能自治者，才未逮，力未长，德未和也。乃今将早夜以孳孳，求所以进吾民之才德力者，去其所以困吾民之才德力者，使其无相欺相夺而相患害也，吾将悉听其自由。民之自由，天之所畀也，吾又乌得而靳之。如是，幸而民至于能自治也，吾将悉复而与之矣。唯一国之日进富强，余一人与吾子孙，尚亦有利焉，吾曷贵私天下哉！诚如是，三十年而民不大和，治不大进，六十年而中国有不克与欧洲各国方富而比强者，正吾莠言乱政之罪可也。彼英、法、德、美诸邦之进于今治者，要不外数百余年数十年间耳。况夫彼为其难，吾为其易也。嗟夫！有此无不有之国，无不能之民，用庸人之论，忌讳虚憍，至于贫且弱焉，以亡天下，恨事孰过此者！是故考

---

① 斲（zhuó），砍、削。

西洋各国，当知富强之甚难也，我何可以苟安？考西洋各国，又当知富强之易易也，我不可以自馁：道在去其害富害强，而日求其能与民共治而已。语有之曰："曲士不可与语道者，束于教也。"苟求自强，则六经且有不可用者，况夫秦以来之法制？如彼韩子，徒见秦以来之为君。秦以来之为君，正所谓大盗窃国者耳。国谁窃？转相窃之于民而矣。既已窃之矣，又惴惴然恐其主之或觉而复之也，于是其法与令猬毛而起。质而论之，其什八九皆所以坏民之才，散民之力，漓民之德者也。斯民也，固斯天下之真主也，必弱而愚之，使其常不觉，常不足以有为，而后吾可以长保所窃而永世。嗟乎！夫谁知患常出于所虑之外也哉？此庄周所以有胠箧①之说也。是故西洋之言治者，曰：国者斯民之公产也，王侯将相者，通国之公仆隶②也。而中国之尊王者曰："天子富有四海，臣妾亿兆。"臣妾者，其文之故训，犹奴虏也。夫如是则西洋之民，其尊且贵也，过于王侯将相，而我中国之民，其卑且贱，皆奴产子也。设有战斗之事，彼其民为公产公利自为斗也，而中国则奴为其主斗耳。夫驱奴虏以斗贵人，固何所往而不败！

【出处】 严复：《辟韩》，《严复集》，北京，中华书局，1986。

---

① 胠（qū）箧（qiè），偷窃。
② 仆隶，同"仆"。公仆隶，公仆。

图书在版编目（CIP）数据

中国传统经济思想经典文选/陈勇勤编著. —北京：中国人民大学出版社，2012.7
（传统经典文献导读丛书/纪宝成主编）
ISBN 978-7-300-16007-8

Ⅰ.①中… Ⅱ.①陈… Ⅲ.①经济思想-文献-汇编-中国 Ⅳ.①F092

中国版本图书馆CIP数据核字（2012）第142230号

传统经典文献导读丛书　纪宝成　主编
中国传统经济思想经典文选
陈勇勤　编著
Zhongguo Chuantong Jingji Sixiang Jingdian Wenxuan

出版发行	中国人民大学出版社		
社　　址	北京中关村大街31号	邮政编码	100080
电　　话	010-62511242（总编室）	010-62511398（质管部）	
	010-82501766（邮购部）	010-62514148（门市部）	
	010-62515195（发行公司）	010-62515275（盗版举报）	
网　　址	http://www.crup.com.cn		
	http://www.ttrnet.com（人大教研网）		
经　　销	新华书店		
印　　刷	涿州市星河印刷有限公司		
规　　格	160 mm×230 mm　16开本	版　　次	2012年9月第1版
印　　张	19.25 插页3	印　　次	2013年3月第2次印刷
字　　数	273 000	定　　价	36.00元

版权所有　侵权必究　印装差错　负责调换